1
Le disarmonie dell'anima

> Ci sono persone che vogliono rendere pesante la vita agli uomini, per nessun altro motivo se non quello di offrir loro in seguito le proprie ricette per l'alleviamento della vita.
>
> FRIEDRICH NIETZSCHE

Siamo appesantiti. Nel corpo, nel girovita, nelle spalle, nei pensieri, nel vivere; dalla sofferenza, dalla noia, dalla mancanza di fiducia, di prospettive, dalla solitudine, dal non vedere il senso della vita. La pancia gonfia, le ginocchia che fanno male, la periartrite, la cacca che non facciamo da tre giorni, la sciatica, il pensiero dei genitori anziani, la mamma che non c'è più con la testa, la badante che va in vacanza, il figlio che non studia, le bollette da pagare, il dubbio se conviene di più TIM o Vodafone. Più che il disagio fisico, la pesantezza e i dolori del corpo, il troppo lavoro – oltre ai figli, al marito, ai genitori, ai suoceri – quello che appesantisce sono la fatica mentale, morale, il piombo delle preoccupazioni, dell'insoddisfazione.

Magari, se mi ammalassi, potrei occuparmi finalmente di me.

La soluzione? Il digiuno.

Il digiuno dagli alimenti pesanti, dai pensieri pesanti, dai veleni emozionali, dalle abitudini di vita sedentaria.

Il cervello degli animali, e dell'uomo, si è evoluto fino alla meravigliosa complessità attuale – che i neuroscienziati sono ancora ben lontani dal comprendere a fondo – grazie a un'infinità di stimoli ambientali, di pericoli incontrati, di difficoltà, di gratificazioni. Uno dei principali motori dell'evoluzione del cervello è stata la ricerca del cibo. Per ottimizzare la loro performance nel trovare da mangiare, tutti gli animali hanno dovuto sviluppare capacità di movimento e di resistenza fisica, capacità di sopravvivere al digiuno mantenendo la lucidità mentale necessaria alla ricerca del cibo, quindi capacità intellettuali e sociali. Nella storia dell'umanità, e in quella dei nostri antenati preumani, ci sono sempre stati periodi di carestia, di fame. Quando eravamo cacciatori-raccoglitori non c'erano obesi. E non esistono animali selvatici obesi. Se oggi tendiamo a ingrassare è probabilmente perché nei nostri geni, nel nostro DNA, si sono strutturate istruzioni per mangiare molto ogniqualvolta da mangiare c'è (perché domani potrebbe non essercene). È la ragione per cui anche i nostri cani e i nostri gatti diventano obesi. Siamo i figli dei sopravvissuti alle carestie, e quando c'è carestia muoiono prima i magri che i grassi. Il Padre Eterno non aveva previsto che ci sarebbe stato un tempo, per una frazione dell'umanità, in cui il cibo sarebbe stato disponibile ogni giorno, in quantità illimitata, senza necessità di impegno fisico per procurarselo, semplicemente scendendo al supermercato sotto casa. Il supermercato non è creatura di Dio.

La Natura non ci ha fornito strumenti, meccanismi fisiologici, per difenderci dal troppo cibo.

Oggi che nelle nostre società non c'è più bisogno neanche di fatica fisica per trovare cibo, l'unica possibilità che ci resta è l'intelligenza di evitare il supermercato, la scelta contro natura di mangiare meno e di faticare di più.

Proprio perché si è evoluto per la ricerca del cibo, il cervello funziona meglio se siamo costretti a digiunare, e il suo buon funzionamento è facilitato dall'esercizio fisico, che per centinaia di migliaia di anni ci è stato necessario per procurarci il cibo. In realtà il cervello, che è l'organo che consuma più glucosio e più ossigeno, entra in crisi quando non c'è da mangiare, e il livello di glucosio nel sangue scende: ci manda segnali di fame e ci costringe a cercare subito nutrimento, in particolare zuccheri. Se il digiuno si prolunga, tuttavia, si attivano meccanismi di emergenza: cominciamo a consumare i nostri grassi e, bruciando grassi, produciamo corpi chetonici, che le cellule nervose sono capaci

VIVERE MEGLIO

Franco Berrino, Daniel Lumera

LA VIA DELLA LEGGEREZZA

Perdere peso nel corpo e nell'anima

MONDADORI

Di Franco Berrino
in edizione Mondadori
La Grande Via
Ventuno giorni per rinascere

Di Daniel Lumera
in edizione Mondadori
La cura del perdono

Cura editoriale: Antonella Malaguti

librimondadori.it
anobii.com

La Via della Leggerezza
di Franco Berrino, Daniel Lumera
Collezione Vivere Meglio

ISBN 978-88-04-70870-4

I edizione marzo 2019

Indice

La Via della Leggerezza

A Carla Perotti,
libera nello spirito e liberatrice nei confronti
degli altri dalle pesantezze della vita,
e ai Maestri che ci hanno accompagnato
nel nostro cammino.

Potete scaricare le tracce audio delle meditazioni condotte da Franco berrino sul sito: www.librimondadori.it/libri/la-via-della-leggerezza-franco-berrino/

Introduzione

Questo libro e la ricerca che racconta nascono da un'idea di Enrica Bortolazzi, ispirata durante una camminata alle prime luci del giorno nei magici boschi del Casentino, risalendo la via che conduce al santuario della Verna, lo stesso in cui san Francesco, dopo quaranta giorni di digiuno, ricevette le stigmate, consacrando definitivamente la sua santità agli occhi del mondo. Quei boschi sono stati la cornice naturale di diversi incontri, meditazioni e confronti tra Franco Berrino, Daniel Lumera ed Enrica Bortolazzi. È in quei luoghi sacri che il seme di questo lavoro è stato piantato e innaffiato attraverso il silenzio, la cura, la contemplazione e il contatto con la natura. Le ispirazioni più autentiche e profonde avvengono quando meno le cerchiamo, quando la nostra mente è libera, leggera, intensamente presente e disponibile al miracolo della vita.

C'è un termine particolarmente affascinante che descrive il fenomeno secondo cui scopriamo qualcosa d'imprevisto nell'intento di cercare qualcos'altro: *serendipity* (serendipità). Fu coniato dallo scrittore inglese Horace Walpole nel XVIII sec., e rientra pertanto nella categoria delle parole d'autore. Il termine trae origine da *Serendip*, l'antico nome persiano dello Sri Lanka. Walpole lo usò per la prima volta in una lettera scritta nel 1754 a un amico inglese, ispirato dalla fiaba persiana *I tre principi di Serendippo*, scritta da Cristoforo Armeno. In questa fiaba i protagonisti fanno tante scoperte e hanno una serie di intuizioni guidate dallo spirito acuto e dalla loro capacità di osservazione, che li salvano in più occasioni.

Anche nel mondo della scienza la serendipità indica le scoperte che avvengono mentre si è proiettati a cercare qualcos'altro. Una nuova scoperta scientifica ottenuta mediante serendipità è totalmente diversa rispetto all'ottenimento di una conferma sperimentale di un evento previsto e teorizzato ma mai osservato prima. Esempio celebre è la scoperta della penicillina da parte di Alexander Fleming a causa dell'errata disinfezione di una provetta. Un altro caso storico di serendipità è la scoperta dell'America da parte di Cristoforo Colombo, in cerca delle Indie.

Così come accade nella scienza e nella storia, può anche capitare che un ricercatore dello spirito, camminando lungo il sentiero della consapevolezza alla ricerca della bellezza, della pace e della gioia, scopra casualmente un sublime stato di leggerezza esistenziale. Leggerezza nel corpo, nell'energia vitale, nelle emozioni, nella mente e nel cuore. Una leggerezza che permette all'entusiasmo, alla passione, alla gioia e all'amore di manifestarsi liberamente. Fu così che, cercando il cammino interiore verso il santuario della Verna, Enrica, Franco e Daniel trovarono la Via della Leggerezza.

Questo libro parla di una leggerezza che non è solo questione di peso corporeo e di massa grassa: si tratta piuttosto di una condizione esistenziale, che coinvolge mente, cuore e spirito. La leggerezza di chi sa vivere autenticamente; di chi non rimane attaccato al passato; di chi sa perdonare; di chi sa guarire le proprie ferite più profonde; di chi sa amare davvero; di chi vive nella gratitudine; di chi coglie ovunque la bellezza del creato, divenendone testimone consapevole; di chi sa leggere oltre le apparenze l'invisibile trama universale che conduce all'amore.

Quando la nostra mente diventa silenziosa, pura e aperta, allora le intuizioni più potenti e raffinate trovano spazio per arrivare a luoghi molto elevati e portano con sé doni, consapevolezza e speranza nella vita di tante persone. In questo modo l'ispirazione giunge a noi lungo il cammino di questa vita: contemplando attraverso il silenzio, con gli occhi puri di un bambino, la bellezza dell'esistenza.

La Via della Leggerezza è l'esempio di come a volte siano le (idee delle) donne a fecondare gli uomini, e non viceversa, almeno sul raffinato piano dello spirito.

È così che nel settembre del 2018 dall'incontro al santuario francescano della Verna l'idea di Enrica Bortolazzi trovò terreno fertile, gratitudine e riconoscenza nella mente e nel cuore di uno scienziato e di un mistico unendo tre persone apparentemente diverse in un cammino di ragione, anima e cuore comuni. Un cammino che inizia nel luogo dove scienza e coscienza si incontrano, per servire la vita e l'uomo. Ci auguriamo che queste pagine possano esservi utili.

di utilizzare come fonte di energia con grande efficienza; produciamo in particolare acido betaidrossibutirrico, che protegge il cervello riducendo lo stato infiammatorio. Gli studi su modelli animali dimostrano chiaramente che il digiuno e l'attività fisica favoriscono l'efficienza dei circuiti nervosi e prevengono anche la depressione, l'ansia e l'accidia. L'esercizio fisico produce endorfine, le quali agiscono sul cervello come farmaci gratificanti che ci incoraggiano a continuare a camminare fino a quando non riusciremo a catturare la preda. Lo sanno bene i *jogger*, drogati della corsa, che non possono fare a meno di correre (anche se non lo fanno per procurarsi il cibo). Anche chi pratica il digiuno per ragioni religiose o di salute sa bene che dopo qualche giorno, quando non c'è più traccia di glucosio nel corpo e si comincia a consumare i grassi di riserva, la mente è lucida, produttiva, come doveva essere quando il digiuno non era scelto per potenziare la salute, bensì obbligato dalla difficoltà di trovare cibo. Gran parte degli animali selvatici, ancora oggi, trascorrono lunghi periodi di digiuno, ed è verosimile che questi intervalli senza cibo contribuiscano a mantenerli in salute. La mancanza di sobrietà alimentare e di esercizio fisico sono alla base di patologie croniche come l'obesità e il diabete, a loro volta causa di malattie cardiovascolari, di molti tipi di neoplasie e di malattie neurodegenerative. Paradossalmente un po' di fame e di fatica fisica, che il cervello vorrebbe farci evitare, possono mantenerlo sano ed efficiente fino all'età anziana.

Cavie da appartamento

Il nostro stile di vita è molto simile a quello dei topi di laboratorio, che vivono in piccole gabbie dove possono mangiare quanto vogliono, non hanno spazio né attrezzi per fare esercizio e sono in compagnia di soli cinque o sei altri topi, quindi hanno minime interazioni sociali, proprio come noi nelle nostre famiglie nucleari e nel nostro lavoro di ufficio.

Una recente revisione degli studi scientifici sugli effetti dello stile di vita dei topi e dei ratti sulla funzionalità e plasticità cerebrale[1] osserva che:

- se si mette loro a disposizione una ruota dove possono correre (normalmente lo fanno per pochi minuti più volte al giorno) hanno migliore memoria e capacità di apprendimento, sviluppano più neuroni e più sinapsi (collegamenti) fra i neuroni dell'ippocampo. L'esercizio, inoltre, previene l'ottundimento mentale causato anche nei roditori da una dieta troppo ricca di zuccheri e grassi, e previene apatia e depressione. Anche gli studi sull'uomo dimostrano che l'esercizio fisico riduce ansia e depressione;
- gli stessi risultati di miglioramento delle funzioni e di arricchimento delle connessioni fra cellule nervose sono stati osservati nei roditori a cui si dava da mangiare il 30% in meno di quello che avrebbero assunto se avessero avuto una disponibilità illimitata di cibo o a cui si dava da mangiare un giorno sì e uno no. Erano molto più capaci di cavarsela nei labirinti. Questi stessi animali vivono più a lungo e si ammalano meno di cancro. Al contrario, gli animali che con la dieta abituale diventano diabetici mostrano una molto ridotta connessione fra le cellule nervose dell'ipotalamo (una ridotta arborizzazione dendritica);
- è chiaro che la difficoltà di trovare cibo, la necessità di correre per difendersi da predatori e la conseguente migliore intelligenza operativa hanno rappresentato un vantaggio di sopravvivenza per gli animali selvatici. Allevando i roditori in gabbie molto grandi, con più conviventi, molti spazi da esplorare, possibilità di muoversi in percorsi accidentati, anfratti per nascondersi e con ruote per correre, si migliora notevolmente la neuroplasticità (la capacità del cervello di adattarsi con nuove ramificazioni dendritiche e nuove connessioni sinaptiche a cambiamenti ambientali), il benessere psicologico (meno ansia e depressione) e l'intelligenza per trovare l'uscita dai labirinti.

Più studi epidemiologici hanno riscontrato che le persone che fanno attività fisica si ammalano meno di demenza senile, di morbo di Alzheimer e di morbo di Parkinson. In particolare, chi pratica sport o esercizi fisici in età media e chi in età media ha un buon livello di fitness cardiorespiratoria si ammala meno. Non ci sono studi di restrizione calorica, ma una dozzina di indagini hanno coerentemente riscontrato che i diabetici si ammalano di più di Alzheimer (sono diabetici di tipo 2, che si sono ammalati dopo anni di mangiar male, di mangiar troppo e di vita sedentaria). Si sa, inoltre, che chi in età media ha la pancia ha un rischio due-tre volte superiore di ammalarsi di Alzheimer in età anziana. Il primo studio era stato condotto in California presso gli associati alla Kaiser Permanente, che proponeva uno screening multifasico in cui si misurava quanto sporgeva l'addome delle persone sdraiate sul lettino. Dopo oltre trent'anni si valutò quanti dei partecipanti avevano sviluppato il morbo di Alzheimer e si vide che l'incidenza era proporzionale al diametro addominale di trent'anni prima. Seguirono numerose altre conferme. Anche i modelli animali in cui si inducono malattie neurodegenerative in roditori (Alzheimer, Parkinson, Huntington) dimostrano inequivocabilmente che esercizio fisico, digiuno intermittente e vita in ambienti ampi e stimolanti riducono l'insorgenza dei difetti cognitivi che caratterizzano queste malattie. I meccanismi biologici con cui questi aspetti dello stile e dell'ambiente di vita migliorano la plasticità cerebrale sono molteplici, ma tre dei più importanti sono la riduzione dello stress ossidativo, la riduzione dello stimolo infiammatorio sul sistema nervoso e l'attivazione dell'autofagia (il processo per cui le cellule affamate dalla restrizione calorica consumano tutto quello che trovano dentro di sé e che non serve alla loro sopravvivenza, comprese le proteine anomale che si depositano nelle cellule nervose, caratteristica di tutte le malattie neurodegenerative).

Proteggiamo il nostro cervello. Difendiamolo dall'industria alimentare, dalla televisione e dal web che ci cattura in ore e ore di sedentarietà, dalla civiltà delle immagini e della pubblicità che ci distraggono continuamente dal pensare in modo autonomo. Guardiamoci dentro, domandiamoci chi siamo veramente, al di sotto di quello che gli altri – la società, il lavoro – ci chiedono di essere.

E stabiliamo cosa vogliamo veramente, cosa vogliamo fare di noi, dove vogliamo andare.

Un problema semplice

Le ragioni per cui ci appesantiamo nel corpo sono abbastanza chiare: parafrasando la terminologia dei neuroscienziati, potrebbero essere definite "il problema semplice". Le ragioni per cui ci appesantiamo nello spirito è invece il problema difficile.

Due-trecentomila anni fa l'*Homo sapiens*, quando era cacciatore-raccoglitore, non trovava da mangiare tutti i giorni nel supermercato sotto casa, passava probabilmente spesso anche vari giorni prima di riuscire a cacciare o a reperire cibo sufficiente a saziarsi. Il cibo era molto vario – vermi, insetti, pesci, piccoli animali, talvolta grandi animali, ma soprattutto semi, radici, erbe e bacche selvatiche – ma non era abbondante.

Il nostro organismo si adattò a quella varietà e a quella saltuarietà e progettò i propri circuiti metabolici in modo da funzionare al meglio in quelle condizioni. Vedremo come la plasticità cerebrale, la capacità del cervello di adattarsi a cambiamenti ambientali, sia tanto maggiore quanto più l'uomo è esposto a periodi di digiuno. Se siamo costretti al digiuno, è essenziale che il cervello sia vigile per guidarci alla ricerca del cibo. È ipotizzabile che anche la varietà del cibo selvatico abbia contribuito alla progettazione di un cervello efficiente. Le erbe selvatiche sono ricche di sostanze utili al cervello, in particolare di acido alfalinolenico, il precursore di grassi che servono a costruire le membrane delle cellule nervose.

Quando il cibo era abbondante si cercava di mangiarne molto per sopperire alla fame del giorno precedente e a quella, plausibile, del successivo. Nel nostro DNA è probabilmente presente l'istruzione di riempire la pancia ogniqualvolta ci sia da mangiare, o comunque la selezione naturale ha favorito la sopravvivenza e la capacità riproduttiva di chi possedeva questa istruzione.

Molti secoli dopo, l'*Homo sapiens* imparò a coltivare i campi – Demetra gli fece dono del frumento e Atena dell'ulivo – e ad allevare gli animali. Ci fu più abbondanza di cibo, ma minore varietà. Si morì meno di fame, ma si ipotizza che questa relativa abbondanza non abbia contribuito a migliorare la nostra intelligenza; è possibile, anzi, che la ridotta varietà abbia privato il sistema nervoso di nutrienti importanti. I contadini, da sempre, hanno ragionato su come rendere i campi più produttivi, ma hanno avuto meno bisogno di aguzzare l'ingegno per trovare da mangiare tutti i giorni. È possibile che i cacciatori-raccoglitori fossero (e siano ancora, in pochi popoli sopravvissuti) più intelligenti degli agricoltori.

La fame non fu comunque sconfitta, perché carestie, guerre ed epidemie devastavano periodicamente i campi e le popolazioni. Ai "digiuni intermittenti" di uno o pochi giorni dei cacciatori-raccoglitori si sostituirono periodi di restrizione calorica prolungata, anche di mesi o di anni. Le buone politiche, come racconta Marco Polo ne *Il Milione*, organizzavano granai di Stato per salvare il popolo negli anni di carestia, ma certamente in quegli anni i più mangiavano ben poco.

Ventimila anni dopo le cose cambiarono ancora. Nella metà settentrionale del mondo non solo non c'è più fame, ma la quantità di cibo disponibile è sovrabbondante, vergognosamente eccessiva, esagerata, mentre la varietà del cibo naturale si è ulteriormente ridotta, si stima di circa quaranta volte nell'ultimo secolo. L'agroindustria produce solo le varietà che rendono molto sul campo, le varietà compatibili con l'agricoltura chimica. Nella seconda metà del secolo scorso fertilizzanti, diserbanti e pesticidi hanno conquistato la quasi totalità delle terre un tempo naturalmente fertili.

La questione della ridotta biodiversità nel piatto non è

cosa di poco conto. È noto che un elevato consumo di frutta e verdura riduce il rischio dei fumatori di ammalarsi di cancro. Ebbene, studi epidemiologici hanno recentemente mostrato che, a parità di quantità di frutta e verdura consumate, la varietà conferisce un'ulteriore significativa protezione. A fronte della riduzione del cibo naturale, aumenta invece drammaticamente il cibo industriale, trasformato, raffinato, impoverito di centinaia di sostanze nutritive, arricchito artificialmente, talvolta esageratamente, di alcune poche vitamine e minerali e di una grande varietà di prodotti chimici "miglioranti", camuffanti, conservanti, emulsionanti... Il cosiddetto cibo *ultraprocessed*, ultralavorato, che studi recenti hanno riscontrato associato all'obesità, al diabete e al cancro.

La ridotta biodiversità, la tossicità neurologica della chimica agricola e degli additivi, la pubblicità dell'industria alimentare e i messaggi rassicuranti delle autorità stanno contribuendo a quel crescente ottundimento delle nostre funzioni cerebrali e del problema difficile dei neuroscienziati: la coscienza. In sintesi, grande varietà di cibo spazzatura e minima varietà di nutrienti essenziali per il corpo, grande varietà di informazioni e minima varietà di cibo per la coscienza.

È stato ipotizzato che la sopravvivenza della specie – la salvezza dell'umanità – dipenderà dalla sempre maggiore complessità della rete. L'aumento caotico delle informazioni disponibili, vere, false, ambigue, e la complicazione progressiva delle burocrazie nazionali e internazionali faciliterà la selezione di individui superintelligenti capaci di orientarsi nel caos informativo, di cavarsela nella foresta informatica, proprio come gli antenati cacciatori-raccoglitori sopravvissero nella foresta naturale. Il problema è che partiamo male, con dei geni tuttora più adatti a farci sopravvivere nella fatica fisica della foresta piuttosto che nella vita sedentaria obbligata del web. Che l'unica speranza, per noi del Nord, sia lo spreco alimentare? Occorrerebbero mutazioni genetiche che ci togliessero l'appetito quando siamo di fronte a un pasto abbondante. Non è facile, ma se aumentiamo ulteriormente la tossicità riproduttiva del nostro cibo potremmo farcela: chi mangia tanto e male, chi conserva i geni degli antenati che facevano la fame, i geni che ci obbligano a mangiare tanto ogniqualvolta c'è da mangiare, non ce la farà più a riprodursi: già si sa che l'obesità è associata a infertilità e impotenza. Prevarranno allora i geni di chi mangia bene e conserva la fertilità. Già ci sono segni positivi: dagli anni Settanta a oggi la quantità di spermatozoi in un'eiaculazione si è ridotta drammaticamente, e per di più i pochi sopravvissuti si muovono a fatica, nonostante le stampelle delle tecniche di riproduzione assistita; le ragazze sono sempre più sterili, non solo perché aspettano i 40 anni prima di pensare a una gravidanza, ma perché sono sempre più frequentemente affette da ovaio policistico, una patologia che le rende ipofertili.

La sterilità maschile è probabilmente legata all'inquinamento estrogenico dell'ambiente e del cibo (ormoni femminili nella carne e nel latte vaccino), alle numerose sostanze chimiche con effetti similestrogenici (bisfenolo A e ftalati delle plastiche alimentari, nonilfenoli di lubrificanti) o antiandrogenici (antiabbronzanti dei cosmetici e delle plastiche alimentari, paracetamolo), ma anche, forse soprattutto, alla sindrome metabolica (vedi "Che cos'è la sindrome metabolica" a p. 28), detta anche sindrome da insulinoresistenza, il principale pericolo pubblico, dopo il tabacco, nella nostra civiltà (vedi fig. 1 a p. 27).

Anche l'ovaio policistico è legato alla sindrome metabolica: la dieta occidentale, ricca di carboidrati raffinati, grassi animali e proteine in eccesso, aumenta la produzione di insulina, che stimola, nell'ovaio, l'ipertrofia del tessuto interstiziale responsabile della sintesi del testosterone; ne segue una rigidità del tessuto che impedisce la rottura, ogni mese, del follicolo in cui matura l'uovo; le ragazze diventano sterili, iperinsulinemiche, iperandrogeniche (spesso irsute) e spesso obese. Sono preda del mercato sempre più ipertrofico della fecondazione assistita, che minaccia di diventare uno dei principali motori del prodotto interno lordo dei Paesi occidentali.

Occorrerebbe una mutazione anoressizzante, ma sarebbe sufficiente l'intelligenza di mangiare meno e cambiare stile alimentare per rimanere gravide, con però un danno considerevole al PIL. Nessun governo investirà per abbassare il PIL, nessun governo investirà per ridurre le malattie, che creano occupazione e fanno girare l'economia: dobbiamo fare da soli, e possiamo (in Bhutan, piccolo stato dell'Asia, è stato provocatoriamente istituito il parametro FIL – Felicità Interna Lorda – basato su criteri di qualità dell'aria, della salute dei cittadini, dell'istruzione e della ricchezza dei rapporti sociali).[2]

La ricerca epidemiologica degli ultimi vent'anni ha chiarito quali sono le cause alimentari della sindrome metabolica e dell'obesità: facciamo in modo che queste informazioni raggiungano tutti.

Ovvio, ma non troppo

Le ricerche scientifiche hanno dimostrato, al di là di ogni ragionevole dubbio, che chi è obeso, e anche chi è in sovrappeso, ha un maggior rischio di ammalarsi:

- di infarto,
- di ictus cerebrale,
- di diabete,
- di cancro, in particolare di neoplasie dell'endometrio, della mammella (solo dopo la menopausa), dell'intestino, dello stomaco (solo del cardias), dell'esofago (solo adenocarcinomi), della colecisti, del fegato, del rene, dell'ovaio, del pancreas e della prostata,[3]
- di calcoli biliari,
- di artrite,
- di cataratta,
- di apnea notturna,
- di infertilità,
- di impotenza.

Paradossalmente, tuttavia, solo negli anni Duemila gli scienziati hanno riconosciuto il ruolo importante dell'alimentazione nell'aumento di peso. Nel gruppo di lavoro convocato in febbraio 2001 a Lione dall'Agenzia internazionale per la Ricerca sul Cancro (IARC) dell'OMS (Organizzazione Mondiale della Sanità) per valutare la relazione fra obesità e neoplasie, tutti gli esperti, fuorché uno, erano concordi per non menzionare nel rapporto finale il ruolo del cibo, nemmeno del cibo spazzatura (fast food e soft drink), nel causare l'obesità. Dopo una lunga discussione si concluse che, nonostante i sospetti sul cibo spazzatura, occorreva riconoscere che nessuno studio scientifico ne aveva dimostrato la responsabilità. Effettivamente, gli studi disponibili allora erano di tipo trasversale (*cross-sectional*), e vi si confrontavano le abitudini alimentari dei grassi e dei magri. Gli studi sullo zucchero, per esempio, mostravano sistematicamente che i grassi ne mangiano meno dei magri. L'industria dello zucchero gongolava, ma si trattava della cosiddetta causazione inversa: contrariamente agli scienziati, che credono solo a quello che è dimostrato, i grassi sapevano bene che lo zucchero fa ingrassare e cercavano di ridurlo (o dichiaravano comunque di mangiarne meno, magari dimenticando di segnalare nei questionari quello che mangiavano di notte). Occorrevano studi prospettici che reclutassero persone sane, non in sovrappeso, che raccogliessero le loro abitudini alimentari e le seguissero nel tempo per registrare chi poi sarebbe ingrassato e chi no.

Il primo studio, sui bambini americani, fu pubblicato su "The Lancet"[4] proprio mentre il gruppo di lavoro sull'obesità era riunito a Lione: mostrava che il rischio di diventare obesi aumentava del 60% per ogni lattina di bevande zuccherate consumata al giorno. Seguirono numerosi studi prospettici (e anche sperimentali) che dimostrarono inequivocabilmente il ruolo obesiogeno dello stile alimentare occidentale (troppi carni, zuccheri, farine raffinate e troppo pochi alimenti ricchi di fibre).

INDICE DI MASSA CORPOREA

Obesità e sovrappeso sono definiti dal rapporto fra peso corporeo (in chili) e altezza (in metri) al quadrato. Per esempio, un ragazzone alto 2 metri che pesa 100 kg ha un indice di massa corporea (IMC, o BMI in inglese) di 100/(2x2) = 25.

Il normopeso è convenzionalmente definito da un IMC compreso fra 18,5 e 24.

Il sovrappeso da un IMC fra 25 e 30.

L'obesità da un IMC >30.

Circonferenza (salva)vita

La circonferenza vita è altrettanto (e più) importante dell'indice di massa corporea (IMC) come indicatore di rischio di ammalarsi e morire di malattie croniche. A parità di massa corporea il rischio di morire – sia di cancro sia di malattie cardiovascolari – aumenta linearmente con la circonferenza vita.[5] La circonferenza vita è un indicatore di obesità addominale, un tratto comune negli uomini di mezza età e nelle donne dopo la menopausa. È associata a resistenza insulinica (è come se, con una quantità di grasso che giunge al fegato dagli organi addominali, il fegato riducesse le porte per far entrare il glucosio nelle cellule) e a stato infiammatorio cronico (una condizione che favorisce tutte le principali malattie croniche di oggi). Spesso l'obesità addominale è associata a glicemia, colesterolo e trigliceridi alti, colesterolo buono (HDL) basso e pressione arteriosa alta. Se ci sono almeno tre di questi fattori (anche se non c'è l'obesità addominale), si dice che una persona ha la sindrome metabolica. Dal 20 al 35% della popolazione adulta dei Paesi occidentali è affetto da sindrome metabolica ed è ad alto rischio di molte patologie croniche (vedi fig. 1). La buona notizia è che cambiando stile di vita la sindrome metabolica può regredire, e il rischio di ammalarsi diminuire di conseguenza. Più sperimentazioni cliniche hanno dimostrato che la sindrome metabolica regredisce con la dieta mediterranea tradizionale (cereali integrali, legumi, verdure, frutta, noci, mandorle, pesce e, solo occasionalmente e in piccole dosi, cibo animale).

Malattie associate alla SM

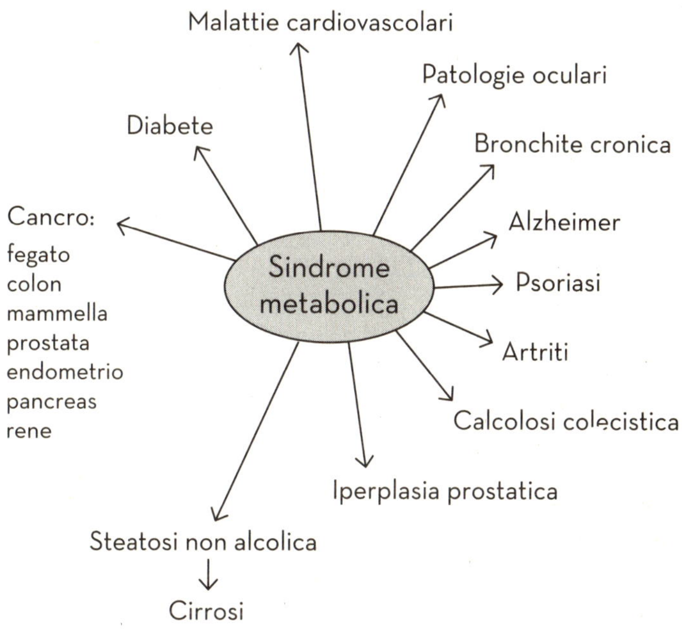

Figura 1 Malattie associate alla SM

CHE COS'È LA SINDROME METABOLICA

La sindrome metabolica è definita dalla presenza di tre o più dei seguenti tratti:

- obesità addominale, variamente definita, in genere con circonferenza vita maggiore di 85 cm per le donne e 100 cm per gli uomini;
- pressione arteriosa elevata, con minima maggiore di 85 mmHg e massima maggiore di 135 mmHg;
- glicemia elevata, con valori superiori a 100 mg/100 ml;
- trigliceridi alti, superiori a 150 mg/100 ml;
- colesterolo HDL basso, inferiore a 50 mg/100 ml nelle donne e a 40 negli uomini.

FATTORI AMBIENTALI CHE FAVORISCONO LO SVILUPPO DELLA SINDROME METABOLICA

- Acidi grassi saturi (di carni rosse e latticini)
- Acidi grassi trans (delle margarine e di molta pasticceria industriale)
- Cibi ad alto indice glicemico (farine raffinate, patate e zuccheri)
- Bevande zuccherate
- Bevande "zero"
- Bevande alcoliche
- Eccesso di proteine
- Eccesso di sale
- Vita sedentaria

FATTORI AMBIENTALI CHE PREVENGONO LO SVILUPPO DELLA SINDROME METABOLICA

- Dieta mediterranea tradizionale
- Dieta vegetariana,
- Grassi omega 3 (pesce)
- Grassi monoinsaturi (olio di oliva)
- Esercizio fisico quotidiano

L'omeostasi del sistema dei consumi

Se la prevalenza di obesità nella civiltà occidentale ha cause ben chiare, sufficienti a prendere decisioni per non aumentare di peso e per perdere quello in eccesso, il peso dell'anima, il "problema difficile", ha cause meno chiare. Non c'è nessuna ragione di pensare che appesantire lo spirito possa aver avuto un qualche vantaggio selettivo nella storia dell'umanità. I cacciatori-raccoglitori non avrebbero tratto alcuna utilità da una dieta emozionale di tristezza, rancori, odio, accidia, pigrizia, depressione, ansia, insoddisfazione. I geni della pesantezza di spirito non possono conferire alcun vantaggio selettivo nell'evoluzione della specie. Anche sul piano della riproduzione è difficile pensare che un depresso, un insoddisfatto, abbia più chance di riprodursi di chi ha un cuore allegro e una propensione ad amare. Qual è, dunque, il vantaggio per la specie, per la società umana, dell'insoddisfazione? Del peso dell'anima?

In questo caso il problema evolutivo non concerne la sopravvivenza della specie *Homo sapiens*, bensì la sopravvivenza delle organizzazioni sociali, delle forme sociali e dei sistemi economici. Le organizzazioni della società hanno una vita indipendente dall'intenzione dei cittadini che ne fanno parte: crescono se trovano un ambiente favorevole al loro sviluppo, muoiono se non trovano "cibo".

La società dei consumi cresce se i consumi aumentano, muore se i consumi diminuiscono; deve quindi promuovere i consumi, fare in modo che i cittadini che ne fanno parte consumino. E chi è contento, chi è soddisfatto di quello che ha, consuma molto poco. L'insoddisfazione, la sofferenza morale, è funzionale al consumo. Il cibo spazzatura consola momentaneamente, ma non soddisfa, fa ingrassare, fa ammalare e aumenta l'insoddisfazione, in un circolo vizioso che appesantisce corpo e spirito.

Il mercato immenso della tristezza propone tranquillanti, antidepressivi, ansiolitici, tutti psicofarmaci che hanno il pregio economico di non guarire e di creare dipendenza.

Occorre impedire che i cittadini si accorgano di questi meccanismi, acquistino consapevolezza, sviluppino idee indipendenti; bisogna che non pensino, che tutto il loro tempo da svegli sia occupato da pubblicità, immagini, suoni, spettacoli, giochi, letture distraenti che non lascino tempo per riflettere.

Non c'è un disegno specifico, una volontà cosciente dei governanti per impedirci di pensare. È il sistema sociale stesso, al di là di volontà individuali di potenti e politici, che si struttura in questo modo per sopravvivere. Le cellule impazzite, le persone che non si adattano ai meccanismi omeostatici del sistema, le poche persone felici che non consumano sono tollerate se isolate, ma contrastate se cercano di far crescere la consapevolezza che siamo schiavi, che possiamo scegliere di vivere senza sottostare alle regole economiche.

Alcune persone consapevoli sono anch'esse insoddisfatte perché impotenti, troppo deboli per incidere sui meccanismi economici che sostengono la società, frustrate del fatto di vedere e non poter agire. Ma ciascuno, nel suo piccolo, può agire. Collettivamente abbiamo un potere enorme, il potere di comprare o di non comprare. Perché soffrire, se abbiamo capito? Perché trasferire la nostra insoddisfazione per le costrizioni della società nella nostra vita privata, in famiglia o sul lavoro? Come fare a sopportare il peso di questa consapevolezza? Per esempio condividendola, facendo aumentare la consapevolezza degli altri, senza proselitismi, semplicemente (si fa per dire) vivendo consapevolmente, presenti a se stessi in ogni azione, in ogni istante, "sprecando" del tempo a meditare, a pregare, ad accogliere l'altro, con compassione, con amore, consapevoli che l'amore guarisce tutti, chi ama e chi è amato.

Cibo ultraprocessed, a tutti i livelli

Mangiamo sempre più cibo ultraprocessed, sterile e ultralavorato, per favorirne la conservazione e la distribuzione nei supermercati. È un cibo che costituisce dal 20 al 50% delle calorie consumate in media da noi occidentali, e più ne mangiamo più ingrassiamo, più sviluppiamo la sindrome metabolica e più ci ammaliamo di cancro. Anche il nostro cibo spirituale è ultraprocessed, il cibo che otteniamo dai media è confezionato da interessi commerciali e controllato da interessi politici. Dobbiamo sviluppare abilità eccezionali per selezionare, vagliare il cibo che otteniamo da internet. Anche le pubblicazioni, scientifiche sono diventate un business, la carriera dei ricercatori è condizionata dal numero di pubblicazioni e la letteratura scientifica è inondata da dati irrilevanti, contraddittori, distorti da pressioni delle grandi *corporations* alimentari e farmaceutiche, talvolta francamente inventati, e risulta sempre più difficile orientarsi.

Lo studio NutriNetSanté, condotto con la collaborazione di 100.000 volontari che periodicamente compilano un questionario su quello che mangiano, ha mostrato che all'aumentare del consumo di cibo ultraprocessed aumenta il rischio di obesità, di diabete e di cancro.[6] Lo stesso studio ha recentemente mostrato che il rischio di cancro si riduce in chi mangia prevalentemente cibo proveniente da coltivazioni/allevamenti biologici.[7]

L'aureo libretto di Michael Pollan, *In difesa del cibo*,[8] suggerisce di mangiare cibi, non trasformazioni industriali dei cibi ("non mangiate cibi preparati da persone vestite come chirurghi"), cibo vero, non cibo in scatola, mangiare prevalentemente vegetali ("cibi prodotti dalle piante, non dagli impianti"), e con moderazione. Parafrasando *In difesa del cibo* per l'ambito spirituale, potremmo dire: privilegiamo la vita semplice, naturale, consapevoli della bellezza di ogni atto quotidiano, privilegiamo la vita all'aria aperta, nel verde, alla luce del sole, piuttosto che la vita organizzata da agenzie di divertimento, acquisti, viaggi, spettacoli, televisione, tutte esperienze da consumare con moderazione.

Concludendo, privilegiamo il cibo naturale rispetto al cibo industriale, l'agricoltura naturale rispetto all'agricoltura industriale, la vita naturale rispetto alla vita artificiale che ci è imposta dalla civiltà industriale.

ULTRAPROCESSED FOOD

- Bocconcini di carne o pesce
- Salsicce e hot dog
- Hamburger
- Insaccati
- Carni in scatola
- Piatti pronti surgelati
- Bevande gasate
- Snack dolci e salati
- Gelati
- Cioccolato e caramelle
- Pani e panini confezionati
- Margarine e creme spalmabili
- Pasticceria industriale
- "Cereali" per colazione
- Barrette energetiche
- Bevande energetiche
- Latti aromatizzati
- Bevande al cioccolato
- Dessert di frutta zuccherata
- Aromi artificiali, coloranti
- Addensanti, emulsionanti
- Verdure già cotte con salse
- Estratti di carne
- Sostituti del pasto dimagranti
- Torte salate e pizze pronte
- Zuppe e paste istantanee

Saturati dallo stress

Lo stress quotidiano è causa di pesantezza. Lo stress in realtà è una difesa dell'organismo. Siamo progettati per mantenerci in equilibrio e, ogniqualvolta incontriamo un pericolo o qualche fattore ambientale, sia esso materiale o sociale, che minacci il nostro equilibrio, la nostra omeostasi, il sistema nervoso autonomo si attiva per renderci capaci di difenderci o per riequilibrarci. Autonomo significa automatico: che fa tutto da solo. Gran parte di quello che succede nel nostro organismo avviene automaticamente, dal battito cardiaco alla digestione, dal controllo della pressione e della glicemia al metabolismo, a tutte le reazioni chimiche che avvengono nelle nostre cellule per produrre energia e per eliminare prodotti di scarto. Queste funzioni non hanno bisogno della nostra attenzione.

Di fronte a un pericolo immediato il nostro sistema nervoso autonomo simpatico agisce ancor prima che il cervello superiore analizzi la situazione, e decide autonomamente se dobbiamo fuggire o attaccare per difenderci. Per fuggire o difenderci dobbiamo avere muscoli efficienti, per cui il sistema circolatorio si modifica immediatamente per far affluire più sangue ai muscoli, il cuore batte più veloce, il flusso di sangue agli organi interni diminuisce (non è il momento di occuparci della digestione), il flusso di sangue alla corteccia cerebrale diminuisce (non è il momento di fare grandi elucubrazioni), la soglia del dolore si alza (una madre non si accorge delle ferite quando corre a salvare il suo bambino), anche le difese immunitarie vanno in standby (se dobbiamo scappare dal lupo è inutile perdere tempo a occuparci dei microbi), il fegato digerisce rapidamente i suoi depositi di glicogeno per rendere disponibile glucosio ai muscoli, i bronchi si dilatano per respirare meglio, così come le pupille. Queste reazioni di allarme che preparano il corpo a combattere o a fuggire sono associate, rispettivamente, alle emozioni di rabbia e di paura. Saper reagire con successo dà gioia, soccombere alle emozioni tristezza.

Quando il pericolo è cessato, il sistema nervoso autonomo parasimpatico riporta l'organismo in equilibrio: il cuore rallenta, le funzioni organiche riprendono, possiamo leccarci le ferite, ridurre l'infiammazione, riattivare le nostre difese. Queste reazioni sono associate ad attivazioni e disattivazioni di precise aree del sistema limbico, il nostro cervello antico che condividiamo con gli animali. Le informazioni che giungono dall'ambiente vengono vagliate dal talamo, la struttura nervosa su cui è adagiato il cervello, che decide se si tratta di questioni non urgenti che può convogliare alla corteccia cerebrale (dove verranno esaminate e risolte con calma) oppure di questioni urgenti da risolvere immediatamente con una reazione di stress. È la mente reattiva quella che ci fa spostare il piede sul freno quando vediamo accendersi gli stop dell'auto che ci precede, senza bisogno di attivare il ragionamento che, probabilmente, chi ci precede ha avuto un problema per cui rallenta, quindi per non tamponarlo è bene che freniamo anche noi.

Molte altre reazioni immediate sono codificate nel nostro cervello, si sono sviluppate in seguito a esperienze traumatiche, pericoli, paure, ferite psicologiche, di cui magari non abbiamo ricordo perché risalgono alla prima infanzia, o addirittura a paure ancestrali, trasmesseci epigeneticamente dai genitori. È la ragione per cui in certe situazioni reagiamo sempre nello stesso modo, anche se non vorremmo. È un programma di protezione basato su un sistema di credenze che, vere o false, sono profondamente radicate nel nostro cervello o, più in generale, nel nostro sistema organismo. Si tratta di programmi biologici di sopravvivenza, di protezione dal dolore, fisico e morale, strutturatisi spesso nell'infanzia, che continuano ad attivarsi anche se non servono più o, anzi, sono dannosi. Se i nostri bisogni fondamentali non sono soddisfatti, se siamo stati abbandonati, se il nostro posto in famiglia o nella società non è riconosciuto, se siamo stati umiliati, se non ci sentiamo amati, se siamo stati traditi, se abbiamo sensi di colpa il sistema limbico prende il sopravvento. E se non ci sono alternative, la soluzione biologica è la malattia.

Ci sono due vie di guarigione: molecolare (farmaci, alimentazione) e psicobiologica (nutrire il bisogno vitale e guarire la ferita).

Per guarire occorre evidenziare il conflitto, prenderne coscienza, sgomberare il campo dalle difese corticali, mostrare l'aspetto positivo della malattia.

Lo stimolo stressante si attiva agendo attraverso una serie di catene inibitorie (lo stress disattiva la corteccia prefrontale che ha la funzione di inibire l'amigdala, che inibisce il tratto solitario che inibisce il sistema simpatico): inibendo la corteccia prefrontale, lo stress attiva l'amigdala, che inibisce il tratto solitario liberando il sistema simpatico.

Sistema limbico

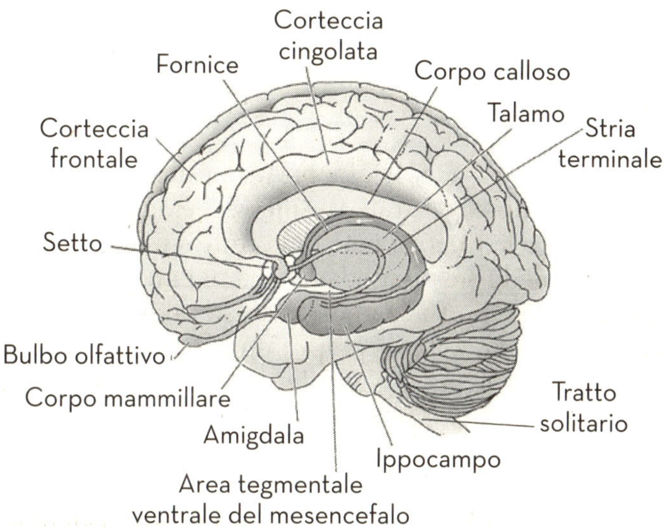

Figura 2 Faccia mediale del cervello destro, con indicate le strutture del sistema limbico.

Il problema è che, oggi, le cause dello stress solo eccezionalmente sono pericoli immediati, acuti: generalmente si tratta di stimoli cronici quotidiani, disagi sociali, in famiglia o sul lavoro. La reazione d'allarme è troppo prolungata, il simpatico prevale sul parasimpatico.

L'incapacità di reggere lo stress cronico può dare origine a disturbi mentali, in primo luogo ansia e depressione. Lo stress cronico causa ipertrofia dell'amigdala (aumento delle connessioni nervose e anche aumento delle cellule nervose) e riduzione della corteccia prefrontale e dell'ippocampo. I bambini abusati, gli orfani, i figli di mamme depresse hanno amigdala più grande e ridotta corteccia orbitofrontale. Le antiche pratiche contemplative, la meditazione, le terapie cognitive, ma anche l'esercizio fisico e la dieta mediterranea contribuiscono a riattivare la corteccia prefrontale, che riporta il cervello limbico e il sistema nervoso autonomo alla normalità di una vita senza stress. Il cervello è costantemente riplasmato da influenze ambientali, per ridurre la nostra vulnerabilità e aumentare la resilienza verso avversità future.

Un orizzonte preoccupante

Nell'appendice storica a p. 261 potremo osservare una panoramica della concezione sociale che il grasso in eccesso ha incontrato nella storia dell'uomo. La visione culturale del cibo, e delle conseguenze di una sua assunzione smodata o scorretta, può offrirci uno spunto interessante per acquisire (o mantenere) un atteggiamento distaccato e lucido nei confronti del tema del peso eccessivo.

La fotografia della situazione attuale, con i dati sull'obesità contemporanea, è sicuramente utile per prendere coscienza di un problema diffuso, che ha ormai una valenza sociale.

2

I codici del grasso corporeo

Aspetti emozionali, psichici e spirituali dei meccanismi di compensazione e rappresentazione

> Siamo rimaste solo io e la cucina.
> Mi sembra un po' meglio che pensare che sono rimasta proprio sola.
>
> BANANA YOSHIMOTO

Nel corpo fisico il grasso in eccesso e la sensazione di pesantezza possono derivare da molti fattori: regime alimentare sbagliato, sedentarietà, squilibri metabolici, ma anche squilibri relazionali, emozionali e mentali.

La smania di consumo di cibo della società occidentale contemporanea non trova certamente le sue cause nella necessità dell'organismo di ricevere un surplus nutritivo. Mangiamo, il più delle volte, per stress, mancanza di affetto, solitudine, paura, inerzia, noia. La scorpacciata diventa una forma di vizio e trasgressione per riempire vuoti esistenziali apparentemente incolmabili. In queste situazioni di disagio psicologico il cibo diviene la miglior "droga legale" di pronto consumo per sedarsi. Il cibo in eccesso è, in molti casi, assunto come surrogato per mettere a tacere temporaneamente emozioni, percezioni e pensieri che non siamo in grado di gestire e affrontare.

Il nostro corpo è un'istanza realmente saggia in cui niente accade per caso: l'accumulo di grasso può avere delle ragioni anche molto profonde nella psiche, nelle emozioni e nella sfera della spiritualità.

Anche nei casi di diete ferree, spesso l'organismo cerca di recuperare il peso perduto per ristabilire un equilibrio psicofisico a cui era abituato da tempo, ma fino a che non mutano le condizioni interiori anche i sacrifici più rigidi risultano, nel tempo, inefficaci. Il percorso di alleggerimento del grasso è innanzitutto un percorso di consapevolezza di se stessi e del proprio mondo interiore, un cambiamento del personale modo di pensare, sentire, vivere e assaporare non solo il cibo, ma anche le relazioni e l'esistenza. Tutte le situazioni che viviamo e gli ambienti che frequentiamo, infatti, agiscono e influenzano il metabolismo, esattamente come i principi nutritivi. Un interessante resoconto di Salimbene de Adam (1221-1290), cronista dell'epoca, su Federico II di Svevia[1] narra:

> La seconda sua stranezza fu di voler scoprire che lingua e quale idioma avessero i bambini nel crescere, se non parlavano con nessuno. E perciò diede ordine alle balie e alle nutrici di dare il latte agli infanti e lasciar succhiare loro le mammelle e far loro il bagno e tenerli netti e puliti, ma che non li vezzeggiassero in nessun modo e stessero sempre mute e silenziose davanti a loro. Intendeva arrivare a conoscere se parlavano poi la lingua ebraica, la quale era stata la prima, o il greco, il latino o l'arabo; o almeno la lingua dei so' genitori da cui erano nati. Ma s'affaticava invano: i fanciullini ovverosia infanti morivano tutti. Che vivere non potrebbe senza quei battimani e quegli altri gesti e la letizia ridente del volto e le carezze delle loro balie e nutrici.[2]

Questo inquietante esperimento dimostrò che per il benessere e la sopravvivenza dei neonati non era sufficiente la giusta quantità di cibo, nemmeno di buona qualità, ma occorrevano anche attenzione, amore, empatia, comprensione e considerazione.

Se pensiamo alle ragioni dell'eccesso di peso durante l'adolescenza, sarà facile intuire che l'origine del problema può essere ricercato, oltre che in ragioni metaboliche e costituzionali, anche nella difficoltà di riconoscere la propria identità, il proprio valore, i propri confini fisici e psicologici. Il grasso diventa una protezione e una difesa dai pericoli e dalle aggressioni del mondo esterno o anche un modo per inibire forti pulsioni interiori, magari dovute a un cambiamento ormonale, che si manifestano nella sfera sessuale o mediante esplosioni di aggressività. La percezione della mancanza di confini chiari di se stessi, una personalità non ben definita, il distacco da forti figure di riferimento o, nel caso delle donne, un'eccessiva identificazione con il ruolo materno nutritivo potrebbero generare un meccanismo di compensazione attraverso l'accumulo di grasso.

L'accumulo di grasso come meccanismo di compensazione reattivo può accadere in moltissime situazioni differenti: in seguito a un lutto, a un divorzio, a un matrimonio, a un licenziamento, alla paternità/maternità, al pensionamento, a un cambiamento nel lavoro o nello stato sociale, a una situazione relazionale...

In tutti questi casi il cibo ha due principali funzioni:

- anestetico e sedativo per non percepire rabbia, frustrazione, ansia, vuoto, tensione, conflitto;
- gratificazione momentanea quale surrogato di altri piaceri apparentemente inaccessibili: sessuali, relazionali, lavorativi, esistenziali.

Quando non si hanno energia, consapevolezza e coraggio per affrontare determinate situazioni, relazioni o emozioni, il cibo può diventare uno straordinario strumento che fornisce immediata, seppur momentanea, gratificazione.

In quest'ottica potremmo spingerci a considerare qualsiasi stato di malessere una sorta di "fame di qualcosa", per esempio di pace, amore, equilibrio, sicurezza, dolcezza, accettazione, riconoscimento..., e il cibo come il farmaco in grado di saziare questo appetito: ansiolitico, antidepressivo e antidolorifico universale, efficace per non sentire la propria incapacità ad affrontare la sofferenza di un cambiamento o di un chiarimento.

Il grasso accumulato in questo modo trova la sua origine nel bisogno, più che nel piacere e nel buon gusto.

Cosa rappresenta il grasso in eccesso?

Attualmente, i dietologi e i nutrizionisti sono costretti a riconoscere il loro fallimento: nonostante l'enorme investimento di ricerca e di pratica clinica, l'obesità aumenta e la maggioranza degli obesi non riesce a ritrovare un peso accettabile.

Mettersi a dieta e ridurre le calorie giornaliere non è efficace: è necessario prendere consapevolezza e lavorare anche sul piano emotivo. Per rimuovere i meccanismi inconsapevoli di tipo difensivo o compensativo che causano l'accumulo di grasso nel corpo e liberarci dalla pesantezza è necessario creare un nuovo equilibrio, che parte da un lavoro sulla propria personalità, dal rapporto con se stessi, con il proprio corpo e con il mondo esterno. In questi casi la relazione con il cibo è scatenata da stimoli che non hanno nulla a che vedere con il vero e proprio bisogno di alimentarsi. Il primo passo fondamentale da compiere per vivere nella leggerezza è imparare a distinguere e acquistare consapevolezza dei propri reali bisogni e saperli soddisfare correttamente.

Accumulare grasso come sedativo di aggressività e impulsi distruttivi

Molti di noi rinnegano e reprimono la propria parte istintuale e animale che non sono in grado di integrare, risolvere o scaricare, attraverso l'accumulo di grasso, perché hanno paura di non poterla gestire e di essere sopraffatti dalla violenza irriflessiva e incontrollata che potrebbe contenere.

Alla base di questo meccanismo esistono due paure più profonde: la paura di perdere il controllo e quella dell'ignoto, che esiste fuori e dentro di noi. Il grasso diventa quindi una valvola di controllo della nostra natura istintuale, che potrebbe contenere violenza e aggressività, ma anche libertà, forza e coraggio. Chi accumula grasso seguendo questa dinamica nasconde generalmente una profonda rabbia verso se stesso perché non si sente degno di essere amato davvero. Il grasso ha la funzione di contenere, riempire questa fame d'amore, ma anche di sedare e nascondere la rabbia.

Accumulare grasso per aumentare la sensazione di spazio vitale, visibilità, importanza

In questo caso, il grasso è un fattore che ci permette di esprimerci nello spazio, di avere un peso e una certa rilevanza in questo mondo. Ci permette, cioè, di essere ben visibili. Questo meccanismo di accumulo avviene in tutti i casi in cui si stia cercando di compensare una personalità che non è riuscita a esprimersi completamente in libertà, non definita e frustrata. Quando si accumula grasso come strategia di compensazione della personalità, normalmente l'individuo sta inconsapevolmente cercando di ampliare i propri confini – che sente stretti – per potersi espandere in sicurezza. L'eccesso di grasso esprime allora il bisogno di spazio vitale.

La sensazione di non avere spazio a sufficienza può essere causata da molteplici fattori: non avere una stanza tutta per sé o non avere un posto nel cuore di una persona. Nel caso di relazioni in cui uno dei partner tenda ad annullarsi per seguire le esigenze e le aspettative del compagno, si potrebbe arrivare a sentire una mancanza di spazio per se stessi e quindi a compensarla ingrandendo il proprio corpo. Al termine di una relazione costruita su ingombranti dipendenze potrebbe innescarsi un meccanismo di accumulo di grasso per riconquistare il territorio perduto nel cuore della persona amata. Anche la sensazione che manchi spazio in casa, in famiglia, nel lavoro possono essere cause scatenanti l'accumulo.

Le idee e le impressioni principali che influenzano questo tipo di meccanismo di compensazione sono quelli descritti di seguito.

- Sentirsi abbandonati o non desiderati: i bambini molto spesso credono di essere non desiderati o hanno paura di essere abbandonati, soprattutto nei casi di separazione o litigi tra i genitori. L'accumulo di grasso potrebbe rispondere al bisogno di sentire di avere un posto e un peso specifico in questo mondo e nella relazione tra i genitori. Il bambino mangia per riempire un vuoto affettivo e per esprimere il bisogno di essere notato. Attraverso il peso sta dicendo: "Sono qui, sono abbastanza grosso perché possiate notarmi?".

- Sentire di "non essere e non sentirsi abbastanza..." bravo, degno, bello, amato, riconosciuto, apprezzato, coccolato, valorizzato, rilevante... Alla base di questa sensazione normalmente esiste nella persona l'impressione profonda di non valere.
- Avere la sensazione di non essere visto, di non esistere e, per questo, voler invece avere un certo peso e una presenza importante a cui non si può restare indifferenti.
- Avere la sensazione di "non sentirsi". La pesantezza diventa una modalità attraverso cui sentire se stessi a partire da un corpo ingombrante e pesante, che si muove con fatica e non può non essere percepito.

Accumulare grasso come espressione del peso di maggiori responsabilità

La responsabilità è associata normalmente a qualcosa di pesante e di gravoso. Avere la tendenza ad accumulare responsabilità, anche quelle della vita o delle situazioni degli altri, oppure un aumento improvviso del carico di responsabilità personali, sia nel privato sia nella sfera lavorativa, potrebbe essere tradotto dalla persona attraverso un accumulo di grasso.

Nel tempo, queste responsabilità possono diventare un peso di cui non sappiamo liberarci e di cui il corpo diventa espressione: farsi carico dell'onere di sostenere la propria famiglia avendo cura che non manchi niente a nessuno, sentire la responsabilità della salute degli altri, essere preda della compulsione di aiutare tutti facendosi carico dei problemi altrui, come per esempio, nel lavoro, le incombenze dei colleghi o dei sottoposti... Facciamo una lista di tutto ciò che ci pesa nella nostra vita. Una lista dettagliata con oggetti, persone, situazioni che ci risultano pesanti e "scomodi", e verifichiamo ogni possibilità di alleggerire quel carico, partendo dal meccanismo di compensazione alimentare.

Accumulare grasso come scialuppa di salvataggio

Il grasso spesso compensa un urgente bisogno di sicurezza: quella di aver accumulato nutrimento in grande quantità. E la sensazione può essere così riassunta: anche se dovessero finire le scorte nella stiva, ho accumulato viveri e riserve sufficienti per poter sopravvivere a un destino incerto.

Accumulare grasso come surrogato di forza e coraggio

Il cibo ingurgitato rappresenta un atto mediante il quale ci impadroniamo di forza, vigore e sicurezza, che temiamo di non padroneggiare, per poterci difendere dal mondo esterno e dai suoi pericoli. Essere "grandi e grossi" (e quindi forti), mangiare abbondanti quantità di cibo in maniera vorace, possono rappresentare una manifestazione di sicurezza, sottolineare la potenza. Anche i gatti rizzano il pelo per sembrare più grandi quando sono minacciati o impauriti.

Accumulare grasso come espressione di sostegno, guida, nutrimento e appoggio, affidabilità

Questo tipo di accumulo di grasso è associato all'archetipo del femminile arcaico di supporto, accoglienza e accudimento. La terra, intesa come madre, è il principale simbolo di questa accezione. Quando nella persona vi è un'eccessiva identificazione con queste caratteristiche e prerogative, allora il grasso può diventare un meccanismo di espressione e rappresentazione. Anche se questo tipo di accumulo può avvenire sia negli uomini sia nelle donne, il caso forse più rappresentativo è quello del sovrappeso post gravidanza: "il peso" che si è portato addosso è difficile da lasciare andare perché rappresenta qualcosa da proteggere, nutrire, guidare. Nel corpo degli uomini invece la "pesantezza" che risponde a questa dinamica tende a rappresentare maggiormente l'autorevolezza, l'affidabilità e l'opulenza.

Accumulare grasso come compensazione della figura della madre

Questo tipo di meccanismo di compensazione può essere dovuto a molte sfaccettature della relazione con ciò che la madre rappresenta. La domanda chiave per comprendere se l'accumulo di grasso risponde a questa esigenza è: cosa rappresenta per me la madre? Cerchiamo di capire se abbiamo delle carenze rispetto a questa figura nella nostra vita. Quando il grasso rappresenta la compensazione dell'archetipo madre le dinamiche principali possono essere quelle riportate di seguito.

- Presenza di un rapporto anaffettivo e distante con la propria madre biologica.
- Sentimento di inadeguatezza come madre: non essere capace di nutrire, accudire e proteggere il proprio figlio.
- Castrazione e inibizione della femminilità: alimentando il ruolo di donna si crede che verrà meno quello di madre, con la sgradevole sensazione di tradire il proprio figlio e l'intero nucleo familiare.
- Necessità di compensare un mancato proprio ruolo materno o desiderio di maternità insoddisfatto: il grasso rappresenta la fertilità ed è riconducibile all'archetipo di dea madre dell'antichità, dove le forme giunoniche erano sinonimo di fertilità e nutrimento (una ragazza ben nutrita è fertile, mentre le ragazze molto magre, quelle che soffrono di anoressia, le atlete senza un filo di grasso possono avere disordini del ciclo mestruale e diventare sterili).

GRASSO COME SIMBOLO DI SAGGEZZA, REALIZZAZIONE E ILLUMINAZIONE

Il grasso può anche avere un'accezione prettamente positiva. Se avete ammirato almeno una volta le statue del Buddha grasso sapete di cosa stiamo parlando. In Oriente esistono due rappresentazioni distinte del saggio illuminato: la prima è una figura smunta con la barba, il cui corpo simboleggia le austerità di una vita di rinuncia dedicata allo spirito, dove si sono trascese tutte le tentazioni istintuali e sensoriali, prime fra tutte la gola e il piacere eccessivo legato al cibo. L'altra è l'esatto opposto: un grasso Buddha che ride. Il suo corpo opulento rappresenta la ricchezza e la prosperità spirituale che si manifestano anche nella materia esprimendo non solo gioia e realizzazione, ma anche protezione, trascendenza, distacco dalle questioni e dalle preoccupazioni materiali. In questo meccanismo di espressione, il grasso simboleggia saggezza e illuminazione, ma anche protezione dal mondo sensoriale e dalle tentazioni dei piaceri carnali. Il grasso è pace dei sensi e realizzazione spirituale.

Accumulare grasso come meccanismo di protezione

Una corazza morbida che protegga dagli urti e dalle "botte" della vita, una sorta di filtro che attenui tutti i colpi dell'ambiente esterno. In questo caso, il grasso ricorda la funzione del liquido amniotico, che ripara il bambino dai rumori e dai traumi provenienti dall'ambiente esterno, custodendolo in un ambiente sicuro. La massa di grasso trasmette un senso di protezione e potrebbe anche permettere di tenere gli altri lontani da sé per potersi preservare. Questi meccanismi possono manifestarsi anche nei casi di abusi sessuali: se la vittima pensa che avere un corpo bello e desiderabile rappresenti un rischio, l'accumulo di grasso sarà uno strumento strategico per non essere attraente e proteggersi da questo tipo di esperienze. La necessità di protezione potrebbe essere anche alla base dell'accumulo di cellulite, i cui inestetismi coinvolgono sia il tessuto connettivo sia quello adiposo e sono dovuti a un ristagno di acqua. L'acqua simboleggia, infatti, quel liquido amniotico primordiale che ci faceva sentire al sicuro nel ventre materno. Il corpo trattiene a sé l'acqua perché la persona ha paura di lasciarsi andare e di esprimersi in un ambiente esterno sconosciuto e potenzialmente ostile, oppure si sente poco protetta e insicura.

Accumulare grasso come meccanismo di compensazione della fedeltà

Accumulare peso dopo il matrimonio può essere relazionato a una sorta di promessa di fedeltà: la persona diviene meno attraente e si rilassa sulla forma fisica per non cadere nella tentazione di vivere dinamiche di attrazione o seduzione. Il grasso accumulato rende il corpo meno attraente e rappresenta un tentativo di rispettare la promessa di fedeltà e di non sentire la paura e la brama del tradimento.

Accumulare grasso come meccanismo di compensazione al "vuoto che pesa"

Quando il cibo diventa una compulsione per colmare un vuoto affettivo, di solito si scelgono alimenti che riportano a momenti felici che vorremmo ritrovare. Patatine, pop-corn, salatini, cioccolatini, torte, tramezzini, e tutto ciò che ci riporta, per esempio, ai sapori delle feste. Il "vuoto che pesa" è un vuoto emotivo che bisogna saper vedere, ascoltare e comprendere piuttosto che riempire compulsivamente per sedare la sofferenza che provoca. Quale vuoto stiamo cercando di colmare? Potrebbe trattarsi anche dell'assenza di una persona amata, di un'abitudine che non possiamo più ripetere (per esempio, fumare una sigaretta), di un oggetto che ci era molto caro e che abbiamo smarrito.

RESPIRO E VOCE PER LASCIAR ANDARE LA CELLULITE

Possiamo lavorare sul principio di "lasciar fluire, lasciar andare e permettere alle cose di accadere senza trattenere per paura di non essere protetti o di non essere in grado di difendersi" attraverso due efficaci strumenti: voce e respiro. I trattamenti anticellulite risultano più efficaci quando vengono associati a esercizi di respirazione e vocalizzazione, perché lasciar uscire la voce e il respiro sblocca il diaframma, che aiuta il drenaggio dei liquidi dagli organi interni.

Ecco come svolgere l'esercizio.

- Sediamoci in una posizione comoda.
- Portiamo attenzione alle parti del corpo in cui vi è cellulite.
- Ascoltiamo per circa 30 secondi le sensazioni che quelle parti del corpo inviano, senza giudicarle.
- Immaginiamo di respirare ritmicamente attraverso quelle parti del corpo: inspirando profondamente dal naso visualizziamo di far entrare ossigeno, vita, protezione e dinamizziamo quelle parti del corpo; espirando immaginiamo di lasciar andare tutto ciò che tratteniamo e di eliminare paura e insicurezza.
- Eseguiamo questa respirazione per circa 3 minuti.
- Per altri 3 minuti pronunciamo la vocale A in maniera prolungata, aprendo il più possibile la respirazione, il petto e il diaframma, con l'intenzione di lasciare esprimere emozioni e liberare tutto ciò che abbiamo dentro.
- Rilassiamoci e restiamo in silenzio per un minuto.

Accumulare grasso come meccanismo di compensazione degli impulsi sessuali

Alcune persone fanno letteralmente l'amore con i dolci e con il cibo, a volte compulsivamente e con voracità. Questo tipo di grasso è dovuto a un meccanismo di compensazione di una sessualità repressa, che si colma attraverso l'esperienza sensoriale compulsiva del cibo. Una vera e propria lussuria alimentare. Questo avviene perché si associa il cibo al sesso, entrambe esperienze sensoriali legate alla sopravvivenza della specie. È sufficiente osservare come il marketing e la comunicazione giochino sull'associazione di questo binomio per comprendere quanto sia semplice cadere in questo meccanismo.

Accumulare grasso per essere compatiti e aiutati

Il grasso può divenire un grido di aiuto, una modalità per suscitare pena ed essere compatiti, attirando attenzioni. In questo caso, la persona vive una dinamica di vittimismo e cerca di ottenere attenzione e soccorso impietosendo attraverso la propria condizione fisica. Il grasso diventa una scusa per poter non fare, per non cambiare, per potersi lamentare, per non affrontare le proprie paure e i propri limiti. La persona che si trova in questa dinamica normalmente è rassegnata alla sua condizione fisica e pensa che perdere peso e alleggerirsi sia impossibile, o che comunque la pesantezza e il grasso torneranno.

Accumulare grasso come meccanismo di solidarietà

Questa dinamica si verifica solitamente nelle coppie molto legate, in cui uno dei due partner accumula peso in eccesso e l'altro, per alleviare la situazione di malessere e far sentire il suo compagno meno solo, condivide l'eccesso di peso.

FASE 1

Scopriamo il nostro meccanismo di compensazione o rappresentazione.

- In quale dei meccanismi descritti ti sei rispecchiato/a o identificato/a? Se non ti ritrovi in nessuno di questi, in quale altro meccanismo ti identifichi?
- Hai chiarezza sulle ragioni del tuo meccanismo psicologico ed emotivo di accumulo di grasso?
- Hai chiarezza su cosa il grasso accumulato nel tuo corpo rappresenti?
- A cosa associ la pesantezza di questo grasso?
- Che sensazioni ti provoca?
- Che vantaggi ha, per te, accumulare grasso? Fai una lista di tutti i benefici che questo accumulo comporta.

FASE 2

Ringraziamo e integriamo ciò che il grasso rappresenta.

Immaginiamo ora di rivolgerci al grasso accumulato nel nostro corpo e a ciò che esso rappresenta come meccanismo di compensazione o rappresentazione.

Pronunciamo queste parole e ripetiamole come un mantra, per 5 minuti: "Grazie per tutto ciò che è stato. Grazie per ciò che mi hai permesso di capire di me. Ora ho compreso. Lascio andare per sempre tutto ciò che è stato nello spazio e nel tempo. Mi libero e ti libero. Grazie."

FASE 3

Beviamo, simbolicamente, un bicchiere d'acqua, con l'intenzione di lasciar andare e alleggerire ogni pesantezza e liberarla dalla sua origine.

3

La leggerezza come forma di intelligenza

La misura dell'intelligenza
è la capacità di cambiare.
ALBERT EINSTEIN

Il vocabolo intelligenza deriva dal latino *intelligere* (capire, comprendere) ed è composta dal verbo *legere* (leggere), preceduto dall'avverbio *intus* (dentro). Saper andare oltre l'apparenza, dunque, e comprendere ciò che esiste in profondità, oltre il visibile, nelle situazioni, nelle relazioni e in noi stessi. Accettando una visione antropocentrica dell'esistenza, siamo portati a credere di essere la forma di vita più intelligente in questo pianeta. Questa sicurezza è tuttavia priva di fondamento e origina dal ridurre l'intelligenza alla misurazione del quoziente intellettivo o, peggio, a limitarla a un insieme di processi cognitivi che servono a cogliere, elaborare e interpretare i fenomeni per il conseguimento di un fine specifico come, per esempio, la risoluzione di problemi. La tendenza del razionalismo e del riduzionismo meccanicistico è quella di associare l'intelligenza ai processi logici e razionali e, come riflesso, allo sviluppo tecnologico. Ma la vera intelligenza è connessa alla consapevolezza con cui utilizziamo la tecnologia piuttosto che allo sviluppo tecnologico in sé.

L'intelligenza relativa alla mente viene normalmente associata e definita come l'insieme di abilità e funzioni necessarie all'adattamento e alla sopravvivenza. Ma attribuire al solo pensiero logico e razionale la comprensione dell'esperienza esistenziale, tralasciando l'importanza delle emozioni, della saggezza del corpo e della sfera spirituale, fa parte di una prospettiva limitante e limitata. È come se tentassimo di prepararci a una maratona allenando solo le gambe e trascurando il resto del corpo, l'alimentazione, lo stile di vita, l'aspetto emozionale, la volontà, la sfera mentale e infine il cuore.

Esistono cinque tipi di intelligenza – biologica, emozionale, mentale, artificiale e spirituale – interdipendenti e interconnessi fra loro, ciascuno dei quali corrisponde a un binomio specifico, che illustriamo brevemente di seguito. Chi desiderasse approfondire le specifiche funzioni di ogni intelligenza categorizzate dal modello My Life Design Foundation può consultare il libro *L'arte di far succedere le cose*.[1]

Intelligenza mentale

Definibile in *What I think-How to learn,* caposaldo della corrente razionalista, non è sufficiente, da sola, a garantire l'armonia e l'equilibrio necessari all'essere umano per comprendere il senso della vita.

Intelligenza biologica

Risponde al binomio *What I do-How to live,* ovvero all'esigenza del saper fare per sapere come vivere. Riguarda principalmente i processi endogeni relativi alle funzioni vitali del nostro organismo, ma anche la funzionalità fisica esterna (manualità, tecnicità e capacità di perfezionamento che possiamo raggiungere attraverso i movimenti e le abilità del corpo).

Il funzionamento globale del sistema immunitario o del sistema endocrino, per esempio, ci permette di comprendere che la nostra macchina biologica è dotata di un'intelligenza propria estremamente raffinata, che non dipende dal pensiero razionale superficiale ma è legata a una forma di intelligenza intrinseca superiore.

CONSIGLI PER ALLEGGERIRSI CON L'INTELLIGENZA BIOLOGICA

Compiliamo una lista di sette piccole sfide che alleggeriscano il nostro corpo fisico (per esempio, sottoporsi a un breve digiuno, camminare regolarmente, praticare uno sport, preferire determinati alimenti ecc.) e attuiamola entro un tempo massimo di due mesi.

Intelligenza emotiva

Risponde al binomio *What I feel-How to love* e sviluppa il sentire per capire come amare. Trattata per la prima volta nel 1990 dai professori Peter Salovey e John D. Mayer, ha conosciuto larga diffusione grazie al libro *Emotional Intelligence* di Daniel Goleman,[2] del 1995. Può definirsi come "la capacità di controllare sentimenti ed emozioni propri e altrui, distinguere tra di essi e utilizzare queste informazioni per guidare i propri pensieri e le proprie azioni" o anche "l'abilità di percepire, valutare ed esprimere un'emozione; l'abilità di accedere ai sentimenti e/o crearli quando facilitano i pensieri; l'abilità di capire l'emozione e la conoscenza emotiva; l'abilità di regolare le emozioni per promuovere la crescita emotiva e intellettuale".[3]

Negli ultimi trent'anni la scienza ha riscoperto conoscenze sviluppate e raggiunte dalle tradizioni sapienziali millenarie nell'ambito dell'impatto delle emozioni sulla qualità della vita (salute e relazioni, per quanto concerne la sfera personale e professionale).

Le emozioni rappresentano un alimento vitale per la nostra salute. Nutrirsi quotidianamente di paura, risentimento, rabbia, odio, apatia, impotenza e senso di colpa ci predispone alla malattia fisica e mentale, oltre ad abbassare notevolmente la qualità della nostra vita e delle nostre relazioni. In molti casi, la perdita di peso e il suo successivo

I CINQUE ASPETTI DELL'INTELLIGENZA EMOTIVA

Possiamo riassumere cinque punti chiave nell'intelligenza emotiva.

- *Consapevolezza emotiva*: la capacità di riconoscere le nostre emozioni e le loro cause attraverso una forma di attenzione non reattiva e non critica verso i nostri stati interiori.
- *Controllo emotivo*: la capacità di manifestare e regolare le nostre emozioni, interne ed esterne, sia nella durata sia nell'intensità.
- *Capacità motivazionale*: la capacità di orientare positivamente le nostre emozioni, sviluppando ottimismo e spirito di iniziativa verso gli obiettivi.
- *Gestione efficace delle relazioni*: comprende l'abilità di gestire i conflitti, la capacità di comunicare efficacemente e di rimuovere gli ostacoli, di negoziare e di conciliare.
- *Empatia*: la capacità di percepire e comprendere le dinamiche emozionali, mentali e comportamentali altrui.

---

riacquisto sono strettamente connessi alla sfera emozionale e ai traumi del passato: finché esistono irrisolti nella sfera emozionale e mentale non è possibile liberarsi dalla propria zavorra, anche fisiologica, e dalle sue cause reali.

Molti di noi vivono in uno stato di analfabetismo emozionale, non soltanto per l'incapacità di nutrirsi ogni giorno attraverso gratitudine, simpatia, felicità e gioia, ma anche per l'inabilità di riconoscere e saper regolare l'alimento emozionale di cui ci nutriamo. Essere emotivamente intelligenti non riguarda solo la capacità di riconoscere e regolare le nostre emozioni, ma anche l'abilità di trasformarle e comprendere il loro linguaggio nascosto. La rabbia può essere trasformata in determinazione senza sfociare in furia distruttiva; la vergogna in accettazione, accoglienza e

ESERCIZIO

ACQUISIAMO CONSAPEVOLEZZA

A quale emozione associamo il grasso corporeo?

- Rispondiamo alla domanda: "Cosa rappresenta per me il grasso del mio corpo?". Scriviamo le risposte in un foglio, concentrandoci per 10 minuti, senza interruzione.
- Se pensiamo al grasso del nostro corpo, che emozioni affiorano? A che eventi o persone sono associate quelle emozioni? In che situazioni e con quali persone le proviamo piu frequentemente?
- Torniamo con la memoria a una volta in cui abbiamo vissuto una sensazione di pesantezza. A quali emozioni associamo la pesantezza?
- In quale parte del nostro corpo sentiamo queste emozioni?
- Torniamo con la memoria a una volta in cui abbiamo vissuto una sensazione di leggerezza. A quali emozioni associamo la leggerezza?

---

integrazione di aspetti di sé rifiutati; l'invidia nel riconoscimento di un potenziale inespresso.

Le ricerche pubblicate e gli strumenti di misurazione oggettiva validati scientificamente[4] mostrano che la capacità di motivare se stessi, di capire le emozioni e i sentimenti propri e altrui, di saper controllare l'umore e gli stati d'animo, di sviluppare la capacità di non arrendersi nel perseguire un obiettivo, nonostante le difficoltà emozionali che possono sopraggiungere, incidono profondamente sulla sfera personale e su quella professionale, soprattutto in relazione all'autostima e all'autoefficacia.

In ambito professionale, sviluppare intelligenza emotiva permette di essere più produttivi, più soddisfatti del lavoro e meno inclini a lasciarlo, più capaci di gestire positiva-

---

LA GESTIONE DELLA RABBIA

Si narra che un giorno, mentre il Buddha parlava con i suoi discepoli, venne avvicinato da un uomo arrabbiato che iniziò a inveire e a insultarlo. Il Buddha, impassibile, rispose all'uomo infuriato: «Dimmi, se acquisti un regalo per qualcuno e questa persona non lo accetta, a chi appartiene il regalo?». L'uomo, sorpreso dalla domanda, rispose: «Be', appartiene a me, visto che l'ho comprato io». Il Buddha sorrise e commentò: «È corretto, ed è quello che succede con la tua rabbia. Se ti arrabbi con me e io non mi offendo, non ricevo la tua rabbia, ed essa ricade su di te. Tu sarai l'unico a diventare infelice. Tutto ciò che fai, lo fai a te».

---

mente il rapporto con i clienti/utenti, anche quando esso è potenzialmente conflittuale.

Anche quadri e dirigenti con una buona intelligenza emotiva dimostrano una maggiore capacità nell'essere leader positivi in grado di suscitare entusiasmo nei propri collaboratori, di metterli in condizioni ottimali per esprimere i loro potenziali, di innescare sentimenti positivi e generare rapporti di gruppo equilibrati e mostrano migliore capacità di *problem solving*, maggiore coinvolgimento nel lavoro e abilità di incoraggiare chi ne ha bisogno.

Come alleggerire la nostra dieta emozionale

Conoscere il linguaggio nascosto delle emozioni le trasforma in alleate e importanti risorse. Non esistono emozioni positive o negative. L'acqua fa bene, ma se ne beviamo decine di litri diventa un veleno, così come un veleno, assunto in dosi omeopatiche, diventa l'antidoto. Allo stesso modo, l'amore può essere anche doloroso, la rabbia espressa può diventare terapeutica e liberatrice, la felicità estrema può virare in follia e la gioia in esaltazione.

È bene essere consapevoli che ogni emozione può essere una scelta cosciente, senza dipendere dagli avvenimenti esterni.

Emozione	*Origine*	*Cosa nasconde*	*Insegnamento*
Collera	Sensazione e idea di impotenza	Determinazione	Individua la sensazione di impotenza e liberatene.
Paura	Pensiero negativo di un evento futuro	Amore	Non aver paura di aver paura. Smaschera, dichiara e condividi la tua paura. Trova dove senti quella paura nel tuo corpo, appoggia una mano in quella parte del corpo e respira attraverso quella sensazione per 10 minuti.
Vergogna	Sensazione di essere sbagliato	Autostima	Senti quale parte di te percepisci come sbagliata. Fai una lista dei successi più importanti della tua vita e rivivili.
Senso di colpa	Giudizio negativo su qualcosa che ho fatto	Perdono	Lascia andare il passato. Non esiste santo senza passato, né peccatore senza futuro.
Tristezza	Giudizio negativo su un evento passato o futuro	Gratitudine	Abbraccia il cambiamento. Accetta il fatto che l'esistenza è transitoria e impara ad accogliere il cambiamento fuori e dentro di te.
Ansia	Paura di perdere qualcosa	Pace	Impara a lasciar andare.
Gelosia	Possesso	Trascendenza	Amare davvero è il contrario di possedere: ogni cosa è perfetta così come è.

ESERCIZIO
7 MINUTI DI LEGGEREZZA

- Pensiamo alla sensazione di pesantezza che vogliamo alleggerire. Richiamiamola alla mente rivivendola il più vividamente possibile.
- Mentre riviviamo questa sensazione, iniziamo a respirare consapevolmente. A ogni inspirazione sentiamo vita e leggerezza che entrano in noi e a ogni espirazione sentiamo tutto ciò che ci rende pesante la vita allontanarsi da noi.
- Mentre inspiriamo pensiamo: "Mi libero da ogni peso" e a ogni espirazione pensiamo: "Lascio andare tutto ciò che mi appesantisce". Ripetiamo questa respirazione per 7 minuti.
- Riposiamoci alcuni istanti e riprendiamoci lentamente. Facciamo un check del nostro stato generale e vediamo se e quanto è migliorato rispetto all'inizio della breve pratica.
- Svolgiamo questo esercizio per 30 giorni consecutivi.

Intelligenza artificiale

Definisce la ricostruzione, attraverso programmi e macchine, di funzioni intellettive tipiche della mente umana (percettive, decisionali, di contestualizzazione, di adattamento ecc.). Questo tipo di intelligenza risponde a un bisogno profondo dell'essere umano: creare a propria immagine e somiglianza, che si può riassumere nel binomio *To create-What I create.*

Più ci avviciniamo alla possibilità di creare una forma di intelligenza che riproduca la scintilla della vita presente in noi, più si fanno urgenti questioni etiche fondamentali: siamo capaci di gestire l'intelligenza artificiale con consapevolezza e saggezza? Che grado di discernimento è possibile trasmettere a questo tipo di intelligenza?

Vari studi[5] hanno dimostrato che i sistemi di intelligenza artificiale ereditano dall'uomo anche i pregiudizi. I risultati sono chiari: l'intelligenza artificiale conserva i pregiudizi storici e culturali dell'uomo. Si sono evidenziati pregiudizi di genere (associati più alle arti che alla matematica), ma anche pregiudizi relativi alla razza e al luogo di appartenenza (lo stesso curriculum vitae ha il 50% di probabilità in più di essere selezionato se il nome del candidato è europeo o nordamericano piuttosto che afroamericano). L'intelligenza artificiale ha inoltre associato più facilmente i nomi americani ed europei a concetti piacevoli. L'uomo tende a credere che la tecnologia risolverà ogni problema, come avviene con la scienza: non vogliamo assumerci la piena responsabilità della nostra vita e l'aggettivo "scientifico" diviene spesso sigillo di garanzia attraverso cui misurare esattezza e veridicità di pensieri e affermazioni.

Molte persone ragionano in termini scientifici anche in circuiti e situazioni che esulano dall'ambito scientifico. La parola "scientifico" ha, di fatto, sostituito il termine "dogmatico", senza avvedersi che la maggior parte delle teorie scientifiche sono destinate a essere sostituite da nuovi punti di vista, che esprimeranno conoscenze e consapevolezze più vaste. La verità di oggi è l'errore di domani. Ma se è vero che la storia della scienza è la storia degli errori umani, è anche vero che dagli errori si impara, e che, grazie alla scienza, oggi la qualità della vita è completamente diversa.

La cristallizzazione della mente umana, tuttavia, resta un forte elemento di rischio nell'ambito di un'analisi oggettiva dell'evoluzione: la grande maggioranza di ogni generazione di scienziati è convinta di aver trovato verità assolute e certe. Oggi la fede nella scienza sfiora la rigidità e l'esaltazione, qualità del resto tipiche della natura umana: spesso si arriva a difendere una presunta verità assoluta fino a rasentare il fanatismo.

Qualunque uomo abbia la pretesa di essere l'unico rappresentante del vero (uomo di scienza o di fede che sia) sta erigendo il monumento alla sua ignoranza.

Credere e sostenere che la tecnologia e la scienza siano la

soluzione di ogni problema è folle. Più mezzi inventa l'uomo per risparmiare tempo e meno tempo ha a disposizione per se stesso.

Grazie alla tecnologia, le statistiche mediche indicano dati estremamente positivi circa la speranza di vita, aumentata di dieci anni negli ultimi quaranta, e la diminuzione della mortalità infantile e delle malattie infettive. Ma quante altre malattie nuove (tra cui quelle psichiche) o già esistenti sono aumentate o si sono presentate per la prima volta negli ultimi decenni? Quanto è migliorata la durata della vita in perfetta salute? Più del 90% della popolazione anziana (sopra i 65 anni) deve assumere quotidianamente farmaci. Si prevede che in Italia nel 2030 ci saranno 5 milioni di anziani disabili (ISTAT, Proiezioni per Longevità attiva) e non ci saranno risorse per assisterli.

Pervasive/ubiquitous computing[6]

Questo neologismo è stato coniato per descrivere le dimensioni ipertrofiche che l'intelligenza artificiale sta assumendo attualmente. In particolare definisce "una visione evoluta dei sistemi informatici, non più confinati solo in dispositivi dedicati (i computer), ma diffusi in tutti gli oggetti e i servizi di uso quotidiano".[7] Esemplare della pervasività del fenomeno digitale è il rapporto fra esseri umani e dispositivi elettronici connessi alla rete: per ogni essere umano ci sono attualmente da sei a dieci dispositivi connessi a internet:[8] tablet, smartphone, automobile, sistemi domotici che amministrano l'abitazione; entrano nei consumi, nei ritmi degli abitanti, perfino negli acquisti (i frigoriferi ordinano automaticamente la spesa, lavastoviglie e lavatrice chiamano automaticamente l'assistenza in caso di rottura).

La nostra vita quotidiana è satura di chip, ovvero di dispositivi "intelligenti" capaci di elaborare e comunicare dati, potenzialmente installabili in ogni dispositivo connesso alla rete elettrica.[9]

Questa pervasività è ben delineata, tra gli altri, dall'ingegner Giorgio Capellani,[10] che, scevro da giudizi moralistici, descrive il fenomeno nella sua obiettività:

> La tecnica, per sua natura, non è riconducibile a categorie morali, ma esclusivamente alla dimensione della "funzionalità".
>
> Funzionare implica l'esclusiva realizzazione della sua natura meccanica [...]; il funzionamento, in quanto tale, esprime sempre meno la partecipazione cosciente dell'uomo [...] questo determina una perdita del senso di responsabilità; questa perdita trova nell'odierna organizzazione del lavoro, in cui la singola individualità rischia di scomparire, il proprio palcoscenico.
>
> Nell'attuale contesto del mondo del lavoro, ogni attività compiuta dal singolo individuo [...] è così parcellizzata da non consentire a colui che la esegue di comprendere appieno il proprio ruolo nel conseguimento del risultato finale. [...]
>
> Hegel, ai tempi della rivoluzione industriale, affronta per la prima volta la massiccia crescita dimensionale della tecnica: "La variazione del quanto è anche un mutamento della qualità. Lo smisurato si ha innanzitutto in quanto una misura per via della sua natura quantitativa, va oltre la sua determinatezza qualitativa".
>
> Finché la tecnica era un semplice strumento nelle mani dell'uomo, esplicava la sua natura di "mezzo", il cui senso era completamente sussunto nel "fine", ma quando la sua dimensione cambia, fino a diventare autonoma nel realizzare qualsiasi "fine" [...], non è più il "fine" a condizionare lo sviluppo e l'uso dei mezzi tecnici, ma è la tecnica stessa a indicare il "fine" che tramite essa può essere raggiunto.
>
> In questo passaggio avviene la metamorfosi della tecnica da "mezzo" a "fine", a scapito delle finalità specificamente umane che vengono così drammaticamente sopravanzate.
>
> Karl Marx fece eco a Hegel nella sua opera, quando individuò una mutazione analoga subita dal denaro: da mezzo a fine.
>
> Con l'attuale rivoluzione digitale assistiamo alla definitiva saldatura tra tecnologia e denaro supportata da una ricerca scientifica che è sempre di più tecno-scienza, ovvero scienza finalizzata allo sviluppo di nuove tecnologie. [...]
>
> Scienza, tecnica ed economia costituiscono una triade ormai profondamente integrata, che rischia di divenire sempre più autoreferenziale e lontana dalla natura originaria dell'uomo.

IOE: INTERNET OF EVERYTHING[11]

Questa nuova sigla prevede la connessione di esseri umani (utenti), dati (informazioni memorizzate nei data base), processi (attività e comandi automatizzati) e cose (dispositivi interconnessi alla rete non presidiati da uomini).

Osservando i seguenti dati si comprende come il nome del fenomeno sia aderente alla realtà, non solo una suggestione evocativa.

- Su circa 7,4 miliardi di persone sul pianeta, 3,7 miliardi sono connesse a internet (penetrazione del 50%) e circa 2,7 miliardi sono utenti di social media (penetrazione del 37%);[12] Facebook raccoglie 1,86 miliardi di iscritti; l'utente medio si collega circa 15 volte al giorno; il 50% degli utenti medi si collega appena sveglio come prima attività.
- Il traffico di dati su internet stimato per il 2019 ammonta a 167 exabyte al mese.[13]
- Vi sono 7,7 miliardi di SIM funzionanti, pari al 103% del numero di abitanti del pianeta.[14]
- Il 52% del traffico internet è generato da programmi BOT (abbreviazione di "robot").
- Il 30% delle attività svolte nel 60% delle attuali occupazioni verrà eseguito da robot o automatizzato (nel mercato americano sono a rischio il 43% delle attuali occupazioni).[15]
- L'uso medio quotidiano delle tecnologie nel mondo nel 2018 è pari a circa 10 ore al giorno.[16]
- In particolare appaiono preoccupanti le statistiche relative ai bambini americani sotto gli 8 anni: il 34% ha utilizzato uno schermo touch sotto i 12 mesi; il 98% ha utilizzato uno schermo touch sotto i 4 anni; il 36% ha usato un videogioco o una app sotto i 24 mesi; il 98% ha un televisore a casa (il 42% ha un televisore nella propria stanza da letto); il 72% ha accesso al computer di casa; il 67% possiede una console per videogio-

chi; l'11% possiede una console per videogiochi nella propria camera da letto; il 29% possiede un sistema di giochi elettronici a scopo educativo; il 29% ha un riproduttore video nella propria stanza da letto.[17]

- Il mercato mondiale di giochi per telefoni cellulari nel 2018 è stimato pari a 70,3 miliardi di dollari, su un giro d'affari complessivo per i videogiochi di 130,7 miliardi di dollari.[18]
- WhatsApp ha circa un miliardo di utenti e tramite la sua piattaforma vengono scambiati quotidianamente 42 miliardi di messaggi, 1,6 miliardi di immagini e 250 milioni di video in 53 lingue.

L'influsso delle tecnologie sulla salute dell'uomo[19]

Oltre alla dimensione quantitativa della diffusione del fenomeno digitale, è importante determinare il condizionamento che questi strumenti possono provocare sulle attività dell'uomo, il modo in cui il loro utilizzo ripetitivo e massiccio può condizionare la nostra vita e la nostra salute.

Uno studio dell'University College di Londra, effettuato sui tassisti londinesi, per esempio, ha dimostrato che l'utilizzo intensivo dei navigatori elettronici indebolisce la capacità di orientamento autonomo e riduce le dimensioni dell'amigdala,[20] dimostrando anche nella manifestazione fisica l'effetto dell'utilizzo di questo dispositivo.

Similmente, altri effetti fisici possono derivare dall'utilizzo eccessivo delle tecnologie. Vediamo di seguito le principali fonti di rischio da valutare.

- La relazione di causa-effetto tra utilizzo delle tecnologie e obesità è oggetto di numerosi studi clinici: la riduzione del movimento in seguito a lunga immobilità dovuta all'intrattenimento di un dispositivo digitale ha una serie di conseguenze negative sul metabolismo, considerato in modo allargato, come alterazione delle funzioni vitali nella loro totalità. In questa direzione, oltre al bilancio calorico puramente quantitativo, bisogna sottolineare l'alterazione del senso del movimento che ne può derivare. Famoso è lo studio condotto da Richard Held e Alan Hein nel 1963,[21] in cui due gruppi di gattini venivano portati in un ambiente di forma circolare; il primo gruppo poteva spostarsi sulle proprie zampe e collegare la percezione visiva al movimento (movimento autonomo); il secondo gruppo era trasportato e poteva solo osservare (movimento passivo). Lo studio dimostrò che il primo gruppo sviluppava un corretto senso della profondità degli oggetti presenti nell'ambiente e corrette reazioni neurosensoriali a vari stimoli esterni, mentre il secondo gruppo presentava facoltà percettive molto inferiori. Ne consegue che il movimento è un fattore fondamentale anche per comprendere in modo corretto gli stimoli visivi.

- Problemi posturali muscolo-scheletrici, dovuti a una posizione non corretta o a uno stress prolungato durante l'utilizzo del computer,[22] ma anche del cellulare.[23]
- CVS (Computer Vision Syndrome), irrigidimento del cristallino, stanchezza visiva.
- Attenuazione della capacità uditiva (stress acustico da cuffie).
- Esposizione a radiazioni elettromagnetiche, in particolare le onde emesse da cellulari sono dichiarate dall'OMS potenziali cause di tumori cerebrali,[24] mentre la IARC (International Agency for Research on Cancer) classifica i campi magnetici generati dall'elettricità come possibili cancerogeni (classe 2B, ovvero con limitate evidenze di cancerogenicità sia negli esseri umani sia negli animali).[25] Studi successivi alla valutazione del 2011 rendono più certa, rispetto alla valutazione IARC di "possibile cancerogeno per l'uomo", la relazione causale dell'uso prolungato di telefoni cellulari con la successiva incidenza di tumori cerebrali e di neurinomi del nervo acustico.[26]
- Particolari modificazioni dello sperma maschile, conseguente all'utilizzo del cellulare.[27]

LE NUOVE PATOLOGIE DIGITALI[28]

Specchio dell'alterazione dello stato di salute generale dell'uomo è anche il preoccupante processo di insorgenza di nuove patologie digitali, chiaramente e profondamente connotate da dinamiche ossessivo compulsive simili, per molti aspetti, a quelle connesse all'obesità. Il meccanismo determinante queste nuove patologie – per fare fronte alle quali, nel 2016, è stato aperto presso il Policlinico Gemelli di Roma, in collaborazione con la Facoltà di Medicina e Chirurgia dell'Università Cattolica di Milano, il Centro Pediatrico Interdipartimentale per la Psicopatologia da Web – è infatti collegato a una dipendenza dallo strumento, similmente a quanto avviene nel caso di dipendenze da cibo, ma anche da sostanze chimiche, sesso, gioco d'azzardo. Quando compiamo alcune attività (come navigare in internet) o assumiamo determinate sostanze (come per esempio zucchero), nell'area tegmentale ventrale del mesencefalo, che fa parte del sistema limbico (vedi fig. 2 a p. 35), si genera un eccitamento delle locali cellule nervose a cui segue il rilascio di dopamina, un neurotrasmettitore, che viene rilevata dal centro cerebrale della ricompensa, o centro del piacere, che a sua volta stimola la corteccia prefrontale, sede dei processi che governano decisioni e azioni, affinché cerchi di replicare quell'esperienza per ottenere la medesima gratificazione.

Questo processo circolare genera, nel tempo, la richiesta di uno stimolo sempre più intenso per mantenere alto il livello di gratificazione: tale meccanismo è chiamato "*loop* compulsivo" o "*loop* dopaminergico" e può portare a ricercare ossessivamente un certo tipo di stimolo fino ad assumere un comportamento compulsivo, come la necessità di ingerire cibo, controllare sempre la propria casella e-mail, fare sempre uno stesso videogioco...

Riportiamo di seguito l'elenco delle principali patologie da web pubblicate nel 2017 dall'Osservatorio Nazionale Adolescenza.[29]

- *Vamping*: tendenza a navigare durante la notte (il 60% degli adolescenti dichiara di rimanere spesso sveglio fino all'alba per chattare con i coetanei).
- *FOMO (Fear of Missing Out)*: disagio ossessivo compulsivo che deriva dalla fobia di rimanere tagliati fuori da quanto avviene on-line e spinge a stare sempre connessi.
- *Like addiction*: per oltre il 30% degli adolescenti molti like accrescono l'autostima, pochi like condizionano negativamente l'umore e l'autostima.
- *Nomofobia (no-mobile-phone)*: l'80% degli adolescenti ha paura/terrore di rimanere senza cellulare o senza connessione.
- *Narcisismo digitale*: tendenza che porta a eccedere con i *selfie* e la loro pubblicazione sui *social*.
- *Challenge* o *sfide social*: definisce l'attenzione eccessiva a partecipare alle "catene" che nascono sui *social*.
- *Hikikomori*/NEET (*Not engaged in Education, Employment or Training*): patologia che coinvolge milioni di giovani che si autorecludono, rimanendo in contatto con il mondo solo attraverso la rete. Il disturbo colpisce circa il 3% della popolazione (la massima percentuale è registrata in Giappone) con prevalenza per i maschi fra i 15 e i 40 anni, dipendenti dalla frequentazione compulsiva di casinò on-line o siti pornografici.[30]

Vita artificiale e cibo spazzatura: effetti (ed eccessi) comuni

Un altro risvolto preoccupante dell'utilizzo massiccio delle tecnologie è quello connesso all'ambito animico-spirituale. Come legarsi all'elemento materiale grasso è controparte fisica di un allontanamento da un'immagine animico-spirituale (l'obesità corrisponde a un ipernutrimento della parte materiale fisica e a un impoverimento della vita animica e soprasensibile), così saziarsi di vita artificiale allontana dal mondo reale (ipernutrirsi di stimoli artificiali comporta un logoramento del mondo delle relazioni sociali).

La saturazione di stimoli sensoriali generata da una sovraesposizione alle tecnologie genera un pericoloso "effetto supermercato", simile all'esperienza di eccesso che viviamo quando andiamo a fare la spesa in un centro commerciale: perdiamo la capacità di discernimento e di valutazione e veniamo sommersi da una realtà che si "impone" autonomamente, senza che noi la possiamo scegliere (vedi "Come scegliere il cibo" a p. 208).

La pervasività del fenomeno digitale predispone una mutazione di scenario di riferimento della vita umana, che penetra in sordina nel nostro quotidiano e si installa nella nostra vita senza che ne siamo pienamente consapevoli.

Secondo la visione antroposofica, per certi aspetti simile a quella della medicina tradizionale cinese, il processo di nutrizione avviene tramite la distruzione della sostanza materiale e la sua conseguente trasformazione da parte delle forze vitali dell'organismo: ciò che nutre è l'essenza spirituale che nella manifestazione materiale trova la sua sostanzialità fisica. Allo stesso modo, il nutrimento animico-spirituale compenetra l'uomo[31] e, se l'essenza che lo origina non appartiene alla dimensione umana ma a una dimensione subnaturale (quella della tecnica), è facile comprenderne gli effetti devastanti.

La sfera relazionale e sociale di chi utilizza in modo massiccio le tecnologie è profondamente intaccata: si hanno tantissimi contatti sui social, ma pochi amici reali.[32] Questo comporta una riduzione del senso di responsabilità nelle relazioni interpersonali e mina la capacità di valutazione delle conseguenze degli atteggiamenti che teniamo e degli atti che compiamo nei confronti del prossimo, ma anche della nostra salute e di quella del pianeta.

I concetti di corretto nutrimento, qualità del cibo, stile alimentare equilibrato possono essere adeguatamente traslati nell'ambito del mondo animico-spirituale che deve essere rivitalizzato da opportune qualità di immagini e utilizzi appropriati dei dispositivi digitali.

Intelligenza spirituale

Who I am-How to be: queste domande riguardano il saper essere e la consapevolezza di se stessi e del significato e proposito della propria esistenza.

Nel 1997 Danah Zohar[33] usa per la prima volta il termine "intelligenza spirituale" a indicare l'aspetto della nostra intelligenza che esiste al di là delle misure tradizionali del quoziente intellettivo e dell'intelligenza emotiva e che si manifesta nel livello di consapevolezza relativo al *meaning and purpose*, quella particolare forma di intelligenza che ci permette di contattare e realizzare il significato, lo scopo e il proposito della nostra vita.

Per "spiritualità" s'intende l'intima relazione che ognuno di noi ha con la vita e con l'infinito, nella loro forma più essenziale possibile.

Le sette abilità spirituali

Le *spiritual skills* di base che fungono da indicatori del livello di intelligenza spirituale sono sette.

1. **Self-awareness**: essere consapevolmente presenti in se stessi, che a sua volta consiste in quattro punti.
   - *What I believe*: avere consapevolezza di ciò in cui crediamo. Chi non è consapevole di ciò in cui crede non inizia davvero a vivere. La maggior parte di noi lavora per soddisfare sogni di altre persone, senza avere mai il coraggio di ascoltarsi in profondità, scoprire e realizzare ciò in cui crede davvero.
   - *True Values*: avere consapevolezza di quali sono i valori in cui si crede autenticamente.
   - *Deep motivation*: avere consapevolezza di ciò che realmente ci motiva e per cui dedicheremmo l'esistenza. Motivarsi e saper motivare non è solo una pratica emozionale che riguarda le esigenze dell'ego: la motivazione profonda riguarda il nostro *dharma*, ciò per cui metteremmo a disposizione la vita, ciò che

ci fa alzare la mattina con il sorriso nonostante tempeste e difficoltà.
- *Deep consciousness and presence*: saper vivere in uno stato di presenza ogni momento, ed essere consapevoli di se stessi in ogni circostanza.

2. **Coerenza**: agire in accordo con le proprie convinzioni e i propri principi. Molti di noi credono di essere coerenti perché rispettano rigidamente una linea di pensiero prestabilita. Tuttavia essere coerenti non significa costruire una lapide attorno a un pensiero e cristallizzarsi in esso, spesso violentando se stessi e la propria creatività: non esiste niente di più rivoluzionario, trasformatore e vivo della coerenza, quando è autentica. Coerenza è vibrare all'unisono con il proprio cuore, essere capaci di cavalcare le sue onde e respirare attraverso le sue maree; coerenza è coraggio di seguire l'Invisibile presente in noi, per farne la bussola della nostra vita.
3. **Livello di consapevolezza dell'interconnessione**: la consapevolezza dell'intima interconnessione tra tutte le forme di vita e tra gli esseri umani è una necessità evolutiva di estrema importanza per la sopravvivenza della nostra specie e del nostro pianeta.

   Da un punto di vista spirituale, vivere interconnessi è il passo evolutivo che milioni di persone stanno compiendo in questo momento. Il fenomeno dell'interconnessione, ben lungi dall'essere limitato a giocare con i social o a fare del business, ci porterà a comprendere che dal benessere degli altri deriva anche il nostro benessere e che non possiamo più ignorare le esigenze del pianeta nella sua globalità. Nei millenari testi vedici venivano già chiaramente espresse queste consapevolezze. Siamo invisibilmente interconnessi su tanti livelli alle altre forme di vita. Anche per questo stare bene è un dovere verso noi stessi e verso gli altri. Curare con attenzione la qualità delle nostre emozioni e dei nostri pensieri è fondamentale, perché influenza la vita di tutti, soprattutto delle persone che ci stanno vicine e che amiamo.

4. **Compassione**: qualità spirituale che consiste nel sentire l'altro attraverso una condizione di non giudizio, di amore, di comprensione e profonda empatia. È l'abilità del *feeling-with*, riconoscendo nell'altro un aspetto indiviso da noi, che forma parte integrante di un unicum che ci trascende entrambi. La compassione è il ricordo amorevole dell'unità originaria della vita; è andare oltre il senso di separazione che proviamo verso gli altri e verso la natura, vincendo il nostro egoismo e la nostra cupidigia.
5. **Umiltà**: tornare vicini alla terra (*humus*), ridimensionarsi in relazione all'universo ed entrare in una condizione di sobrietà e di semplicità (vedi il capitolo "La cura del bosco" a p. 189).
6. **Capacità di defocalizzare e osservare le situazioni da un punto di vista trascendentale**: uno degli esempi più eclatanti per descrivere questa abilità è l'Overview Effect, l'effetto panoramica. Consiste nella capacità di maturare una valutazione delle esperienze attraverso una visione d'insieme defocalizzata e superiore. Questo cambiamento cognitivo nella consapevolezza fu descritto per la prima volta dallo scrittore Frank White nel 1987, dopo aver intervistato ventinove astronauti:[34] alcuni di loro riferirono un importante cambiamento nel loro sistema cognitivo, causato dall'osservazione della Terra dall'orbita o dalla superficie lunare. Questo effetto percettivo e comportamentale è causato dalla visione della Terra nello spazio: il nostro pianeta viene percepito come una piccola e fragile sfera "appesa nel vuoto" circondata da una sottile atmosfera che la protegge dall'ambiente esterno e permette alle forme di vita che conosciamo di esistere. L'Overview Effect ha permesso agli astronauti di accedere a una visione e a una consapevolezza diverse. I confini nazionali svaniscono, i conflitti che dividono le persone perdono di significato e la necessità di creare un'unica società planetaria con la volontà di proteggere la "nostra casa" diventa chiara, evidente e prioritaria. L'Overview Effect ci permette di osservare noi stessi e tutto ciò che ci concerne da un'altra prospettiva mettendoci nella condizio-

ne di prendere decisioni importanti e comportarci di conseguenza. Con le giuste tecniche è possibile sviluppare quest'abilità e potenziarla esponenzialmente.

7. **Responsabilità**: un essere umano in grado di assumere la piena responsabilità della propria esistenza, la cui mente è in grado di identificare con chiarezza quali siano le spinte attraverso le quali si crea la realtà personale e collettiva è capace di un'interazione con essa molto più incisiva e profonda.

Sivananda Saraswati, saggio orientale della prima metà del Novecento, scrisse:

> La potenza del pensiero muta il destino. L'uomo semina un pensiero e raccoglie un'azione; semina un'azione e raccoglie un'abitudine; semina un'abitudine e raccoglie un carattere; semina un carattere e raccoglie un destino. L'uomo costruisce il suo avvenire con il proprio pensare e agire. Egli può cambiarlo, perché ne è il vero padrone.[35]

Il principio di responsabilità appartiene a quell'aspetto dell'intelligenza spirituale che trasforma il destino in una scelta.

COME RIDURRE L'INTOSSICAZIONE E LA PESANTEZZA CAUSATA DAI DISPOSITIVI DIGITALI

- Digiuno digitale: scegliamo un giorno alla settimana da trascorrere interamente senza l'utilizzo di fonti digitali (cellulare, internet, computer e qualsiasi altro strumento che interagisca con il mondo digitale, includendo il televisore).
- Dieta digitale: selezioniamo accuratamente le informazioni digitali con le quali "nutrirci": almeno per due giorni alla settimana evitiamo qualsiasi notizia o informazione che possa causarci pesantezza, ansia o emozioni e pensieri "pesanti". In questi due giorni selezioniamo esclusivamente notizie e informazioni connesse alla leggerezza e a emozioni quali gioia, felicità, gratitudine, amore, contentezza ecc.
- Un buon ricordo quotidiano: nutriamoci di un buon ricordo ogni giorno: sediamoci in una posizione comoda per 5 minuti e, a occhi chiusi, portiamo alla mente e riviviamo un ricordo positivo, legato alla leggerezza, alla spensieratezza, all'amore e alla gioia. Richiamiamolo alla mente il più vividamente possibile e con quanti più particolari possibili. Alla fine della pratica, appoggiamo le mani sul nostro cuore, facciamo un sorriso al cuore e pronunciamo ad alta voce la parola "grazie".
- Diamo la buonanotte al cellulare: identifichiamo un luogo della casa dove tutti i cellulari vengono posti di notte per essere ricaricati. Questa abitudine è utile per abituarsi a tornare a considerare la notte come il momento naturale del riposo, e non come occasione per isolarsi a navigare in rete o a chattare.[36]

4

Catarsi

Gli antidoti

> È l'anima quella che conosce,
> e per l'anima i sentimenti sono ciò che per il corpo sono
> le sostanze che ne formano il nutrimento.
>
> RUDOLF STEINER

Un minuto che dura una vita

"Qual è il fulcro più importante della tua vita in questo istante?" Ognuno di noi cerchi di riflettere attentamente sulla risposta perché rispondere d'istinto, incalzati da ragioni sentimentali, razionali, economiche potrebbe significare non comprendere il senso profondo della domanda.

"Qual è il fulcro più importante della tua vita in questo istante?" Ciò che in assoluto in questo momento è più importante nella nostra vita, da cui dipende tutto il resto, è che noi viviamo. Famiglia, figli, lavoro, relazioni, professione, beni immobili, automobili, denaro, potere, salute... tutto ciò dipende, prima di tutto, dal fatto che siamo alla luce del mondo. La piena consapevolezza di questo fatto, all'apparenza estremamente banale, è la chiave per comprendere come vivere con leggerezza.

In relazione alla durata di un'intera vita, la nostra mente è portata a considerare il valore di un minuto come relativo e irrilevante.

Cosa possiamo fare di veramente significativo e importante in questo minuto? Eppure, un solo minuto può essere anche infinitamente lungo. Proviamo a considerare l'ultimo della nostra vita. "Come vorresti che fosse? Chi vorresti avere accanto? Cosa ritieni sia importante dire e fare in quell'estremo lasso di tempo? Quali sono le esperienze realmente importanti nell'ultimo soffio di vita? Quelle realmente significative e belle?" Sono domande sulle cui risposte è necessario riflettere, nell'ascolto profondo di se stessi, perché, se vogliamo ambire alla leggerezza, le esperienze che vorremmo vivere l'ultimo minuto prima del grande salto

---

60 SECONDI

Breve eternità, soffio nel silenzio dell'universo, piccola vertigine: osserviamo cosa sta accadendo nel mondo e nello spazio mentre scorriamo queste righe.

7.150.000.000 di cuori umani battono 500,5 miliardi di volte, mentre i loro corpi danno vita a 858.282.240.000.000.000 nuovi globuli rossi. 107 persone lasciano il corpo e 250 bambini vengono alla luce (di cui 113 in povertà e 15 con difetti congeniti). In questo minuto 18 persone muoiono di fame. In un minuto avvengono 5 terremoti, negli USA si compiono 3 crimini violenti e si attivano 9 nuove infezioni da HIV. In un minuto avvengono 6 milioni di reazioni chimiche in ogni nostra cellula, e i globuli rossi compiono un giro completo del corpo; 6000 fulmini colpiscono la terra e, contemporaneamente, vengono tagliati 2040 alberi nella foresta pluviale. In un minuto esplodono 1800 stelle, il Sole getta 60 milioni di tonnellate di materia nello spazio, mentre le cascate del Niagara riversano 31.600 tonnellate di acqua; un colibrì batte le ali 4000 volte, mentre un bradipo striscia in media per 3,96 metri. In questo minuto, mentre tu continui a leggere, il tuo cuore pompa circa 314 litri di sangue, 83.300 persone fanno l'amore, 204.000.000 di e-mail vengono spedite, alcune delle quali cambieranno per sempre il destino di molte persone. In un minuto l'universo si espande di 4452 chilometri. Se sei sopravvissuto a questo minuto, senti la gratitudine e dedica un sorriso alla vita.

---

dal trampolino della vita sono le stesse che dovrebbero essere presenti ogni giorno.

Il primo minuto di un giorno leggero è vissuto con la consapevolezza che l'esperienza in assoluto più importante della nostra vita, da cui dipende tutto il resto e senza la quale nessuna delle altre esperienze potrebbe esistere, è che noi siamo vivi. Iniziamo quel minuto con un sorriso.

Sarebbe sufficiente osservare una persona cosciente mentre sta morendo per comprendere l'intensità con cui si potrebbe vivere. Chi è consapevole della propria morte tende naturalmente a eliminare il superfluo dalla sua vita ed è portato a rimanere nell'essenziale. La stessa intensità dovrebbe accompagnarci in ogni istante lungo il corso dell'esistenza. In quegli istanti decisivi la mente si "rompe", spezzando il suo funzionamento abituale che si fonda sulla relazione, la considerazione e l'influenza del passato e del futuro. La mente di chi è cosciente di stare morendo smette di proiettarsi nel passato e nel futuro: tutto ciò del passato a cui si aggrappa crea sofferenza, e ogni considerazione del futuro crea incertezza e paura. L'unica via per la pace è mantenersi nel presente: essere totalmente presenti in ogni istante e aprirsi alla vita come mai accaduto prima.

Questa è una via per liberarsi e alleggerirsi completamente, e la buona notizia è che possiamo realizzare la stessa intensità non necessariamente subito prima di morire.

L'intensità di ogni istante può essere tale da costringere la mente a focalizzarsi esclusivamente nel momento presente; un presente continuo. Non vive davvero chi non è pienamente consapevole del miracolo di esistere che si compie in ogni istante.

Sguardo polare o unitario

"Ci sono due modi di vivere la vita. Uno è pensare che niente è un miracolo. L'altro è pensare che ogni cosa è un miracolo." Il geografo statunitense Gilbert Fowler White citò questa frase attribuendola ad Albert Einstein.

Chiediamoci: "Se fossi totalmente felice e libero di poter fare tutto ciò che voglio, cosa cambierei nella mia vita ora? Se sapessi di dover morire tra una settimana, cosa cambierei nella mia vita ora?".

Un giorno leggero è un giorno in cui non cambieremmo nulla, poiché tutto è perfetto così come è.

Sono le situazioni, le persone e le esperienze a essere imperfette (o perfette) o la prospettiva attraverso cui le osserviamo?

Esistono due tipi di occhiali attraverso cui guardare il mondo e ciò che vi succede: il primo ha lenti "polari", il secondo monta lenti "unitarie".

Se guardiamo con gli occhiali polari, tutto apparirà duale; vedremo opposti in ogni cosa: bello-brutto, giovane-vecchio, buono-cattivo, giorno-notte, vita-morte... Ogni esperienza della creazione per esistere avrà bisogno del suo opposto.

Se guardiamo il mondo attraverso lenti unitarie, non ci sarà bisogno di opposti. La vita non avrà morte, il giorno non avrà notte, l'assenza di luce non sarà buio.

Poter osservare la vita in questo modo è in realtà piuttosto semplice. È sufficiente calarsi nel punto di vista del Sole: dalla sua prospettiva non esiste alba né tramonto, viene meno l'alternanza di giorno e notte, e tutto ciò che riceve attenzione viene illuminato. Avere la sensazione che esistano opposti ha origine nel fatto che osserviamo le esperienze dal punto di vista del pianeta Terra, immersi nell'illusione che il nostro pianeta sia il centro dell'universo. Vivere in questo pianeta ci sottopone ogni ventiquattro ore a un effetto "neon", dove la luce si spegne e si riaccende. L'alternanza di giorno e notte ha influenzato intimamente il nostro modo di vedere e interpretare le cose.

Anche la comprensione del concetto e dell'esperienza della leggerezza può avvenire attraverso una prospettiva polare o unitaria.

Dalla prospettiva polare la leggerezza prevede l'esistenza della pesantezza, dando vita a un gioco che, portato all'estremo, è molto pericoloso. La leggerezza eccessiva dell'anoressia, la coppia magra e idealizzata che si trasforma in un carcere di limiti, nevrosi, isolamento e costrizioni. La necessità di leggerezza (in se stessi o negli altri) crea miti che, prima o poi, deluderanno e verranno puntualmente decapitati. Questo tipo di leggerezza non ammette né prevede errori.

Attraverso il punto di vista del Sole, invece, tutto assume un significato differente. La pesantezza diventa una lezione necessaria per poter imparare. Sbagliare è corretto e, anzi, fondamentale nel processo evolutivo. Sbagliare va bene e fa bene. Ogni errore si trasforma in opportunità, strumento, risorsa. Ogni volta che sbagliamo facciamoci un piccolo regalo per ricordare a noi stessi che è proprio grazie agli errori che "diventiamo grandi". In molti di noi sono radicate paure profonde: "Se sbaglio, verrò esclusa/o, abbandonata/o, rifiutata/o; riceverò amore e accettazione solo essendo perfetta/o". Questo tipo di pensiero crea un'insopportabile tensione interiore.

Esiste, però, una leggerezza che include in se stessa la pesantezza, dove tutto viene incluso nella perfezione del miracolo della vita, anche il dolore, il tradimento, la perdita, la malattia, la morte. Accettare questo modo di considerare le situazioni non significa rassegnarsi agli eventi e alle circostanze, ma affrontarle con buon animo, forti della fiducia fondamentale nell'esistenza, in cui della vita si accetta e si ama ogni aspetto, perfino la privazione. La vera leggerezza, per essere tale, contiene anche la sua mancanza.

Riscrivere il proprio passato: come alleggerire i ricordi traumatici e le esperienze dolorose

Henry Gustav Molaison[1] fu la persona più studiata nella storia delle neuroscienze. Il suo caso aprì la strada alla comprensione dell'organizzazione funzionale e delle basi nervose della memoria. Dall'età di 9 anni, H.M. soffriva di una grave forma di epilessia farmaco-resistente, tanto che nel 1953 il dottor William Scoville, chirurgo all'Hartford Hospital, localizzò l'origine dei suoi attacchi epilettici e suggerì la rimozione di parte di entrambi i lobi temporali mediali. All'epoca, infatti, il trattamento dell'epilessia era il principale campo di applicazione della neurochirurgia. Questa operazione causò in H.M. una grave forma di amnesia anterograda: la memoria a breve termine rimase perfettamente funzionante, ma il giovane non riusciva ad avere né conservare nuovi ricordi. Tuttavia la sua memoria procedurale rimase funzionante, quindi poté comunque apprendere nuove abilità motorie pur non riuscendo a ricordare dove e quando le avesse apprese e, inoltre, mantenne i ricordi di quando era piccolo, perché, anche se le regioni temporali sono necessarie alla memorizzazione, i ricordi sono immagazzinati in altre aree cerebrali. Molto di ciò che oggi le neuroscienze sanno sulla memoria ha inizio proprio dagli esperimenti e dagli studi effettuati a partire da questo caso. H.M. non riusciva a fissare i ricordi perché le aree del cervello rimosse erano quelle coinvolte nella formazione della memoria.

Tutte le esperienze che viviamo, sia positive sia negative, modificano permanentemente le connessioni fra i neuroni del nostro cervello (sinapsi) e queste alterazioni sono responsabili della memoria. Quando viviamo un'esperienza che rimarrà impressa nella nostra memoria e ricordata in futuro, nel cervello si genera un segnale elettrico che produce variazioni chimiche e modifica la struttura di determinati neuroni. La memoria dichiarativa (per esempio ricordare un numero) risiede nelle aree della corteccia, mentre quella procedurale (per esempio come si balla il tango o come si va in bicicletta) dipende dalla regione dei gangli della base.

Quando la scienza iniziò a fare luce sui processi attraverso cui il cervello allevia le paure legate ai traumi lontani, si scoprì che il meccanismo è simile a quello di un hard disk: vengono riscritti nuovi dati su vecchi ricordi. Il professor Johannes Gräff, coordinatore dello studio pubblicato sulla rivista "Science" condotto da un'equipe di ricercatori del Politecnico di Losanna[2], ha commentato la scoperta spiegando che il cervello riscrive sopra gli stessi neuroni coinvolti nella formazione del ricordo traumatico. I neuroni in questione appartengono al "giro dentato", una parte dell'ippocampo – situata nella parte più mediale della corteccia cerebrale – composta da tre strati: strato molecolare, strato granulare, strato polimorfo. Il giro dentato dell'ippocampo nell'emisfero destro svolge principalmente funzioni legate a memorie episodiche e all'esplorazione spontanea di nuovi ambienti, mentre nell'emisfero cerebrale sinistro svolge funzioni collegate con la formazione di nuove memorie semantiche e di nuovi ricordi. Quest'area cerebrale è una delle poche in cui rimane attiva la capacità di formazione di nuovi neuroni anche in età adulta. Il cervello, dunque, funzionerebbe come un hard disk capace di riscrivere nuovi dati su vecchi "file" collegati a esperienze dolorose o traumatiche.

La scoperta interessante consiste nel fatto che il circuito di memorie di un trauma è lo stesso sia nella fase di formazione del ricordo sia in quella di riscrizione: in pratica sono sempre gli stessi neuroni a essere coinvolti in questo processo di formazione delle memorie e anche di "cancellazione" del passato. È così che il nostro cervello ci aiuta a liberare la mente da paure, ansie e stress. Yuri Bozzi, professore ordinario del Dipartimento di Psicologia e Scienze Cognitive, nel Centro Interdipartimentale Mente/Cervello CIMeC dell'Università di Trento, spiega che per far dimenticare o superare un trauma risulta efficace far rivivere o riesporre la persona allo stesso trauma, ma in maniera controllata. Un esempio di questo metodo è osservabile in ambito militare: ai soldati vengono proposte immagini del campo di battaglia, in modo che il cervello apprenda gradualmente a controllare gli stati di paura e ansia generati dalle immagini di guerra. In buona sostanza, è possibile riscrivere le emozioni legate ai ricordi, sia positivi sia negativi, riprogrammando i neuroni che influenzano l'associazione emotiva legata a ciò che abbiamo vissuto. Il nostro cervello registra le informazioni relative a dove, quando e come abbiamo vissuto una determinata esperienza e se essa è stata negativa o positiva.

Un esperimento interessante condotto dal professor Susumu Tonegawa, direttore del RIKEN-MIT Center for Neural Circuit Genetics in Giappone, ha permesso di scoprire che i neuroni nell'area dell'ippocampo possono essere guidati per codificare ricordi come positivi o negativi, indipendentemente da come quei ricordi siano stati vissuti nella realtà.[3] Nell'esperimento condotto sui topi i ricercatori hanno marcato i neuroni in due aree cerebrali, nella zona del giro dentato dell'ippocampo e nel complesso basolaterale dell'amigdala. Entrambe queste zone, mediante specifici gruppi di cellule chiamate engrammi, codificano in maniera leggermente differente i ricordi: il giro dentato codifica informazioni contestuali (come, dove e quando), mentre alla parte dell'amigdala compete la valenza positiva o negativa dei ricordi. Nei topi venivano creati ricordi positivi (esposizione alle femmine) e negativi (shock alle zampe). Le stesse cellule che avevano registrato questi ricordi potevano successivamente essere riattivate mediante esposizione alla luce, ottenendo risposte di avversione dai topi che avevano subito lo shock e di desiderio dai topi che erano venuti a contatto con le femmine. Lavorando sui neuroni dell'ippocampo, i ricercatori hanno dimostrato che è possibile cambiare da una valenza positiva a una negativa, e viceversa, il modo di vivere i ricordi. Questo dato apre nuove strade per affrontare i traumi vissuti nel passato.[4]

Ricordi drammatici ed esperienze traumatiche possono distruggere la vita di una persona e influenzare pesantemente la salute e il benessere psicofisico, causando aumento di peso, stress, ansia, insonnia, fino a processi psicosomatici ben più gravi. Che fosse possibile liberarsi dagli effetti del passato e dalle conseguenze dei traumi ne erano a conoscenza già tradizioni antiche, evidenti nel filone indovedico o nella saggezza millenaria del Sudamerica, in modo particolare quella attribuita alla cultura tolteca. La pulizia e la liberazione della mente, associata alla purificazione del corpo, avveniva grazie a varie pratiche, mediante l'utilizzo consapevole del ricordo associato a specifiche respirazioni e a una ferma intenzione di liberazione. Chi ha potuto sperimentare particolari tecniche avanzate di pranayama (padronanza del respiro) o di ricapitolazione di queste culture ha sperimentato come sia possibile ottenere una profonda sensazione di liberazione e svuotamento dai contenuti e ricordi dolorosi. L'obiettivo di queste pratiche però non è focalizzato sull'aspetto terapeutico, ma sulla consapevolezza delle proprie possibilità percettive e della propria identità. Nella società occidentale, imperniata sulla convenienza e sul profitto, l'obiettivo coincide spesso con l'effetto collaterale di queste pratiche, il benessere, senza tenere conto del fatto che esso è spesso una conseguenza dell'aumento del livello di consapevolezza della persona. Liberarsi e poter riscrivere il proprio passato, in termini percettivi e cognitivi, offre una grande possibilità: annullare le conseguenze negative della legge di causa/effetto.

Il potere del perdono

Si usa dire che la migliore vendetta sia il perdono. Tuttavia, molto spesso, quando ci troviamo a vivere un torto, magari grave, non siamo assolutamente disposti a scusare, né tanto meno a perdonare, la persona che lo ha perpetrato. Il perdono è un processo che per istinto rifiutiamo profondamente: di solito è associato a un concetto religioso e a un atto compiuto da persone estremamente evolute o che, comunque, riescono ad andare oltre se stesse, ad avere un livello di empatia molto alto, a essere al di là della norma. Il perdono è qualcosa che, in genere, la maggioranza delle persone non prende in considerazione.

Tuttavia, se esploriamo il concetto nella sua profondità, ci renderemo conto che il perdono è un atto che serve prima di tutto a migliorare la qualità della *nostra* vita, permettendoci di ammalarci di meno e di essere più in equilibrio, non solo dal punto di vista fisico, ma anche psichico ed emozionale. Soprattutto, il perdono è uno strumento che ci permette di ridefinire noi stessi e di sviluppare un maggiore potere personale.

Per capire il significato autentico di questo processo e comprendere come sia efficace e semplice da applicare nella vita quotidiana in quanto strumento di fondamentale importanza per liberare tutto ciò che del nostro passato ci appesantisce e che trasciniamo come fardello nel presente, cerchiamo innanzitutto di comprendere che cosa *non* è il perdono.

- *Perdonare non significa dimenticare.* Al contrario, perdonare è riuscire a tenere bene a mente ciò che è successo, ma svuotandolo dal dolore, dalla sofferenza, dal rancore, dalla paura e dalla rabbia che lo caricano.
- *Perdonare non è scusare l'altra persona, né tanto meno giustificarla.* Il perdono è un atto che non condona ciò che è successo, ma, dal momento in cui ci si è liberati dalla necessità di reagire all'odio con altro odio, permette alle nostre azioni di diventare frutto di consapevolezza, centratura e, soprattutto, discernimento.
- *Perdonare non significa necessariamente riconciliarsi con la persona da cui ci sentiamo feriti.* Il perdono è un atto che riguarda soprattutto la nostra interiorità; non necessariamente deve tradursi in un'azione o nella guarigione di una relazione; non necessariamente si riflette all'esterno di noi stessi. È un processo che ci consente di sperimentare uno stato di integrità, grazie al quale non permettiamo alle circostanze esterne di avvelenare la nostra pace, di condizionare la nostra vita.
- *Perdonare non significa non agire.* Significa agire liberi da odio, rabbia, risentimento e senso di colpa. Chi perdona non deve giustificare ciò che è accaduto e nemmeno rinunciare ai suoi diritti, né pretendere che la persona da cui ci si sente feriti modifichi il suo atteggiamento. Il perdono accade dentro noi stessi, nell'atto del perdonare non c'è alcuna pretesa o aspettativa che la relazione cambi o si trasformi. Il perdono è un atto intimo, che riguarda la consapevolezza del Sé.
- *Perdonare non significa accettare passivamente le circostanze o rassegnarsi a esse.*

Tutti questi concetti, a cui normalmente si associa il perdono, generano dentro di noi un rifiuto, una resistenza, un allontanamento dal perdono stesso, e da ciò che esso presuppone realmente. A livello inconscio, molti di noi avvertono il perdono come una resa, un condono, un'incapacità di reagire, una rimozione di ciò che è avvenuto, un'accettazione passiva di un sopruso, ovvero un atto che non ha nessuna convenienza.

Per questo utilizziamo rancore, rabbia, risentimento, senso di colpa come forma di protezione: il perdono interpretato in questo modo erroneo significa, infatti, esporsi ai pericoli, diventa una scelta che ci indebolisce.

In realtà, perdonare è esattamente il contrario: il perdono offre la soluzione alla nostra fragilità, se comprendiamo cosa sia realmente.

Rancore, risentimento, colpa sono tutti cordoni che non solo ci tengono ancorati a una determinata persona e situazione, ma danno anche al nostro presunto carnefice (e a quella situazione) il potere di relegarci a una condizione di vittima e permettono a quella persona di continuare a farci vivere in condizione di frequenze molto basse, diminuendo la nostra capacità di vivere in pace – nella consapevolezza della bellezza dell'esistenza – dal momento che ci attacchiamo alle tossine emozionali di una situazione del passato.

Se pensiamo a una dinamica in cui qualcuno ci offende (e noi ci sentiamo offesi), nutrire rabbia, risentimento o rancore verso quella persona significa metterla al centro della nostra vita, significa diventare prodotto di una reazione inconsapevole, senza essere padroni di ciò che proviamo.

Il perdono, indipendentemente da ciò che è accaduto, ci permette invece di essere liberi, felici e leggeri, condizione che, a livello inconsapevole, è rifiutata dalla maggior parte delle persone perché sembra inumana. In realtà il perdono è un meccasimo di convenienza a cui sarebbe bene prestare ascolto: è la condizione che ci riporta all'integrità.

Quando ci sentiamo vittime e pensiamo al nostro "carnefice", sperimentiamo un immediato calo energetico, perché le emozioni negative che proviamo indeboliscono il sistema immunitario e cardiocircolatorio e aumentano gli ormoni dello stress. Odiare non è una strategia conveniente: ci appesantisce la vita. Gli adulti (contrariamente ai bambini), provano rancore, e utilizzano strategie poco evolute per far fronte a situazioni dolorose, mettendo in atto comportamenti primitivi che si dimostrano poco efficaci: impersonare il ruolo di vittima genera un'emorragia energetica a livello fisico, mentale, emozionale e a livello della forza vitale.

Il perdono è uno degli antidoti principali per fare ritorno a una condizione di leggerezza: è quel processo capace di liberarci dalla dipendenza emozionale e mentale relativa al nostro carnefice. Se riflettessimo su quante volte al giorno giochiamo il ruolo di vittima ci stupiremmo: lo assumiamo verso il partner, che è diventato poco attraente, verso i genitori, poco amorevoli, distratti o assenti, verso il datore di lavoro, insensibile ai nostri sforzi, verso gli amici e i compagni di classe, che ci escludono, verso i nostri figli, che non hanno rispetto per noi e non comprendono quanto amore gli stiamo dando... Continuiamo a nutrire energeticamente tutte queste persone attraverso un'emorragia mentale ed energetica, emozionale e fisica, perdendo una quantità enorme di forza vitale e creando in noi una pesantezza esistenziale a cui siamo normalmente assuefatti (tanto che le persone che sperimentano realmente il perdono si meravigliano della leggerezza che provano: è come se il cuore "respirasse" di nuovo, finalmente, aria pura). Dentro di noi portiamo il ricordo della spensieratezza e purezza di quando eravamo bambini. Ci sono tecniche ed esperienze che possiamo eseguire per compiere un autentico percorso di perdono e fare ritorno a quella condizione di innocenza.

Perdonare è il processo attraverso cui usciamo dalla spirale di rancore e di collera e riprendiamo nelle nostre mani il potere di essere protagonisti della nostra vita.

Nella sua etimologia, "perdono" è superlativo di donare: *per-donare*. Quando ci attacchiamo a dolore, risentimento e rabbia soffriamo, perdiamo la capacità di essere liberi, deleghiamo agli altri la capacità di determinare il nostro stato interiore.

Perdonare è un processo che ci aiuta a comprendere il valore della nostra vita senza attaccamento, rivelandoci l'opportunità e le risorse che ogni situazione rappresenta e trasformando tutto ciò che ci accade, e la vita stessa, in un dono.

Il perdono ha la capacità straordinaria di liberare il nostro passato da tutti i contenuti di dolore e sofferenza, trasmutandoli in opportunità straordinarie di crescita, di autorealizzazione, di libertà, di leggerezza esistenziale.

TECNICA PER LIBERARE E INTEGRARE IL PASSATO

- Prendi in considerazione un ricordo o una situazione che vuoi liberare.
- Descrivi per iscritto con più particolari possibili:
  - cosa è successo esattamente;
  - le persone coinvolte (direttamente e indirettamente);
  - dove e quando l'evento è accaduto (elenca anche tutte le sensazioni che ricordi: odori, sapori, particolari ecc.);
  - cosa hai provato (elenca le emozioni, gli stati d'animo ed eventuali considerazioni).
- Identifica esattamente cosa vuoi liberare e purificare. Non puoi dimenticare l'esistenza di una persona, ma puoi liberare i contenuti di sofferenza che il ricordo di quella relazione suscita in te. Fai un elenco dei ricordi che vuoi liberare dalla sofferenza e delle sensazioni che vuoi lasciar andare definitivamente.
- Pensa alla situazione che vuoi purificare richiamandola alla mente e rivivendola il più vividamente possibile, cercando di porti nella posizione impassibile del testimone.
- Mentre rivivi la situazione, inizia a respirare consapevolmente attraverso le immagini e le sensazioni che arrivano e affiorano: a ogni inspirazione visualizza luce

e chiarezza che entrano in te e a ogni espirazione visualizza tutto ciò che ti infastidisce e lascialo andare. Mentre inspiri pensa: "Mi purifico e mi libero".
A ogni espirazione pensa: "Lascio andare tutto ciò che mi vincola".

- Ripeti questa tecnica che abbina ricordo, respirazione e intenzione per un massimo di 7 minuti al giorno, per un massimo di 21 giorni.
- Scrivi qual è la lezione che puoi trarre da quell'esperienza: ogni situazione che viviamo può insegnarci qualcosa ed essere trasformata in uno strumento e un mezzo per sviluppare virtù e abilità di vita, come pazienza, compassione, determinazione, amore, fermezza, autostima, chiarezza, empatia... Durante il periodo di pratica scrivi più volte le tue considerazioni sulla lezione che puoi trarre da quella esperienza e da quel ricordo, finché non avrai reale chiarezza del valore che ciò che hai vissuto ha per te.
- Alla fine esprimerai il dono e la lezione appresa mediante una frase che inizia in questo modo: "Grazie a questa esperienza (o persona) ho imparato...".
- Ripeti questa frase per una decina di minuti o finché non senti realmente autentico il suo significato. Ripeti questa affermazione per tutti i giorni in cui praticherai la tecnica descritta nel quarto e quinto punto, alla fine della pratica di respirazione.
- Alla fine delle ripetizioni pronuncia ad alta voce questa affermazione: "Perdono e libero per sempre tutto ciò che è stato nello spazio e nel tempo. Sono libero e felice. Grazie".
- Alla fine della ripetizione focalizzati su un ricordo positivo della tua vita ed esplora le sensazioni positive che essa ti fa rivivere. Qualsiasi ricordo che richiami in te sensazioni di pace, amore, gratitudine, accettazione, gioia, felicità e leggerezza andrà bene.

Accettazione: la grande liberatrice

Nella cripta del cuore,
Dove dimora il mistero splendente,
Penetrano solo coloro che rinunciano a se stessi.

(*Mahānārāyana Upanishad*, 12,14)

Un giorno leggero ha un cuore: in esso ogni respiro, ogni gesto, pensiero, emozione, movimento nasce in piena consapevolezza. Un giorno leggero è una manifestazione consapevole della capacità di scorgere la bellezza della vita in tutte le sue manifestazioni, dall'amore al dolore, dall'incontro alla perdita, dalla tristezza alla gioia, dalla guarigione alla malattia, dalla nascita alla morte, pienamente presenti e svegli nel miracolo dell'esistenza.

Come riuscire in questa impresa?

Se fossimo davanti a un tramonto mozzafiato, immersi nella natura, alle soglie di un mare spettacolare nella quiete di inizio estate; se la nostra mente fosse sgombra da pensieri, così come il cielo da nuvole, leggera, ispirata, e i nostri sensi fossero stimolati da colori e profumi; se ogni passo fosse accompagnato dai suoni del mare che accarezza la sabbia mentre si ritira; se ci trovassimo nella grazia di un momento di profonda pace... Se però improvvisamente squillasse il cellulare; se la voce dall'altra parte ci comunicasse qualcosa di doloroso, di preoccupante, di urgente, di irreparabile, cosa cambierebbe? Quanti di noi riuscirebbero ad avere accesso al paradiso che pochi istanti prima era così intimamente vicino? La bellezza della natura continuerebbe a essere davanti ai nostri occhi, ma non riusciremmo più a vederla.

Cosa è cambiato? La nostra mente, che ora è proiettata in un futuro incerto e nelle sue preoccupazioni e in un passato recentissimo (la telefonata) a cui è rimasta agganciata. Interpreta e rivive le parole, le sensazioni, e crea un incessante dialogo interiore di incertezza, ansia, paura, impotenza. Quante persone riescono a mantenere integrità ed equanimità di fronte a ogni situazione? La bellezza e la leggerezza della vita, in ogni sua forma e manifestazione, sono sempre presenti e a disposizione di ciascuno di noi. Ciò che manca, spesso, sono gli occhi per poterle contemplare. Questa bellezza diviene accessibile a patto di custodire sufficiente consapevolezza per poter rendere quieta e silenziosa la nostra mente.

Riusciremmo a trovare la stessa bellezza che ci meraviglia nell'amore, nella gioia, nella conquista, nei colori e nelle forme della natura e dell'uomo anche nel dolore, nella rabbia, nello sconforto e persino nella morte? Chi è capace di osare fino a questo punto? Un giorno leggero è un giorno di pienezza autentica.

Il dono dell'autocompassione

Gesù stesso fa scelte criticabili. Maria fa fatica con Gesù, che delude le aspettative: quando a dodici anni era sparito per tre giorni aveva addirittura dovuto subire le sue critiche. Gesù frequenta brutte compagnie (Matteo, Simone lo Zelota, Giacomo e Giovanni, che erano detti "i figli del tuono", Marco 3,17); anche le donne lo seguono, mangia, beve, fa festa (non era un asceta, godeva della vita); tocca i lebbrosi, è accusato di essere amico dei demoni (per questo può scacciarli), bestemmia (ne è accusato dagli scribi), disturba il potere, il dogma, "è fuori di sé" (Marco 3,21). Per questo sua madre e i suoi fratelli cercano di trattenerlo, di riportarlo a casa, lo mandano a chiamare, non entrano nella casa dove predica perché si vergognano di lui (Marco 3,31) ma lui (*Chi è mia madre e chi sono i miei fratelli?* Marco 3,33) gira lo sguardo (34) con amore verso chi compie la volontà di Dio, chi parte per la sua strada, verso se stesso, verso il dio interiore.

Accettiamo tutte le circostanze della vita, non solo le gioie. Accettiamoci, con tutti i nostri difetti. È nella sofferenza che sviluppiamo le nostre qualità. Le difficoltà sono una benedizione, perché ci danno la possibilità di crescere. Le difficoltà, i nostri stessi errori, sono inerenti alla vita, ci consentono di adattarci per sopravvivere alla natura ostile, allo stress, alle ferite dell'esistenza; se oggi siamo qui dobbiamo ringraziare le difficoltà, ringraziare i nostri errori, e ringraziarci. Più accettiamo, più ci arricchiamo, più ci risaniamo.

La ricerca scientifica ha mostrato che chi ha un atteggiamento di autocompassione, chi, pur riconoscendo i propri difetti, i propri lati oscuri, "vede il bicchiere mezzo pieno", è probabile che riduca l'espressione dei geni dell'infiammazione,[5] quindi riduce il rischio di ammalarsi (di diabete, di infarto, di cancro, di demenza).

Riconosciamo la sofferenza, accettiamola, ma ricerchiamone i lati positivi. Riconosciamo anche gli aspetti positivi di chi ci sta attorno, benediciamo ogni persona che incontriamo, ogni situazione, e benediciamo anche noi stessi. Abbiamo ascoltato malati di cancro ringraziare la malattia, che li ha aiutati a scegliere la vita, a rendersi conto che la loro vita scorreva senza essere vissuta, a "risvegliarsi". Abbiamo ascoltato persone in punto di morte ringraziare la malattia, che li ha aiutati a riconoscere la bellezza che è stata loro concessa, a capire cos'è l'amore, e la consapevolezza della dignità della morte.

SERENITY PRAYER

La *Preghiera della serenità* è stata scritta nel XX sec. dal teologo protestante tedesco-statunitense Reinhold Niebuhr.

> Signore, concedimi la serenità di accettare le cose che non posso cambiare,
> la forza e il coraggio di cambiare le cose che posso cambiare,
> e la saggezza per conoscerne la differenza.

Il potere dell'entusiasmo

Un altro ingrediente fondamentale in un giorno leggero è l'entusiasmo.

Osserviamo un bambino che torna al mare dopo un anno (o dopo un solo giorno): è totalmente presente e libero in ciò che sta vivendo, come se lo facesse per la prima volta, pienamente assorto. C'è qualità in quella presenza. Nella vita di una comune persona adulta questi momenti sono rari e tendono a diminuire con l'avanzare dell'età.

Contentezza, leggerezza e spensieratezza interiore: da quanto tempo non proviamo queste sensazioni? Quando è stata l'ultima volta in cui le abbiamo vissute pienamente? In cui, dopo averle provate, abbiamo pensato: "Quanto ne avevo bisogno!"? Questo è parte del nutrimento dell'anima, fondamentale come quello fisiologico.

Ritualizzare un'intera giornata è complesso e richiede disciplina e passione.

Immaginiamo il giorno leggero per eccellenza come uno spazio in cui siamo costantemente presenti a noi stessi e in noi stessi. Viverlo in modo autentico significa saper stare nudi di fronte all'infinito: fiorire e aprirsi alla bellezza che costantemente accade. Ritualizzare una giornata significa celebrare la vita. Si tratta di abitare l'infinito presente in ogni cosa. Nella tastiera di un pianoforte i tasti sono limitati, eppure, su quel numero di tasti finiti, si possono creare infinite melodie. È così che il musicista trova l'infinito dentro il finito. Così è per ogni cosa. Il giorno leggero per eccellenza è quello in cui, finalmente, riusciamo a vivere l'infinito ovunque, fuori e dentro di noi. È una cura che sarebbe bene regalarsi: attraverso semplici gesti rituali scoprire un luogo interiore in cui possiamo decidere di vivere sempre.

Basta un poco d'amore per rendere le azioni, le situazioni, le relazioni e le emozioni qualcosa di consapevole attraverso cui celebrare la vita. Abitiamo l'infinito che esiste nel finito. E facciamone il rito della nostra vita.

Seguire la propria vocazione

Diverse forme della stessa emozione possono essere associate a diversi schemi di attivazione genica implicati nell'infiammazione. Per esempio, la felicità che segue la gratificazione per avere raggiunto uno scopo nobile è molto efficace nel ridurre l'infiammazione, mentre la felicità che segue un semplice divertimento aumenta addirittura l'espressione dei geni infiammatori.[6]

Quanto può essere benefica una felicità che deriva dalla gratificazione di svolgere una professione che ci appartiene? Quando il nostro lavoro coincide con la nostra vocazione siamo naturalmente efficaci nei compiti che svolgiamo.

Seguire la propria vocazione non significa assecondare le proprie passioni (dal latino *patire*, ovvero "soffrire"): la passione può accentuare la tendenza narcisista presente in ognuno di noi, cercando di soddisfare – senza mai riuscirci – il nostro ego insaziabile. Le passioni corrispondono, in genere, a desideri indotti, non pienamente consapevoli, che non provengono dalla nostra parte più profonda.

La vocazione, invece, è il compito della nostra vita, il nostro *dharma*. Ciò per cui siamo giunti su questa Terra. Ciò che, romanticamente parlando, ci "tocca" il cuore. Se l'attività alla quale ci dedichiamo coincide con la nostra vocazione, tutto fluisce liberamente, senza fatica, senza sforzo. Siamo immersi in un eccesso di meraviglia.

Proviamo a chiederci che cosa ci fa sentire veramente bene. Quali sono i bisogni per cui amici e conoscenti ci interpellano più spesso? Le loro richieste possono essere molto pertinenti con quella che è la nostra vocazione, e che noi forse ancora non consideriamo tale. Solitamente, gli altri intuiscono prima di noi i nostri difetti, ma anche le nostre qualità.

5

Gṛham mokṣa: la leggerezza dello spazio

La casa come strumento di liberazione e salute

> La casa è il vostro corpo più grande.
> Vive nel sole e si addormenta nella quiete della notte;
> e non è senza sogni.
>
> KAHLIL GIBRAN

Mettere ordine e alleggerire la propria casa significa riordinare e portare leggerezza nel proprio spazio interiore, nelle relazioni e nella propria vita.

Gṛham e *mokṣa* sono due parole sanscrite: la prima indica la casa e la seconda significa "liberazione". *Gṛham mokṣa* indica quindi la via della liberazione e della leggerezza attraverso la casa. La casa rispecchia il percorso interiore di ogni individuo: andando ben oltre il luogo fisico, la nostra dimora è depositaria di significati profondi, che spaziano dalla sensazione di sicurezza e calore di un luogo sicuro e solido alla fragilità di un tugurio freddo, sporco e pericolante. La casa evoca non solo un'abitazione materiale, ma anche sensazioni, persone, odori, ambienti, stati interiori, emozioni, colori, ricordi, riflesso del nostro mondo interiore. La casa è probabilmente il simbolo più forte della personalità: uno spazio fisico, emozionale, psicologico e spirituale. Apportare cambiamenti alla propria casa produce dunque un impatto profondo sulla psiche, trasformando anche emozioni, situazioni, pensieri e comportamenti. Il maestro spirituale Thích Nhất[1] Hạnh ci insegna: "Ogni passo ci porta a casa, nel qui e ora. La tua vera casa è il qui e ora, perché la vita è possibile soltanto in questo momento e in questo luogo", riferendosi alla consapevolezza che dentro di noi abbiamo una casa confortevole, dove possiamo ritirarci ogniqualvolta siamo minacciati da ogni tipo di stress.

Una casa cosmica

Per rendere il mondo un posto migliore bisogna iniziare dalla propria casa. In inglese si usano due parole distinte per il concetto di casa: *house* e *home*. La prima indica un luogo fisico, un edificio o costruzione da abitare, mentre la seconda si riferisce a un ambiente familiare, più affettivo ed emozionale che fisico, un luogo interiore, di pace, calore, vita e sicurezza.

Una casa può essere vuota anche se abitata, soprattutto quando è la presenza di una determinata persona a "farci sentire a casa"; al sicuro, protetti, avvolti, coccolati, innocenti e puri.

Dopo la pelle, è la casa la prima esperienza di confine che sperimentiamo da bambini, attraverso cui stabiliamo un dentro e un fuori. La casa è il luogo, prima di tutto interiore, in cui iniziamo a definirci. Normalmente l'idea di casa viene associata allo spazio vitale in cui poter mangiare, riposare e prendersi cura di sé e dei propri cari. Un luogo dove esprimere se stessi, da soli o imparando a convivere nelle relazioni intime. Un luogo dove vivere intimamente amore e odio, avventura, libertà, protezione e riconoscimento.

Prima di essere un ambiente fisico la casa è dunque l'universo in cui costruiamo il nucleo della nostra individualità. Uno spazio ancestrale che custodisce i valori della nostra intimità. Le società arcaiche attribuivano all'abitazione un valore sacro, nel quale coltivare la relazione con i quattro elementi (terra, aria, acqua e fuoco) e con le stelle. Il posizionamento della casa celebrava un preciso rapporto con la volta celeste, per ricordare all'uomo l'intima interconnessione tra cielo e terra. Il focolare domestico esprimeva prima di tutto il senso del sacro e della protezione. Gli antichi avevano sviluppato una visione "cosmica" della casa, dove celebrare la relazione con l'universo e onorare le divinità domestiche, custodi di ogni famiglia: gli spiriti ancestrali degli antenati (i Lari dei Romani, per esempio).

Architetture interiori

L'architettura degli spazi dell'abitare parla, per chi sa leggere nelle forme e al di là di esse, della nostra architettura interiore, dei nostri personalissimi modi di stabilire confini e punti di contatto e incontro con noi stessi (gli altri e l'eterno).

Tra tutte le case, la prima è quella natale, particolarmente legata a significati simbolici ed esperienze fondamentali che costituiscono le fondamenta della nostra personalità; custode di ricordi legati a noi e ai nostri cari: rumori, odori, voci, impressioni, ricordi, giochi, segreti, dolori, fallimenti, conquiste...

La seconda casa, spesso, è quella dove si va a vivere quando ci si separa dalla propria famiglia di origine. Anch'essa diventa un contenitore di significati che creano un senso profondo di identità: spazi da personalizzare e "colonizzare", attraverso cui esprimerci e raccontarci. Spazi da condividere o vivere da soli. Questa possibilità di personalizzazione (colori, arredamento, gestione dello spazio, delle luci, degli odori e dei profumi, degli oggetti) trasforma la casa in un luogo di espressione di sé, della propria storia e dei propri ideali. Non solo un rifugio dove poter abbassare le difese, togliersi la maschera ed essere semplicemente se stessi e potersi rilassare, dunque, ma anche uno spazio dove poter accogliere gli "invitati" e le persone care; un punto di contatto con il mondo esterno.

Le trasformazioni avvenute nella casa (o nelle case) durante le fasi della vita e i cicli di età ci fanno comprendere meglio perché essa possa essere considerata una "seconda pelle". La culla, la vasca del bagnetto e i giocattoli nei primi anni di vita; i poster di attori o attrici o di idoli musicali o sportivi, la musica e i diari segreti, il cellulare durante l'adolescenza; le chiavi di casa e della macchina, attestati e riconoscimenti, oggetti dei primi viaggi importanti durante la giovinezza: lo spazio personale si modifica nel corso della vita riflettendo ciò che sentiamo di essere e le nostre condizioni interiori ed esteriori.

Esiste una profonda connessione biunivoca tra casa e salute psicofisica: se è vero che le mie trasformazioni interiori ed esteriori trasformano la casa, è ugualmente vero che trasformare la casa ha un impatto nel mio mondo fisico, emozionale, mentale e spirituale.

Il filosofo, storico e giurista Norberto Bobbio, negli ultimi anni della sua vita, scrive:

> La propria casa dà sicurezza. Ti difende dal non conosciuto, dall'imprevisto, dal trovarti in un mondo che ormai, chiuso fra quattro pareti, ti è diventato sempre più estraneo. Tanto più si è vecchi quanto più sono profonde le radici, e quindi tanto più difficile da sopportare lo sradicamento, l'andare altrove, dove ti troveresti spaesato, perderesti la tua identità, diventeresti un numero in mezzo ad altri numeri.[2]

Dal focolare alla televisione

Anticamente la casa era il luogo dove avveniva la continuità tra le diverse generazioni, dove si accudivano i bambini e i vecchi, dove avvenivano la celebrazione e la ritualizzazione della nascita e del lutto, l'integrazione dei cambiamenti generazionali e della diversità, dove si celebravano i riti di iniziazione e socializzazione. È sufficiente pensare ai pranzi e alle cene di famiglia, come luoghi di confronto.

UN ESEMPIO DI DISTACCO

Le tradizioni monastiche orientali, soprattutto indiane, identificano l'origine della sofferenza nell'identificazione con un'individualità limitata (una personalità, mente e corpo) e nell'attaccamento. Per estirpare questo senso di un Io separato dal resto e incarcerato attraverso l'illusione del senso del possesso, alcune tradizioni di monaci erranti orientali fanno voto di non dormire per più di tre giorni nello stesso posto.

Con la scomparsa del "focolare", sostituito dalla televisione, in meno di cinquant'anni si è persa la struttura tradizionale domestica. Da un grande spazio collettivo intorno al fuoco dove poter dormire insieme la notte e lavorare di giorno si è passati gradualmente ad abitazioni suddivise in locali con funzioni specifiche definite, distinguendo nettamente abitare e lavorare.

Carl Gustav Jung interpreta la casa come simbolo dell'Io strutturato attraverso molti livelli di coscienza. In un'interpretazione di un sogno del 1909 scrive:

> Mi era chiaro che la casa rappresentava una specie di immagine della psiche, cioè della condizione in cui era allora la mia coscienza, con in più le relazioni inconscie fino allora acquisite. La coscienza era rappresentata dal salotto... col pianterreno cominciava l'inconscio vero e proprio. Quanto più scendevo in basso, tanto più diventava estraneo e oscuro.[3]

Casa, specchio della vita e del corpo

Porte, muri portanti e pareti, finestre, divisioni, scale sono elementi che costituiscono architettonicamente la casa e marcano, in uno spazio prima indifferenziato, una delimitazione sia nell'ambiente interno all'abitazione sia rispetto all'ambiente esterno. Definire un ambiente nei suoi spazi significa definire ed esprimere dei confini in se stessi.

Uno dei più importanti significati architettonici, simbolici e psicologici della casa e dell'abitare consiste proprio nel fatto che essa crea un rapporto tra un "dentro" e un "fuori".[4] Per questi motivi trasformare, cambiare e alleggerire ritualmente l'ambiente interno della casa ha un impatto nel nostro corpo, nella nostra psiche e nelle relazioni con gli altri e con il mondo.

Se consideriamo la casa come una seconda pelle, possiamo arrivare alla comprensione che ogni ambiente può rappresentare una parte specifica del nostro corpo, oltre che della psiche.

In generale, i piani superiori sono associati al pensiero razionale e cosciente, mentre i livelli inferiori e sotterranei sono connessi agli aspetti inconsci e istintuali della personalità.

Sul piano psichico, il tetto e il piano superiore sono relazionati con il pensiero e la funzione direttiva, la cucina racchiude tutti i processi di trasformazione psichica e la qualità e la consapevolezza degli alimenti mentali ed emozionali, la cantina identifica l'istinto o l'inconscio, le scale potrebbero essere considerate il mezzo di unione fra i diversi livelli psichici e le personalità (padre/madre, lavoratore/trice, marito/moglie, figlio/a, uomo/donna ecc.), le finestre possono simboleggiare le lenti delle convinzioni attraverso cui osserviamo e giudichiamo il mondo esterno e la prospettiva attraverso cui consideriamo situazioni e persone.

Quando apportiamo dei cambiamenti nell'architettura della casa, trasformando gli spazi e gli oggetti, dovremmo considerare il fatto che non stiamo agendo solo sul piano fisico, pratico e materiale di gestione dell'ambiente. Non è raro che la decisione di apportare importanti lavori di trasformazione (soprattutto di muratura) nella casa coincidano, prima o dopo, con cambiamenti significativi nella nostra esistenza: lutti, divorzi, separazioni, nascite, nuovo lavoro. Così come i cambiamenti esistenziali si riflettono e accompagnano importanti modificazioni nell'ambiente in cui viviamo, è vero anche il contrario, e cioè che apportare sostanziali trasformazioni nell'abitazione influenza profondamente gli aspetti della nostra identità. La casa rappresenta un'estensione della nostra pelle, un confine materiale, psichico, emozionale e spirituale attraverso il quale ci separiamo dall'esterno, e al contempo definiamo e proteggiamo la nostra identità.

Per questo test psicologici con disegni della casa eseguiti sui bambini sono importanti indicatori degli elementi di valutazione della personalità e dell'ambiente familiare. A partire da questi disegni, nei test psicopatologici si cerca di comprendere il rapporto con la famiglia: finestre chiuse corrispondono a chiusura nelle relazioni con il mondo esterno, mentre finestre e casa grandi delineano solitamente un carattere estroverso e un buon rapporto comunicativo con i familiari.

L'architettura del benessere[5]

L'architettura del benessere è una specializzazione parallela dell'architettura, che progetta, costruisce o semplicemente rinnova lo spazio di casa (e di lavoro) da un punto di vista profondo: con l'ausilio della disciplina del feng shui, appartenente alla medicina tradizionale cinese, e di alcune tecniche, come per esempio il test kinesiologico, considera in che modo l'ambiente, esterno e interno, influenza la nostra percezione psico-emozionale attraverso la reazione che il corpo invia in risposta a determinati elementi presenti nello spazio abitativo e/o lavorativo.

Questo tipo di architettura, definita anche olistica, decodifica quali sono gli elementi concreti dello spazio, che, recepiti dai recettori dei cinque sensi, vengono trasformati in sensazioni e percezioni che possono farci sentire tranquilli e a nostro agio o, viceversa, creare una reazione di chiusura e contrazione fisica, stimolando un senso di allerta (con la conseguente risposta corporea di produzione di adrenalina, seppur in piccola dose). Per elementi concreti dello spazio (definiti anche "analogici") si intendono vari aspetti, fra cui colori, forme, materiali, elementi strutturali della stanza, la qualità di temperatura, illuminazione, tipologia di arredo, suoni, odori, ordine, accumuli di oggetti, tipologia dei tessuti, proporzione tra pieni e vuoti, elementi naturali e artificiali del paesaggio.

Questa tipologia specifica di architettura interviene sugli spazi e opera su di essi principalmente tramite due strumenti: il decluttering e il feng shui (psicologia dello spazio), che studia le influenze che l'ambiente e l'uomo si scambiano reciprocamente a un livello energetico più sottile e illustra il modo in cui lo spazio di casa è in grado di sostenere gli aspetti archetipici della vita (lavoro, salute, famiglia, relazione di coppia, autostima ecc.), lo stato psico-fisico-emotivo dei membri della famiglia e lo stato fisico di specifiche parti del corpo. Il feng shui individua quali sono gli elementi analogici dell'ambiente esterno e interno alla casa, che suscitano reazioni psico-fisico-emotive nell'uomo e consiglia come intervenire nell'ambiente per correggere le disarmonie.

Chili su di noi, chili attorno a noi[6]

Esistono case così ricolme di cose da impedire quasi il passaggio fra una stanza e l'altra, con locali caduti in completo disuso perché impraticabili, riempiti di oggetti che non vengono mai usati, ma che i proprietari si rifiutano di eliminare.

Questo accade perché chi abita in una casa di questo tipo non riesce a resistere alla tentazione di comprare o raccogliere in continuazione nuovi oggetti, magari di specifiche categorie, come libri e riviste, vestiti o soprammobili. In questi casi si parla di disposofobia, comunemente chiamata "disturbo da accumulo": un neologismo derivato dall'inglese *to dispose of something,* letteralmente "eliminare qualcosa". La disposofobia descrive dunque la "paura di eliminare", ed è riconosciuta dalla comunità psichiatrica come una patologia vera e propria.

Chi soffre di questo disturbo raccoglie e conserva in modo estremo, irrazionale e autodistruttivo, per esempio indebitandosi per riempire l'armadio di vestiti che non indossa, fino, nei casi più estremi, a riempire l'abitazione al punto da non poter più usare la porta principale o cambiare le lenzuola, perché gli ambienti – compresa una parte del letto – sono ingombri di enormi pile, fra cui anche sacchi di immondizia, pieni, che raccolgono bucato da lavare e rifiuti di tutti i tipi.

Negli Stati Uniti questi comportamenti patologici sono diffusi al punto da richiedere una formazione specifica per gli assistenti sociali che seguono le persone affette da questo disturbo.

Tuttavia, anche se la disposofobia, come i casi di obesità estrema, riguarda una minoranza, sarebbe un errore affermare che la maggioranza delle persone è immune al problema: quante delle case che visitiamo trasmettono la sensazione di essere libere e ordinate, e quante invece sembrano troppo piene e un po' caotiche?

Quante persone conosciamo che, alla sola idea di liberarsi di certi oggetti che non utilizzano mai, scoprono per essi un irrazionale e imprevedibile attaccamento?

Quanti di noi tendono a consolarsi per una giornata no, una cattiva notizia o un mal d'amore comprando e raccogliendo nuovi oggetti come vestiti, libri, riviste, cosmetici, utensili, elettrodomestici, oggetti di arredamento?

Il comportamento di accumulo viene definito "disturbo" in senso psichiatrico quando causa "disagi e interferenze al normale svolgimento della propria vita".[7]

Oppure si riconosce che il comportamento di accumulo è comune a malati e sani, ma i primi lo portano a eccessi tali per cui "perdono completamente di vista il rapporto costi-benefici".[8]

Tuttavia Lorenzo Durand, che da oltre dieci anni si occupa di questo tema in Italia, non individua una demarcazione netta tra accumulatori normali e patologici.

Quando i costi divengono più alti dei benefici? Quando l'accumulo comincia a creare interferenze al normale svolgimento della vita? Non è semplice rispondere a queste domande: se per compensare carenze e sofferenze emotive siamo spinti a buttare soldi continuamente comprando oggetti che poi non usiamo, si tratta di un'interferenza? Se abbiamo la casa piena di oggetti e siamo costretti a pulirli, spostarli, trasportarli periodicamente, anche se non ci danno niente in cambio, è un'interferenza? Se ci troviamo spesso nella situazione in cui non possiamo svolgere al meglio un'attività in casa nostra perché lo spazio che ci servirebbe è occupato da mucchi di oggetti usati poco o raramente, è un'interferenza? Se quando avremmo bisogno di un oggetto che sappiamo di possedere non lo troviamo perché si è perso nel disordine, e magari dobbiamo ricomprarlo, è un'interferenza?

Se le suddette situazioni possono essere considerate interferenze al normale svolgimento della nostra vita, almeno il 50% della popolazione nei Paesi industrializzati ha un problema di accumulo (sebbene la sua forma estrema sia rara). Forse sarebbe opportuno definirlo una malattia del benessere, come, per esempio, le malattie cardiache e – non casualmente – l'obesità. I casi di obesità così estrema da confinare una persona a letto sono rari, ma gran parte della popolazione occidentale è in sovrappeso.

TRATTI CARATTERIALI E COMPORTAMENTI SPESSO ASSOCIATI AL COMPORTAMENTO DI ACCUMULO PATOLOGICO

- Ansietà diffusa
- Insicurezza, scarsa autostima
- Timidezza o comunque isolamento sociale
- Confusione mentale, sensazione di sovraccarico e disorientamento
- Dispersività, scarsa praticità, ridotta capacità di pianificare
- Difficoltà a stabilire priorità/chiare gerarchie di importanza
- Mancanza di energia/di motivazione, letargia
- Timore di perdere il controllo, bisogno di tenere sempre tutto sott'occhio
- Timore di perdere l'occasione, di subire un danno di opportunità

Molti studiosi[9] hanno notato una stretta correlazione fra disturbo di accumulo e obesità: la maggioranza degli accumulatori gravi risulta essere in forte sovrappeso. Tuttavia, al momento non c'è ancora chiarezza su come esattamente i due fenomeni siano collegati. Non è chiaro se le condizioni di vita determinate da un accumulo eccessivo di oggetti ci spingano a mangiare di più e fare meno attività fisica, se mangiare in eccesso e raccogliere oggetti in eccesso siano comportamenti "anti-scarsità" risultanti dagli stessi geni, o se, per esempio, un certo tipo di esperienza nel periodo formativo induca sia il comportamento di accumulo, sia la sovra-alimentazione.[10] Le cause ipotizzate, insomma, sono varie: genetiche, sociali, psicologiche.

In base ad alcuni studi e alla pratica sull'argomento[11] la cosa più probabile sembra un concorso di tutti questi fattori, che non sono reciprocamente esclusivi. Per esempio, è possibile che una predisposizione genetica[12] venga attivata da particolari esperienze nell'infanzia, da un certo contesto sociale ed economico o da un trauma psicologico importante, anche in età avanzata.

Conoscere il disturbo da accumulo: strumento di leggerezza e libertà

Accumulo di grasso corporeo e di oggetti superflui sono fenomeni più facili da comprendere e superare, se vengono considerati congiuntamente, quanto meno nel loro aspetto psicologico. Anche se non abbiamo dati certi sull'eventuale rapporto di causalità tra i due aspetti, infatti, sappiamo per certo che vi è un rapporto di forte somiglianza. Gli studi in materia sono ancora molto rari,[13] ma l'osservazione del fenomeno può far supporre che entrambi i problemi siano radicati nelle stesse fondamentali dinamiche psicologiche.

Vediamo quali sono queste dinamiche, e come lavorare sul fronte ambientale, oltre che su quello corporeo, possa aiutarci a uscirne.

In genere i problemi di accumulo quotidiani, ossia quelli di cui può soffrire la persona media, vengono fortemente sottovalutati. La casa è un po' in disordine, ci sono delle zone che sono sostanzialmente ridotte a un magazzino di oggetti inerti, ma non è forse così in tutte le case? Se lo volessimo davvero, potremmo liberarcene tranquillamente, il fatto è che in questo momento non abbiamo tempo di organizzarci e fare il lavoro.

Di solito questa prospettiva cambia radicalmente nel momento in cui si prende coscienza del fatto che si tratta di un problema reale, che va risolto. Solo con questo nuovo sguardo ci possiamo accorgere di quanto sia difficile nella realtà riordinare e riorganizzare la nostra casa. All'idea di eliminare certi oggetti che razionalmente sappiamo essere del tutto inutili emergono obiezioni e resistenze che, sebbene possano mettersi la maschera della concretezza, sono tipicamente emotive: "Può sempre servire", "Mi è costato dei soldi", "Ma mi ricorda quella persona", "È uno spreco, è una mancanza di rispetto".

Anche quando non ci sono obiezioni "verbalizzate", la prospettiva di separarci per sempre da un certo oggetto può evocare emozioni di ansietà e tristezza sorprendentemente intense.

Pure a livello clinico il comportamento di accumulo dei disposofobici gravi si dimostra assai radicato e recidivo e particolarmente difficile da correggere rispetto anche ad altri disturbi. Inoltre, ogni tentativo di "forzare" l'accumulatore a riportare l'ordine risulta controproducente e traumatico. Mentre il digiuno è stato usato con grande efficacia per curare l'obesità, e mentre un tossicodipendente privato delle sue dosi regolari può in certi casi attraversare una fase di astinenza dolorosa e uscirne "pulito" una volta che l'organismo ha ritrovato il suo equilibrio naturale, la reazione di un accumulatore a uno sgombero forzato è completamente negativa. Vi sono casi in cui, a seguito di un intervento delle forze dell'ordine per liberare un'area privata da mucchi di spazzatura per motivi di igiene pubblica, il proprietario si è suicidato a seguito del trauma.[14]

Le emozioni legate alla conservazione degli oggetti sono così intense perché sono legate a bisogni e paure fondamentali, radicati nelle parti più antiche del nostro cervello. In particolare: la paura della morte fisica individuale, che può sopraggiungere per scarsità di cibo, per malattia, per esposizione agli elementi, o per via di un danno meccanico provocato da incidenti, predatori o esseri umani ostili; la paura della morte genetica, ossia di non poter trovare partner sessuali con cui potersi riprodurre (in ultima analisi, anche l'istinto di sopravvivenza individuale è motivato dal fatto che la morte dell'individuo riduce le probabilità di sopravvivenza della specie).

Proviamo a considerare in questa luce i comportamenti e i problemi di un accumulatore tipico. Riflettiamo sulle emozioni e le sensazioni che emergono quando qualcosa dentro di noi ci spinge a raccogliere e comprare per "stare meglio", quando una parte di noi si ribella di fronte all'idea di sbarazzarci di un oggetto banale che ha esaurito la sua funzione. Non è forse vero che la separazione da quell'oggetto porta con sé un disagio vago ma profondo? Che l'idea di esserne improvvisamente privati ci appare di gran lunga più sgradevole di quanto motiviamo la sua reale funzione pratica nella nostra vita, come se la sua perdita andasse a tormentare ferite mai chiuse?

Gli oggetti, come il cibo, vengono usati come un palliativo, una compensazione superficiale e momentanea a un dolore emotivo sempre in agguato, alla percezione di una minaccia sempre presente.

La mancanza di autostima e le carenze affettive

L'autostima è, letteralmente, un'immagine positiva della propria persona, ma più in dettaglio consiste di due percezioni o convinzioni fondamentali:

- la percezione/convinzione di avere le risorse e le capacità necessarie per affrontare e superare le sfide ambientali;
- la percezione/convinzione di poter attrarre e mantenere il supporto di altri laddove le proprie capacità e risorse siano insufficienti.

Sentirsi "incapaci" e "non amati" è doloroso, perché rappresenta un pericolo per la nostra sopravvivenza individuale e genetica.

Mancare di autostima significa ritenersi scarsamente capaci di affrontare le sfide che l'ambiente ci propone e/o di attrarre e mantenere l'amore (quindi il sostegno) di altri membri della specie, in particolare dei genitori, del partner e della tribù costituita da amici, collaboratori e conoscenti più stretti.

Gli individui che risultano in qualche modo impopolari sono i primi a venire sacrificati in caso di pericolo o scarsità di risorse, e sono in generale più vulnerabili perché non possono contare sul sostegno del gruppo. Questo è in sintesi il motivo per cui ogni gesto che segnala ammirazione, approvazione e supporto da parte degli altri ci trasmette sensazioni piacevoli (tanto che i "mi piace" sui social media possono causare vera e propria dipendenza: vedi "Le nuove patologie digitali" a p. 65), mentre essere oggetto di disapprovazione, ostracismo, umiliazione e così via è causa di dolore psicologico. La prima situazione aumenta le nostre probabilità di sopravvivenza e riproduzione, la seconda le riduce.

Se la nostra percezione è quella di non avere le capacità necessarie per affrontare le sfide ambientali da soli, né per attrarci il sostegno del branco, il nostro organismo accende un campanello di allarme, che si manifesta come una sensazione di ansietà, tristezza e disagio: "Valgo poco e posso morire in qualsiasi momento, senza nemmeno poter proteggere o perfino avere dei discendenti".

Il tentativo di sottrarsi a queste sensazioni dolorose (o di prevenirle) è il motivo profondo che sta dietro a fenomeni come l'uso massiccio della chirurgia plastica o la spinta al conformismo evidente in ogni tipo di moda, non solo in senso estetico, ma anche comportamentale, intellettuale, politico, e così via: se non sei "in", sei "out", ovvero escluso dal gruppo che gode di maggiore status (quindi sostegno del resto del branco).

Mangiare, comprare e raccogliere sono tutti gesti che possono trasmetterci un sollievo momentaneo dal dolore della nostra percepita inadeguatezza, perché creano la sensazione di poter attrarre e consumare le risorse di cui abbiamo bisogno. Se stiamo mangiando, ovviamente non stiamo morendo di fame. Se abbiamo delle riserve di oggetti, non possiamo trovarcene sprovvisti nel momento di solitario bisogno.

Se, infatti, situazioni di pericolo o scarsità ci trovassero vulnerabili a causa delle nostre (supposte) scarse capacità di procacciamento e autodifesa da una parte, e del nostro (sempre supposto) basso valore sociale dall'altra, come potremmo premunirci di fronte a esse? Accumulando riserve per il momento del bisogno, che si tratti di grasso corporeo o di intere stanze trasformate in magazzini di oggetti che possono sempre servire.

Ogni altro aspetto del problema è una variazione su questo tema fondamentale.

Esposizione e protezione

Se il mondo è pericoloso, e se gli altri non ci sostengono, l'unica cosa che può salvarci è una protezione materiale: dei "cuscini" di grasso che preservino il nostro corpo dai traumi sempre imminenti o un ambiente protetto in cui possiamo, in caso di bisogno, rinchiuderci con tutte le nostre riserve, al riparo dei pericoli "là fuori".

Quando un accumulatore riesce – spesso con grande sforzo e a causa dell'insistenza dei familiari – a liberare una parte dello spazio bloccato da mucchi di oggetti inutilizzati, quello spazio torna a riempirsi nell'arco di poco tempo, perché ciò che spinge la persona a conservare quegli oggetti non è tanto un attaccamento sentimentale per gli specifici oggetti eliminati, quanto un bisogno subconscio di riempire lo spazio, di eliminare la sensazione di vuoto, che segnala un ambiente troppo aperto, in cui un individuo solo si troverebbe troppo visibile, esposto e privo della possibilità di nascondersi o barricarsi.

I mucchi di oggetti (e di grasso corporeo), quindi, non sono semplicemente dei magazzini: sono scudi interposti fra il pericolo là fuori e la salvezza della "tana"; sono barriere che, come in molte altre specie di mammiferi, vengono usate per creare un ambiente che appaia più protetto, sicuro e confortante.

Questo aspetto è particolarmente evidente nei casi acuti – anche più lievi – di disturbo da accumulo. In genere il disturbo da accumulo è un problema cronico i cui effetti si manifestano nel corso di anni, anche perché raccogliere un gran numero di oggetti richiede tempo.

Talvolta, però, la relazione tra una sofferenza psicologica legata alla scarsità di risorse e/o supporto e il bisogno di rintanarsi o riempirsi si manifesta in modo rapido e acuto. Sono i casi in cui, a seguito di un'esperienza traumatica – una violenta lite tra i genitori, la fine improvvisa di una relazione o un'aggressione – la persona sviluppa, in apparenza dal nulla, l'abitudine di comprare, raccogliere e accumulare oggetti completamente superflui, e soffre di profonda ansia e tristezza di fronte alla sola idea di liberarsene, com'è tipico della forma cronica.

In effetti, alcuni studi[15] ipotizzano che un'esperienza (o, più facilmente, un periodo) di questo tipo possa in certi casi essere l'evento fondante di un problema di accumulo che va successivamente cronicizzandosi negli anni.

Questa dinamica è sorella di quella per cui ci consoliamo con un piccolo pasto, o con un dolce, dopo aver ricevuto una cattiva notizia, una brutta conversazione o alla fine di una brutta giornata (da cui l'espressione *comfort food*).

Peso come ancora di stabilità contro il vento del cambiamento

Un aspetto più sottile, ma estremamente interessante, è quello legato alla paura del cambiamento. Gli accumulatori differiscono in molte caratteristiche (per esempio, alcuni si isolano mentre altri hanno una ricca vita sociale), ma in un aspetto tendono ad assomigliarsi: sono generalmente persone "conservatrici". Non in senso politico, ma in senso psicologico: ogni stimolo che le porta al di fuori degli schemi abituali e richiede una revisione, una modifica, un adattamento importante, viene percepito con diffidenza, timore e fastidio.

L'accumulatore teme il confronto con il mondo esterno perché gli ricorda la sua percepita inadeguatezza e, di conseguenza, la sua vulnerabilità. Ogni nuovo evento, ogni esperienza che avvenga al di fuori dell'ambiente protetto che si è creato, al di fuori degli schemi conosciuti e rassicuranti che ha stabilito, porta con sé una minaccia, perché può, da un momento all'altro, rivelare la sua debolezza, il

Posso mangiare queste cose buone, quindi posso sopravvivere, quindi sono al sicuro, va tutto bene,

equivale a:

posso raccogliere tutte queste cose, perciò quando ci sarà scarsità e verrò escluso dalla comunità per il mio scarso valore, potrò comunque sostenermi, quindi va tutto bene.

---

suo scarso valore, ed esporlo al disastro. Una realtà in costante movimento è imprevedibile; essendo imprevedibile gli risulta minacciosa, e quindi fonte di stress.

È per evitare tale stress che l'accumulatore ricorre a strutture "stabilizzanti", come abitudini ferree e piccoli rituali privi di funzione pratica (non a caso la disposofobia è stata per anni considerata una forma di disturbo ossessivo compulsivo[16]).

In un accumulatore tipico (in casi già medio-gravi), basta lo spostamento di un singolo oggetto da una pila all'altra per causare disagio, ansia, contrarietà e irritazione.

Quando sentiamo di essere incapaci di cavarcela, la vita stessa, con il suo flusso naturale, è una minaccia; per non risultare ansiogena e dolorosa, la vita deve essere prevedibile, controllata, e per esserlo deve essere statica e invariabile.

E come si rende qualcosa più difficile da muovere? Aumentandone la massa e il peso.

Sia il riempimento dello spazio abitativo, sia l'accumulo di grasso in eccesso possono essere considerati come tentativi di appesantire e quindi zavorrare se stessi e la propria vita, limitandone la mobilità, e quindi – nelle intenzioni – la vulnerabilità.

LA RELAZIONE FRA OBESITÀ E DISTURBO DI ACCUMULO IN BREVE

Chi sente di non potersela cavare, né grazie alle proprie capacità né grazie al sostegno del gruppo, è vittima di un timore vago ma profondo: da un momento all'altro può succedere qualcosa che lo lascerà *sprovvisto, vulnerabile* e *bisognoso*. È un disagio che la persona è costretta a compensare e nascondere raccogliendo "provviste" di vario tipo, finché ne ha ancora la possibilità. Inoltre sia il grasso sia gli accumuli di oggetti svolgono non solo la funzione di *riserva* contro l'inevitabile avversità, ma anche di *protezione, rifugio,* e *zavorra*.

Naturalmente, gli istinti di sopravvivenza e riproduzione in cui si radicano questi comportamenti sono sani e funzionali di per sé, così come sono funzionali i comportamenti di raccolta e conservazione in contesti di reale scarsità e pressione ambientale.

Tuttavia, l'abitudine a mangiare in eccesso o raccogliere e conservare in eccesso risultano completamente controproducenti in una società umana opulenta e complessa come quella odierna. Non solo non aumentano le nostre probabilità di felicità e di successo, ma le riducono nettamente.

Né l'obesità né una casa strapiena e caotica migliorano le nostre capacità di cavarcela (se non in improbabili situazioni di grave e prolungata emergenza, come carestie o simili), e nemmeno di stabilire relazioni di amore, fiducia e supporto reciproco: è più probabile che le peggiorino, perché sia mangiare in eccesso sia raccogliere e conservare in eccesso tendono a innescare un circolo vizioso di dipendenza: più ci si sente inadeguati, più si compensa ecc.

Qual è la soluzione?

Dal punto di vista psicologico, l'unica soluzione per la debolezza è lo sviluppo graduale della forza.

Risolvere il problema in modo autentico e definitivo in questo caso significa superare gli atteggiamenti e le convinzioni profonde che ci spingono a cercare negli oggetti ammassati e nel cibo una via di fuga momentanea dal dolore psicologico.

Se la nostra autostima è bassa per via della percezione di noi stessi come incapaci e indegni d'amore, essa può essere aumentata in modo molto semplice sebbene non necessariamente facile: confrontandosi con le realtà sfidanti e provando a se stessi la capacità di farcela e di stabilire relazioni di reciproca fiducia, amore e supporto.

Confrontarsi con realtà gradualmente più sfidanti è il modo in cui sviluppiamo fiducia in noi stessi da bambini, quando passiamo a giochi e attività sempre più difficili. Possiamo farlo anche da adulti.

Il primo passo di questo percorso è l'onestà, perché confrontarsi con le realtà sfidanti significa, prima di tutto, accettarle, smettendo di evitare, compensare, nascondere e negare.

Un accumulatore che erige barriere di oggetti superflui contro un mondo difficile, mutevole, incerto è come un bambino che cerca di sottrarsi a una situazione spaventosa mettendosi le mani sugli occhi o nascondendosi sotto il letto: ottiene un sollievo momentaneo e superficiale a fronte di una completa inefficacia pratica e di un aggravamento della situazione.

Dobbiamo accettare la realtà come si presenta, rinunciando a filtri e autoillusioni, consapevoli che, così facendo, le nostre probabilità di successo aumentano.

Dobbiamo accettare il fatto che il cambiamento è la natura dell'esistenza, che non tutto è prevedibile, che molte sorprese saranno sgradevoli, e che ci coglieranno impreparati. Sapendo che essere colti di sorpresa quando si è liberi e leggeri è più facile che essere sorpresi pesanti e prigionieri.

A periodi, dovremo sempre nuovamente sforzarci ed esporci al rischio; dovremo passare per sensazioni di vuoto, incompletezza, carenza e insoddisfazione. Dovremo vivere la scarsità. Siamo venuti al mondo, e non ritorneremo mai alla sicurezza e alla soddisfazione invariabili della vita uterina: dobbiamo accettare di non poterci saziare e proteggere una volta per tutte, consapevoli che attraversare e superare scarsità e incertezza ci ricompenserà con una sensazione di pienezza e sicurezza più intima, fondamentale e inalienabile.

Dobbiamo accettare che a volte la vita è dolorosa, guardare il dolore a viso aperto e permetterci di sentirlo, sapendo che mentre il tentativo di sopprimere ed evitare il dolore lo rende cronico, lasciare il dolore libero di fluire gli permette di passare e, magari, svanire.

Naturalmente, tali soluzioni non sono facili da percorrere; si tratta di correggere dinamiche psicologiche consolidate, e spesso ardue da riconoscere in noi stessi.

Che cos'è il decluttering, come può aiutarci a riconquistare leggerezza, libertà e forza?

Gli ultimi centocinquant'anni della storia umana hanno visto un aumento rapidissimo della disponibilità di risorse a basso costo: dopo la rivoluzione industriale sia il cibo sia gli oggetti sono divenuti di gran lunga più facili da ottenere di quanto fossero mai stati.

Per molti versi questo ha migliorato la nostra qualità di vita; per altri l'ha paradossalmente peggiorata, com'è evidente non solo nell'obesità ma in tutte le altre "malattie del benessere", e in generale nel fatto che, con l'aumentare del nostro potere tecnico, la vita sembra divenire sempre più complessa e, per molti versi, stressante.

Ecco che allora nascono le risposte ai "mali del troppo": diete sistematiche per preservare/migliorare la salute e l'estetica, regimi di allenamento per compensare gli effetti della sedentarietà (una volta privilegio di pochissimi), sistemi di produttività per focalizzare le nostre energie in un mondo pienissimo di stimoli e distrazioni... non ultimo il decluttering: principi e tecniche per eliminare tutti gli oggetti in eccesso che appesantiscono i nostri spazi e le nostre vite.

Questa parola inglese deriva da *clutter*, ossia "accumulo disordinato di oggetti". Il *de-cluttering* quindi è la rimozione di tali accumuli: la banalità del significato letterale nasconde la profondità di questa pratica.

Se in molti casi, infatti, gli accumuli nascono semplicemente per problemi pratici e organizzativi, in altri, come abbiamo visto, sono legati a meccanismi psicologici che coinvolgono i nostri istinti e bisogni più profondi, la nostra visione di noi stessi e della vita. In questi casi, il decluttering può fare di più che aiutarci a recuperare spazio e ordine: può aiutarci a conquistare libertà, leggerezza e forza non solo in casa, ma nella vita. Può essere un percorso di trasformazione profonda che ci porta a liberarci dalle paure e dalle sofferenze che ci hanno tenuto imprigionati per anni.

Il decluttering può essere definito una "palestra psicologica".[17]

Il vantaggio del decluttering sta nel fatto che ci porta a lavorare parallelamente su vari fronti: la riconquista graduale dello spazio esteriore procede insieme a un rafforzamento dell'identità interiore.

I processi psicologici toccati sono profondi e difficili, ma il decluttering ci permette di approcciarli attraverso pratiche chiare e concrete. Imparare a ridurre e gestire gli oggetti nel nostro spazio è qualcosa che possiamo portare avanti in modo del tutto controllato e sistematico, e questo ci dà la possibilità di confrontarci con le resistenze e le emozioni negative che emergono di volta in volta in modo graduale, non traumatico e personalizzato.

In questo contesto possiamo esperire concretamente che, sebbene gli istinti atavici a cui le nostre resistenze si ricollegano siano perfettamente validi a livello biologico, le paure più superficiali in cui si manifestano sono completamente infondate: possiamo eliminare l'oggetto inutile senza per questo essere travolti dalla vita.

I manuali di decluttering si trovano facilmente, ma quelle che insegnano sono semplici tecniche di organizzazione e riordino, che spesso si dimostrano inefficaci, non perché siano deboli di per sé, ma perché, per molti, il motivo per cui si formano gli accumuli non è una mera mancanza di senso pratico o capacità organizzativa, ma è il tentativo di una parte di noi di compensare sofferenze e paure ben più profonde.

Un decluttering veramente utile lo è su entrambi i piani: materiale e psicologico.

Le tecniche di sgombero e riordino si dimostrano molto più efficaci quando vengono usate come strumenti di esplorazione e crescita personale, ossia per prendere contatto con le emozioni negative che ci spingono ad accumulare e per costruire gradualmente la forza e la fiducia che ci permetteranno di vivere senza protezioni e zavorre in un mondo incerto.

Ecco perché il decluttering può aiutare a ritrovare libertà e leggerezza nei nostri spazi, ma anche nel nostro corpo: perché ci aiuta a ritrovarle nell'anima.

Come fare decluttering?

Il tema esige un approfondimento individuale, ma ci sono principi e accorgimenti fondamentali che chiunque può seguire da subito.

- *Non liberiamo lo spazio occupato, ma smettiamo di portare in casa nuovi oggetti superflui, che lo occuperanno ancora di più.* Equivale al principio medico del *primum non nocere*. Così come di fronte a una stanza allagata non ha senso mettersi ad asciugare prima di aver fermato la perdita, ugualmente non ha senso mettersi a svuotare un'abitazione finché non abbiamo fermato il flusso di oggetti in entrata. Il primo problema che dobbiamo risolvere non è la paura di eliminare, bensì l'impulso di comprare e raccogliere.
- *Non iniziamo mai dagli oggetti più "difficili"*. Curiosamen-

te, chi si avvicina al decluttering pensa subito agli oggetti più emotivamente dolorosi e praticamente difficili da eliminare, forse perché sono quelli che con più facilità daranno un alibi per desistere del tutto.

L'approccio corretto è quello opposto: ignoriamo gli oggetti difficili, e dedichiamoci a quelli che possiamo eliminare con disagio minimo o nullo. Una volta eliminato questo primo "strato" o categoria, scopriremo che lo strato successivo non appare più difficile come prima, perché nell'eliminare gli oggetti "facili" abbiamo iniziato a sperimentare i primi benefici e abbiamo acquisito fiducia nelle nostre possibilità di successo.

- *Procediamo in modo costante ma graduale,* specialmente se gli accumuli sono consistenti, non illudiamoci di poter fare tutto subito. Il decluttering di una casa intera (o più) offre grandi ricompense, ma non è il lavoro di un weekend. Anche se potessimo reclutare una squadra di specialisti per liberare rapidamente il nostro spazio dagli accumuli, non avremmo tempo e modo di adattarci e crescere a livello psicologico.

  Nella migliore delle ipotesi finiremmo per riempire di nuovo per gradi tutto lo spazio liberato; nella peggiore l'esperienza sarebbe un trauma e avrebbe l'effetto opposto a quello desiderato, spingendoci a raccogliere e accumulare in modo intenso per compensare subito il dolore della "perdita". Gli accumuli e i nodi psicologici a essi legati si formano nell'arco di anni; non è detto che ci voglia altrettanto tempo per eliminarli (anzi, di solito la liberazione è molto più veloce), ma in ogni caso fare decluttering non è uno sprint: è una maratona.

- *Usiamo le esperienze passate per riportare alla realtà le nostre aspettative emotive.* Quando ci troviamo a dover eliminare un oggetto, ma emergono resistenze interiori quali "e se poi mi manca", "può sempre servire", "mi sembra di perdere un pezzo della mia vita"... pensiamo a quanto in realtà non ci siano mancati la gran parte degli oggetti che abbiamo eliminato o perso in passato, a come non ci siano serviti, pensiamo al fatto che, prima che queste righe ci spingessero a ripensarci, non ce li ricordavamo nemmeno, e a come, nei rari casi in cui un oggetto ci sarebbe davvero servito, abbiamo potuto farne a meno con facilità. Questo è quello che *realisticamente* ci può aspettare dopo aver eliminato quegli oggetti.

- *Quando sentiamo per un oggetto un attaccamento emotivo simile a quello che potremmo provare per una persona o per un animale, possiamo facilitare il distacco parlandogli come se fosse animato*: possiamo ringraziarlo per il servizio reso, per i bei momenti trascorsi insieme, possiamo salutarlo e augurargli il meglio per il futuro. Se deve essere distrutto, possiamo perfino svolgere una piccola cerimonia funebre di commemorazione e addio. Da tempo immemorabile, gli esseri umani usano rituali di ogni genere per aiutarsi a segnare e superare i passaggi e le trasformazioni difficili; lo stesso principio è efficace in piccolo per separarci dagli oggetti senza strascichi e rimpianti.
- *Se l'obiezione all'eliminazione di un oggetto è di tipo più pratico,* ossia che sarebbe uno spreco o una mancanza di rispetto, ricordiamoci che lo possiamo regalare a chi ne ha bisogno, vendere o barattare. Possiamo trovare molte risorse sia in rete sia, molto spesso, sul nostro territorio (mercatini dell'usato, parrocchie...).
- *Cerchiamo l'appagamento nelle esperienze anziché nelle cose.* Ogni anno nuove ricerche[18] dimostrano che mentre il piacere che proviamo all'acquisto di un nuovo oggetto svanisce rapidamente e non aumenta la nostra percezione di benessere generale, al contrario le esperienze appaganti danno una sensazione di benessere più profonda e durevole, più integrale alla nostra identità. Per esempio un concerto, una gita o un ritiro di meditazione ci fanno sentire più "ricchi" di un nuovo stereo, un nuovo paio di scarpe o un nuovo divano. Più riempiamo la nostra vita di esperienze appaganti, meno abbiamo bisogno di riempirla di oggetti pesanti.

Decluttering in corsia[19]

Il primo (e attualmente unico) progetto italiano che abbina il decluttering al dimagrimento assistito in ambito medico sanitario è stato avviato in marzo 2017, ed è tuttora in corso, presso il Centro di Obesità e Nutrizione Clinica Villa Igea, Ospedali Privati di Forlì, in collaborazione con Studio ArchiBenessere.

Il presupposto su cui si basa il percorso è la presenza di un profondo legame tra spazio abitativo e salute: come abbiamo visto, pensieri ed emozioni suscitano stati d'animo che ci accompagnano durante la giornata, depositandosi nel nostro spazio interno, ma anche in quello esterno. La qualità degli ambienti della nostra casa riflette dunque anche il modo in cui sentiamo (e ci percepiamo) nella nostra sfera interiore.

In virtù della sensibilità della primaria, dottoressa Valeria Zaccheroni, è stato definito un intervento di tipo informativo per sensibilizzare i 25 pazienti degenti in struttura per tre settimane a lavorare anche sulla qualità dell'ambiente quotidiano, una volta dimessi.

Affiancare a un progetto di cambiamento di abitudini in ambito nutrizionale un percorso parallelo anche nello spazio domestico permette di alimentare un benessere completo, in modo integrato.

Il programma riabilitativo prevede, accanto a incontri di educazione alimentare e di tipo prettamente psicologico, incontri mensili il sabato, della durata di circa due ore, alla presenza degli psicoterapeuti della struttura, in co-conduzione con due professioniste esterne di gestione dello spazio e di architettura. Gli incontri, che hanno valenza di carattere psicologico, propongono il decluttering come formazione ai pazienti: gli psicoterapeuti si focalizzano su componenti emotive e psicologiche, sottolineando aspetti condivisi con il percorso riabilitativo, mentre le due esperte di gestione dello spazio si focalizzano sulla parte tecnica, chiarendo il parallelismo tra corpo e casa a livello psico-emozionale, e la visione di casa quale "corpo espanso".

La lezione si svolge con l'ausilio di proiezione di slide, che permettono di fornire una definizione di decluttering e delle cause più comuni che portano all'accumulo. Si illustrano successivamente le resistenze a lasciar andare gli oggetti e le soluzioni per superarle. Infine, si detta una serie di linee guida pratiche (come l'utilizzo di scatoloni per la rimozione degli oggetti superflui, di liste e metodi organizzativi per gestire al meglio gli oggetti, di comuni supporti da utilizzare nello spazio, come scatole, separatori ecc.) da attuare stanza per stanza, una volta rientrati a casa, sottolineando l'importanza di un buon mantenimento dell'ambiente libero e organizzato ottenuto dopo le sessioni di decluttering.

Si educa inoltre alla riorganizzazione dell'armadio e della dispensa, che per le persone in sovrappeso sono spazi estremamente sensibili in un percorso di cambiamento.

Il progetto è mirato a favorire l'autonomia dei pazienti, i quali, una volta tornati a casa, possono mettere in pratica subito e in modo autonomo le tecniche spiegate in aula e le strategie per superare le resistenze all'accumulo.

Al momento non è previsto un follow-up in maniera strutturata, con questionari o incontri specifici che permettano di valutare oggettivamente i benefici degli incontri. Tuttavia, poiché il percorso dei pazienti del Centro di Obesità, dopo il ricovero, prevede un monitoraggio ambulatoriale anche dal punto di vista psicologico, il dato che arriva ai clinici, anche se non standardizzato, è positivo: molte persone tornano a casa e iniziano immediatamente a mettere in pratica le tecniche proposte come, spesso, primo strumento per portare leggerezza. Questo stimolo è intenso, anche perché sullo spazio si può agire in modo più veloce di quanto non sia possibile fare sul corpo.

Emerge chiaramente che tutte le persone che tornano a casa e fanno decluttering riportano una sensazione di benessere e percepiscono utilità di se stessi e di ciò che stanno facendo: tutto ciò ha ripercussioni positive anche dal punto di vista psicologico. L'autostima e l'autoefficacia che ne derivano sono strumenti utili a livello motivazionale, per portare avanti un percorso di dimagrimento anche nella direzione del peso corporeo. Avere a disposizione uno strumento che faccia emergere un risultato immediato aiuta a tollerare la fatica di non poter vedere risultati immediati sul fronte fisico.

Il fatto che il progetto svolto presso il CONC sia stato ben accolto da medici e pazienti in un contesto di carattere istituzionale è un segnale incoraggiante. In linea generale, il progetto mostra che se si vive un momento personale di confusione mentale e di scarsa chiarezza decisionale, anche l'ambiente di casa presenta analogie in questa direzione, attraverso accumuli, arredi disorganizzati, percorsi poco fluidi ecc.

La connessione fra decluttering e obesità è risultata forte soprattutto in relazione a "pieni e vuoti", così nello spazio come nel corpo. Ecco perché trattare parallelamente i due aspetti può facilitare moltissimo il miglioramento su

---

DUE LUOGHI STRATEGICI: ARMADIO E DISPENSA

L'armadio è testimone importante dell'identità e del vissuto della persona, per questo è bene creare un guardaroba che sia il più possibile allineato all'attuale percezione di se stessi, in modo da evitare frustrazioni emotive controproducenti rispetto all'impegno profuso nel percorso di dimagrimento, rimuovendo abiti che non si indossano più da anni, generalmente di taglie inferiori. Una volta raggiunto il peso prefissato e cambiando a livello psico-emozionale la percezione del proprio valore, non è scontato, infatti, che si provi piacere a rindossare vestiti che ricordano un periodo in cui ci si percepiva in modo diverso.

La dispensa, infine, è fondamentale per organizzare la scorta di alimenti, per gestire il magazzino per la spesa e per assegnare al cibo la giusta collocazione nello spazio e nei supporti.

---

entrambi i fronti. È fondamentale comprendere come un nuovo stile di vita, basato su movimento, nutrizione corretta e nuove abitudini salutari, esiga necessariamente uno spazio che, dopo essere stato liberato e alleggerito, venga organizzato in modo adeguato.

Essere organizzati non significa essere perfetti o gestire una casa da rivista patinata: significa compiere delle scelte, riconoscere delle priorità, assegnare il giusto valore a oggetti e circostanze, e ottimizzare spazio e tempo per dedicarsi alle esperienze appaganti della vita. Il decluttering e l'organizzazione sono strumenti importanti, che possono aiutare a sciogliere anche blocchi emotivi grazie a metodi strutturati che aiutino a individuare e risolvere le cause dell'accumulo e trovare strategie concrete per iniziare un percorso di alleggerimento dei propri spazi di vita.

Pulizie domestiche: occasione di consapevolezza

Come abbiamo visto, la casa è emanazione di noi molto rappresentativa: è espressione del nostro essere, della nostra intimità, delle nostre aspirazioni, ma anche delle paure e delle mancanze, dei desideri, dei bisogni, delle necessità più inconsapevoli.

Se consideriamo le parti della casa come parti del nostro corpo e della nostra psiche, possiamo trasformare le pulizie domestiche in una meditazione dinamica: mentre svolgiamo le pulizie sarà sufficiente focalizzare l'intenzione e immaginare di stare purificando la parte di noi (fisica e psichica) che corrisponde a quella specifica parte della casa. Ogni gesto in cui poniamo attenzione e intenzione si trasforma in un atto rituale simbolico carico di significato, con il potere di trasformare alchemicamente il nostro corpo e la nostra mente.[20]

Quando entriamo in un ambiente domestico, immaginiamo di entrare nella parte del nostro corpo o della psiche che esso rappresenta. Gli strumenti a nostra disposizione saranno strofinacci, scopa e paletta, acqua, igienizzanti, aspirapolvere, oli essenziali. Immaginiamo di eseguire una pulizia accurata delle parti del corpo e della psiche corrispondenti mentre mettiamo ordine e riportiamo freschezza, leggerezza, vita e bellezza nei vari ambienti della casa.

In questo processo la musica può costituire un fattore di completamento; per esempio possiamo diffondere negli ambienti melodie ispirate alla leggerezza, come *La primavera* di Vivaldi, o che richiamino uno stato di spensieratezza e gioia interiore, che possano ispirarci nella ricollocazione dei vari oggetti.

Svuotamento, pulizia e inserimento di leggerezza sono i tre passaggi rituali di riconversione energetica di un luogo: ogni volta che rientreremo in quell'ambiente sapremo che è stato benedetto dalla leggerezza, poiché il nostro intento è di guarigione.

Le stanze della nostra abitazione devono essere ispirative: pensiamo a una cattedrale gotica, che porta a slanciare lo sguardo verso il cielo; troviamo anche noi espedienti per rivolgerci alla trascendenza. Possiamo accendere una candela, diffondere buoni profumi grazie a un diffusore di oli essenziali, appendere immagini evocative: contorniamoci il più possibile di elementi che ci trasmettano un senso di gioia.

MEDITARE SUGLI AMBIENTI

Proviamo a comprendere, in relazione agli ambienti della nostra casa, cosa li hanno ispirati (risparmio economico, austerità oppure il gusto o la bellezza): cosa abbiamo pensato e provato mentre arredavamo quella parte della nostra casa?

Per riuscire in questo scopo possiamo svolgere una breve meditazione: sediamoci nel luogo specifico della casa, chiudiamo gli occhi e ascoltiamo tutti i ricordi che quel luogo evoca, fissando ogni oggetto.

I RITUALI DELLA LEGGEREZZA DELLA CASA

- Prendiamo un foglio e programmiamo un timer per 7 minuti. Durante questo breve tempo, rispondiamo a questa domanda:
  "Cosa rappresenta per me la casa in generale?".
  Senza sollevare mai la penna dal foglio, elenchiamo tutto ciò che la casa rappresenta per noi sia in positivo sia in negativo (per esempio: sicurezza, protezione, dolore, povertà, tradimento, guarigione, integrità).
- Programmiamo nuovamente il timer per 7 minuti e rispondiamo alla domanda:
  "Cosa rappresentano per me i vari ambienti della casa?".
  Facciamo un elenco degli spazi domestici e, muovendoci fisicamente all'interno di ogni ambiente citato, scriviamo le risposte fino allo scoccare del settimo minuto. Possiamo entrare in contatto con le sensazioni, le emozioni e i ricordi di ogni ambiente, scrivendo nello spazio che gli abbiamo riservato. Se non abbiamo finito di percorrere gli ambienti domestici allo scadere del tempo, possiamo riprogrammare il timer per altri 7 minuti. Questo esercizio porta ad avere consapevolezza del rapporto esistente tra spazio fisico esterno ed emozioni interiori (connesse anche a odori e colori delle stanze). In questo modo capiremo quali di questi ambienti sono i più importanti per noi e quali sono maggiormente legati a pesantezze corporee, malattie o disfunzioni. Attraverseremo luoghi del dolore, della solitudine, della creatività.
  Quando avremo preso consapevolezza di tutto ciò, potremo accedere al passo successivo.
- Stiliamo un elenco di quelli che sono gli oggetti presenti negli ambienti domestici, descrivendo in particolare 7 oggetti significativi e 7 oggetti superflui presenti in ogni stanza.
- Scegliamo 3 oggetti superflui di cui liberarci per ogni

stanza. Ora procediamo a un rituale di alleggerimento simbolico, che può essere svolto in tre modi diversi.

Il rituale del dono
Donando gli oggetti per noi superflui: il dono trasforma la pesantezza in un'opportunità. Gli oggetti possono essere donati a persone al momento meno abbienti, arricchendole, perfino guarendole. In questo caso andiamo incontro a un processo di trasformazione alchemica in cui, simbolicamente, il piombo che rappresenta pesantezza, la materia grigia e grezza dalla quale ognuno di noi inizia nel processo di sublimazione alchemica, viene trasformato in oro. In questa modalità, il tema del ricordo è molto importante, poiché si lega fortemente all'attaccamento.

Il rituale del fuoco
Bruciando alcuni oggetti, particolarmente simbolici per noi dal punto di vista emotivo: la fiamma rappresenta un elemento di purificazione e rinnovamento, di rigenerazione; basti ripensare all'azione che svolge il fuoco quando attraversa un bosco e lo rade al suolo. Possono essere bruciate delle lettere, dei libri, dei documenti, dei diari vecchi, dei quaderni o piccoli oggetti in legno. L'ideale sarebbe compiere questa operazione nel caminetto della nostra casa, ripetendo, contestualmente, una semplice frase: "Fuoco purificatore, offro questi aspetti di me alla luce e alla tua fiamma affinché possano essere purificati, e la mia vita possa essere alleggerita e guarita".

Il rituale di liberazione
Buttando via gli oggetti in eccesso, inserendoli in buste e sacchetti e portandoli in un'isola ecologica o nel cassonetto dicendo semplicemente: "Libero tutto ciò che è stato nello spazio e nel tempo, sono libero e felice, grazie!".

LA PULIZIA DEL FRIGORIFERO

Quando mettiamo in campo un'azione di dimagrimento, qualsiasi intento alla base della nostra vita cambia: è necessario essere centrati e avere chiara in ogni aspetto della nostra vita l'intenzione della leggerezza. In questa direzione è fondamentale la pulizia del frigorifero, che va riempito costantemente con cibi caratterizzati dalla leggerezza.

Secondo l'ayurveda, un cibo conservato per più di due giorni, anche se in frigorifero, assume un carattere *tamasico*, ovvero pesante, statico, e diventa fonte di tossine, anche se in origine la sua qualità era elevata. Cerchiamo di cucinare porzioni adeguate, in modo da non creare avanzi, oppure di utilizzarli subito (per esempio, a colazione è buona abitudine consumare gli avanzi della cena).

Dopo averlo svuotato e pulito con cura, utilizzando una semplice soluzione di acqua calda e aceto di mele o di vino, lasciamo nel frigorifero un bicchiere di acqua mescolato a un cucchiaio di argilla: servirà ad assorbire eventuali odori sgradevoli. Possiamo affiancare a questo rimedio anche metà limone tagliato: donerà un profumo piacevole, trasmettendoci una sensazione positiva ogni volta che apriamo il frigorifero.

Il sacro vuoto

Il vuoto è essenziale ovunque: dentro il nostro corpo è presente nelle cinque cavità (cavità pelvica, addome, cavità toracica, cavità della gola, cavità cranica), esternamente a noi è evidente negli ambienti e, oltre, nello spazio siderale. Il vuoto è un elemento di chiarezza, poiché crea lo spazio per far fiorire ciò che è nuovo, permettendo alla mente di funzionare in maniera corretta che le consenta cicli di rinnovamento.

In realtà, non esistono confini fra ambiente esterno e interno, fra dentro e fuori: tutto è profondamente interconnesso, e, quindi, è importante mantenere alta la soglia di consapevolezza rispetto al modo in cui gestiamo il mondo emotivo, mentale, fisiologico e lo spazio circostante. Ci sono persone che riescono a trarre leggerezza anche da un ambiente caotico, mentre altre hanno necessità di tenere ogni oggetto ordinato perché la confusione crea loro un senso di pesantezza. La questione, dunque, risponde ad ampi margini di soggettività: è soprattutto significativo cosa rappresentino per noi ordine e disordine. Una persona potrebbe entrare in uno studio pieno di fogli e di libri disposti a caso su un tavolo e avvertire creatività, riuscendo a orientarsi senza fatica in quel disordine. La questione riguarda strettamente la sensazione personale, perciò la scoperta degli ambienti sarà un esercizio compiuto senza timore, come un lavoro di ricerca interiore. Tra interno ed esterno esiste interconnessione, e la consapevolezza di questo percorso ci permette di superare una dicotomia, una frattura percettiva.

Simbologia del trasloco

Il trasloco è una delle maggiori cause di stress dopo un lutto familiare, probabilmente più impattante nella vita di una persona rispetto a una separazione, di certo molto destabilizzante soprattutto per i bambini.[21] Il trasloco è una prova non solo per l'enorme impegno pratico che implica, ma anche per tutti i vissuti legati alla separazione, alla trasformazione, intesa come cambiamento definitivo, morte e abbandono. Durante un trasloco dobbiamo lasciar andare e separarci da molte parti di noi. Il senso di disorientamento iniziale deriva dal fatto che dobbiamo prima di tutto ricollocare noi stessi e gli oggetti che ci rappresentano in un nuovo spazio ancora sconosciuto. Così, in molti casi, il trasloco può risultare un momento liberatorio di rinascita, una nuova fase di alleggerimento e creatività. In situazioni specifiche, tuttavia, come per esempio nel caso di una per-

MEDITAZIONE SUL VUOTO

- Sediamoci in posizione comoda, chiudiamo gli occhi e portiamo tutta l'attenzione al respiro.
- Rilassiamoci sempre più profondamente respirando consapevolmente. Le respirazioni saranno sempre più rilassate, profonde e naturali.
- Esploriamo il nostro corpo come se ci trovassimo all'interno di esso.
- Prendiamo coscienza del vuoto dentro il nostro corpo ed esploriamolo.
- Esploriamo il vuoto dentro i nostri polmoni.
- Respiriamo attraverso il vuoto nei polmoni.
- Esploriamo il vuoto dentro la cavità della gola.
- Respiriamo attraverso il vuoto nella cavità della gola.
- Esploriamo il vuoto nella pancia e nell'addome.
- Respiriamo attraverso il vuoto nella pancia e nell'addome.
- Sentiamo il vuoto presente nel nostro corpo.
- Respiriamo attraverso il vuoto del nostro corpo.
- Percepiamo ora il vuoto tutto intorno a noi.
- Respiriamo attraverso il vuoto intorno a noi.
- Restiamo in ascolto di questo vuoto e riempiamoci di esso.
- Ringraziamo il vuoto consapevole, tramite il quale possiamo creare lo spazio per accogliere e ricevere nella nostra vita ciò che realmente vogliamo.
- Facciamo alcuni profondi respiri e torniamo alle nostre consuete attività.

sona anziana, potrebbe indurre disagi psichici legati a stati di ansia, disorientamento, depressione, tristezza, paura. Quando il trasloco è forzato, come qualsiasi altra situazione imposta che riguardi la casa, come la violazione di domicilio, il furto, la perdita, lo sfratto o eventi dovuti a catastrofi naturali, il legame tra identità psichica e casa si fa ancora più evidente. In questi casi appare particolarmente evidente come lavorare con consapevolezza sulla propria casa possa avere effetti collaterali importanti su corpo, emozioni, mente e spirito.

Ormai ci appare chiaro: alleggerire coscientemente la nostra casa ci permette di sperimentare uno stato di leggerezza interiore capace di incidere in modo positivo su molteplici aspetti della nostra vita (relazioni, salute, lavoro).

6

Il giorno perfetto

> Il nuovo potere consumistico e permissivo [...] ha portato al limite massimo la sua unica possibile sacralità: la sacralità del consumo come rito, e, naturalmente, della merce come feticcio. [...]
> Dire che la vita non è sacra, e che il sentimento è stupido, è fare un immenso favore ai produttori.
>
> PIER PAOLO PASOLINI

Un approccio che rende la nostra mente quieta e silenziosa, permettendoci di sperimentare la piena consapevolezza di noi stessi e della bellezza della vita, è la via della ritualità.

Nel profondo della nostra mente, nascosta probabilmente in qualche anfratto del cervello limbico, anche in quello dei neonati, c'è tutta la storia dell'umanità, le violenze, le paure ancestrali, le credenze dei popoli. Il neonato piange se la mamma è lontana perché il suo cervello sa che i neonati che non chiamano la mamma con il pianto rischiano di essere mangiati dai lupi. Il bambino più grandicello ha paura di sbagliare perché teme di non essere approvato, accettato dal clan, amato. Anche da adulti invece che vivere la nostra vita facciamo cose che altri – la famiglia, la scuola, le convenzioni sociali – si aspettano da noi. Spesso reagiamo in modo automatico, talvolta abnorme, di fronte a stimoli apparentemente banali (una parola o un gesto di un familiare o di un collega di lavoro) con scatti d'ira, parole ingiuriose, oppure offendendoci, spesso stupendoci della nostra reazione, senza capirne il perché. Il fatto è che il cervello limbico è come una tastiera di emozioni: a ogni tasto risponde una data reazione, di fuga per una paura, di attacco per qualcosa che ci minaccia (anche una semplice parola o una frase che minacci il nostro ego, reazioni di ira, di sarcasmo, di disprezzo). È un meccanismo di difesa, ben codificato dall'esperienza delle passate generazioni, che ci fa reagire prima di pensare, un meccanismo salvavita, ma che può causare sofferenza. Nel nostro cervello limbico ci sono le tracce lasciate sul DNA dei nostri antenati dalle loro ferite, dalle consuetudini sociali, dalle tradizioni, dalla religione, dalle superstizioni; ci sono i miti, l'astrologia, le credenze dei popoli sul mistero che ha sempre avvolto la natura umana.

Non possiamo spiegare razionalmente al nostro cervello limbico che certe reazioni non hanno più significato nel contesto attuale, che non c'è ragione di avere paura del buio, o paura dell'acqua (perché un antenato è morto in un naufragio) o di conservare rancore verso una persona morta da tempo. Il limbico non ha la duttilità della neocorteccia, risponde piuttosto a simboli, a riti, è più facile liberarlo con un rito sciamanico che con una spiegazione convincente. Chi ha avuto un cancro talvolta continua a soffrire della paura di morirne, anche se i dati clinici indicano che la prognosi è eccellente. Il famoso chirurgo oncologo Umberto Veronesi diceva che è facile estirpare il cancro dal corpo, ma è difficile estirparlo dalla mente. La paura si accentua quando si tratta di fare visite di controllo routinarie. La malattia ha lasciato una traccia limbica indelebile. Per cancellarla occorre agire "limbicamente", creare nuove tracce che sostituiscano vecchie tracce di reazione.

La via della ritualità

La parola "rito" è solitamente associata alla religione o a qualche forma di culto, ma, in realtà, nella sua essenza, il rito consiste nel celebrare un atto simbolico in maniera consapevole. Questa prima strategia di leggerezza consiste nel ritualizzare alcuni gesti e azioni particolarmente strategici nell'arco delle ventiquattro ore, ovvero eseguire ciò che si compie con assoluta presenza. Un gesto, una camminata, un respiro, un abbraccio, il pasto, la contemplazione di un tramonto, uno sfogo di rabbia, il momento della doccia, le faccende domestiche, l'acquisto del giornale, accendere il computer, l'apparecchiatura della tavola... tutto può divenire rito. La leggerezza di ogni gesto consiste nella nostra assoluta consapevolezza in esso.

La maggior parte del tempo viviamo in uno stato di assenza; non riusciamo ad afferrare l'istante appieno. Una mente silenziosa e presente centuplica le nostre capacità percettive.

Nella vita di alcuni ordini monastici vengono compiute sempre le stesse azioni, abitandole con assoluta consapevolezza. La via del rito è esattamente questo: compiere gli stessi gesti con una precisa attitudine interiore. La differenza non è in ciò che si compie, ma in come lo si abita.

Pensiamo ad altri contesti rituali, anche apparentemente distanti: il tiro con l'arco, la messa cristiana, la preghiera musulmana, la ripetizione di un mantra... si tratta di sequenze di azioni fecondate e custodi di una passione e di una presenza straordinarie.

Il segreto nella ripetizione rituale consiste di tre elementi: attenzione, presenza e consapevolezza di se stessi. Quando questi tre ingredienti, applicati a qualsiasi gesto – anche a quelli in apparenza insignificanti – sono presenti in forma matura, ovvero armoniosa, allora riusciamo ad avere accesso al miracolo della bellezza, prima celata.

Quando ci svegliamo al mattino ricordiamoci di esprimere un messaggio di gratitudine: grazie per essere vivi, grazie perché c'è il sole, grazie perché piove, grazie perché ci sentiamo bene, grazie perché – se non ci sentiamo bene – possiamo fare qualcosa per sentirci meglio. Alziamoci dal letto con dignità, raddrizziamo subito la schiena, senza trascinarci in bagno. Se abbiamo la fortuna di fare subito la cacca avremo un'occasione ulteriore per ringraziare il corpo, ringraziare l'intestino. Esprimiamo un pensiero amorevole per quest'organo meraviglioso, che ci nutre: è il nostro terreno, le nostre radici, chiediamogli scusa se lo abbiamo trascurato, sporcato, otturato, avvelenato con antibiotici, con ogni sorta di lassativi senza prima chiederci perché non funzionasse. Facciamo poi la doccia consapevoli che abbiamo un corpo, accarezziamo o sfreghiamo vivacemente ogni tratto della nostra pelle, ammiriamo la nostra bellezza, e se, guardandoci allo specchio, riconosciamo un appesantimento, guardiamo con sincera compassione questo corpo che non abbiamo rispettato, ed esprimiamo l'intenzione di rispettarlo, di nutrirlo con cibi veri, non con trasformazioni industriali dei cibi (cibi spazzatura) e di allenarlo per farlo rinascere in tutto il suo splendore. Facciamo anche una doccia al nostro corpo emozionale, liberandoci di tutti i rancori e le delusioni per affrontare una giornata con l'intenzione che prevalga l'amore. In cucina mettiamo a bollire una tazza d'acqua, grattugiamo un pezzo di zenzero, spremiamolo sull'acqua bollente e beviamolo consapevolmente: è una cosa importante, stiamo celebrando un rito per ravvivare il nostro corpo e alleggerire la mente. Prepariamo la colazione consapevoli di cosa andremo a mangiare, di che effetto avrà quel cibo sul nostro corpo, sul nostro umore, prepariamo la tavola, sediamoci a tavola, e ringraziamo: la Madre Terra che ci ha donato quel cibo, l'angelo della terra, l'angelo dell'acqua, l'angelo dell'aria e l'angelo del fuoco, consapevoli che tutto è connesso, che siamo in sintonia con l'universo intero... proprio qui e ora, una minuscola briciola che vibra con l'universo... e manteniamo questa attitudine cosciente, contemplativa, per tutta la colazione. Lavarsi è un atto sacro, mangiare è un atto sacro, trasformiamoli in atti rituali, che ci restituiscano ogni giorno la consapevolezza di esistere, di avere un'anima, di avere un cuore il cui scopo è amare, di avere una mente il cui scopo è spandere luce, di avere un corpo il cui scopo è volere il bene.

Sapersi svegliare: la sostenibile leggerezza del mattino

Chi ben comincia è a metà dell'opera. Conosciamo tutti questo proverbio. Ma anche: cosa ben cominciata è mezza fatta; il buon giorno si vede dal mattino; buon principio fa buona fine. Il primo pensiero, la prima azione e la prima parola compiuti al risveglio del mattino influenzeranno l'intera giornata. È come sintonizzare il proprio navigatore satellitare interiore. Si stabilisce la direzione, si parte e ci si gode il viaggio. Il risveglio è un momento di sintonizzazione interiore che prepara il corpo, le energie vitali, le emozioni e la mente ad allinearsi su specifiche frequenze, come una radio.

Per questo il primo gesto interiore da compiere al risveglio è ringraziare. Cominciare la giornata nella gratitudine dà una marcia in più. "Grazie perché ho aperto gli occhi, perché posso respirare. E grazie per tutto ciò che accadrà oggi, perché so che ogni cosa che avverrà, se avrò lo spirito adatto, sarà uno strumento che mi renderà più forte e integro."

La prima azione fisica sarà inspirare profondamente, lentamente e consapevolmente.

La prima parola che avremo tra le labbra, espirando, sarà "grazie".

Innanzitutto, grazie. Non è bello come inizio?

Se ci sentiamo particolarmente ispirati possiamo anche affidarci alla vita con queste, o simili, parole: "Grazie per il dono della vita che onorerò attraverso i miei pensieri e le mie azioni. Che il mio cuore sia colmo di amore e la mia volontà sia veicolo di pace e di armonia per tutti gli esseri".

Scrivere i sogni: un ponte fra due mondi

Tutti dovremmo avere un quaderno dei sogni in cui al risveglio poter annotare ciò che accade durante il sonno. Rileggendolo, si scopre spesso che nei sogni è indicato un programma che svela o interpreta ciò che accadrà durante il giorno. È importante annotare i sogni al risveglio perché la maggior parte verranno dimenticati in breve tempo. Quando le impressioni emozionali e le immagini sono ancora vive in noi possiamo capire ciò su cui è importante focalizzare l'attenzione, osservare e comprendere quelle parti di noi che richiedono ascolto e aiuto. Ricordare i sogni e scriverli è una pratica che aiuta a dare continuità allo stato di veglia e a quello di sonno. È come costruire un ponte tra i mondi: creare un passaggio attraverso la memoria per ricordare che ogni notte, anche se il nostro corpo giace immobile nel letto, noi viaggiamo nei mondi onirici e continuiamo a vivere in dimensioni differenti. Così come la vita diurna e ciò che succede in essa influenza ciò che sogniamo, avviene anche il contrario: ciò che sogniamo influenza lo stato di veglia e ciò che accade nelle nostre giornate. Scrivere i sogni nel proprio "quaderno del sognatore" permette di comprendere che esiste una continuità segreta tra notte e giorno, che la nostra intima essenza è il filo invisibile che unisce le due dimensioni.

Chi sono io?

È la domanda che poneva Ramana Maharshi affinché quelli che si rivolgevano a lui si risvegliassero.

Il monaco benedettino Henri Le Saux, figura nevralgica del cristianesimo indiano, ci ricorda che

> I pensatori delle *Upanishad* (le sezioni finali dei *Veda*, dette anche *Vedanta*, l'essenza dei *Veda*) scoprirono che il migliore ausilio per avvicinarsi il più possibile al mistero dell'*ātman* (il Sé, il principio più intimo dell'uomo) e a quello della loro identità personale era meditare sulla realtà del sonno, lo stato di sogno e anche l'apparentemente totale incoscienza di *susupti* (lo stato di sonno senza sogni). I veggenti delle *Upanishad* furono particolarmente impressionati dalla sovrana libertà di cui gode l'*ātman* nello stato di sogno. Allora l'uomo non ha bisogno di luce esterna per vedere le cose. Ancora di più, nello stato di sonno profondo, egli apparentemente non è più consapevole di sé e successivamente non ricorda nulla di nulla di quanto è accaduto in quello stato. Eppure, anche allora, egli "è". Si scopre allora che l'Io profondo dell'uomo è libero da tutte le limitazioni del mondo quotidiano, quel mondo in cui egli è consapevole di esistere nello stato di veglia.[1]

Sapersi alzare

Possiamo trasformare ogni gesto in qualcosa di particolarmente potente. È proprio nelle azioni in apparenza insignificanti che è possibile ritrovare se stessi. Poche persone sono consapevoli del fatto che il modo in cui ci si alza ci condiziona profondamente. Il primo consiglio è quello di alzarsi subito dal letto dopo il risveglio. Nelle tradizioni millenarie orientali e nella medicina ayurvedica ai praticanti di meditazione viene insegnato che permanere a letto dopo il risveglio genera energie tamasiche, crea cioè inerzia, pesantezza, svogliatezza e torpore, che influenzeranno la mente attraverso pensieri di pigrizia. Secondo queste antiche conoscenze e filosofie, il modo di alzarsi condiziona profondamente il carattere, le tendenze e le energie vitali orientandoci alla pigrizia, alla fatica, all'illusione dell'immaginazione e alla sensualità, oppure attivando in noi forze vitali costruttive e operose che ci orientano verso la dinamicità e il vigore. Prima di alzarsi dal letto bisogna sedersi e appoggiare entrambi i piedi per terra, ristabilendo un contatto consapevole con il suolo e ascoltando la pianta dei piedi ben radicata. Dopo aver preso un respiro profondo, bisogna quindi mettersi in piedi come se fosse la prima volta. Se ogni essere umano potesse ricordarsi le emozioni della prima volta che è riuscito a stare in equilibrio con le gambe erette capirebbe l'importanza di rivivere ogni giorno quell'istante. L'equilibrio, che noi diamo per scontato, è un evento straordinario. Poter camminare non è concesso a tutti gli esseri. Reggersi sulle proprie gambe è un gesto che, se compiuto al risveglio in maniera rituale, armonizza e influenza l'equilibrio e l'autonomia su molti livelli, tra cui quelli emozionale e mentale. Dopo aver preso un profondo respiro, sbilanciatevi in avanti come se fosse la prima volta che lo fate; come se non sapeste con certezza ciò che accadrà, rimanendo consapevoli di ogni movimento che eseguite sollevandovi. Muovetevi con quanta più armonia e grazia potete e soffermatevi per qualche secondo in silenzio e presenza in quell'essere in piedi. Scoprirete che non è affatto banale. Riflettete brevemente sul fatto che non potrete farlo per sempre e che, ogni volta che vi è concesso di farlo, ricevete un dono immenso. Ogni dettaglio della vita diventa il luogo di incontro dove, finalmente, trovarsi.

VIAGGIO DELL'UOMO VERSO LA STAZIONE ERETTA E ATTRAVERSO LO ZODIACO

Nel 1975 un gruppo di 186 scienziati (fra cui 18 premi Nobel), consapevoli che solo il metodo scientifico è fonte di conoscenza solida, firmò un manifesto per screditare la credenza che gli astri abbiano influenza sulla nostra vita. Un filosofo iconoclasta, Paul Feyerabend, commentò che anche le patate conoscono l'influenza degli astri sulla loro crescita, insinuando che le patate siano più intelligenti degli scienziati.[2] Che gli astri, le costellazioni dello zodiaco, abbiano influenza o meno sulla nostra vita, il viaggio che la rivoluzione terrestre sembra far percorrere al Sole nello zodiaco, che per millenni ha scandito il lavoro dei campi, descrive lo scorrere della vita dell'uomo, dal desiderio e passione giovanile (*kama*), alla realizzazione materiale dell'adulto, del capofamiglia (*artha*), al risveglio e all'elezione della vita spirituale (*dharma*), alla soglia della vecchiaia, fino alla liberazione, alla realizzazione del Sé (*mokṣa*). È logico che l'uomo abbia riconosciuto queste coincidenze e abbia incorporato nella sua mente relazioni analogiche fra le stelle e la vita.

All'equinozio di primavera (quando il Sole entra nella costellazione dell'Ariete), con il risveglio della natura dopo l'inverno inizia impetuosa la vita, il desiderio di vivere, di far fiorire il progetto di vita, il progetto dei progetti. Inizia il primo scopo della natura umana, il *kama* della filosofia indovedica, il principio del piacere, del raggiungimento del benessere psicofisico, che si completa nel segno del Toro, la piena fioritura, la passione, la sensualità, la bellezza, l'armonia.

Seguono i Gemelli, l'intelligenza, la vivacità giovanile dello spirito, la discriminazione di ciò che è essenziale da ciò che non lo è.

Con il solstizio d'estate inizia il secondo scopo della natura umana, *artha*, che mette alla prova il progetto del *kama* nel Granchio (o Cancro), il sostentamento della famiglia, la maternità, la madre che allatta, che porta vita (e archetipi culturali), il benessere economico, la tenerezza, l'amore, la compassione, e nel Leone, il fuoco della creatività, espressione massima delle capacità dell'uomo, dei talenti, l'entusiasmo dei progetti di vita che si concretizzano nell'abbondanza (e nell'umiltà) della Vergine, la grande Madre Terra, il pane, il lavoro, la qualità elevata del quotidiano, che dà senso alla vita.

Segue la Bilancia, l'equilibrio, la serenità, l'equanimità, il rispetto, il giusto peso da dare alle cose, l'equinozio d'autunno, la riflessione sul senso della vita che giunge nell'autunno della vita e che apre la via al terzo scopo della natura umana, al *dharma*, alla consapevolezza che i valori morali sono più alti di quelli materiali, alla priorità della vita spirituale. Discendiamo dall'*Homo erectus*, nato da una piccola mutazione del DNA che codifica la struttura dell'alluce (una delezione del gene che consente, nelle scimmie, di opporre l'alluce alle altre dita del piede) e dallo sviluppo dei glutei (alluce e glutei sono la parte più umana del corpo, i tratti fisici che distinguono l'uomo da tutti i mammiferi). La coscienza della stazione eretta è testimone della dignità umana, del coraggio interiore rappresentato dallo Scorpione, che fluisce nel torrente turbinoso delle emozioni, dei sentimenti forti, li trasforma e consente al Sagittario di tendere l'arco nella giusta direzione, quella della saggezza, della ricerca della verità, della luce.

I fondatori delle grandi religioni, i grandi visionari connessi con l'Assoluto, gli illuminati, hanno trasmesso il loro messaggio esprimendosi attraverso i miti e il linguaggio del loro tempo, della loro cultura. Le molteplici religioni che ne derivarono si organizzarono in riti, pratiche devozionali, preghiere, precetti, dogmi, simboli diversi, con l'obiettivo di aiutare tutti a intraprendere il cammino di luce. Ancora oggi cristiani e non cristiani, anche atei, appendono la conchiglia allo zaino e percorrono a piedi il Cammino di Santiago. Le religioni, l'insegnamento del Buddha, sono veicoli, ma l'esperienza dell'Assoluto è al di là di ogni religione, mito, rito, simbolo, veicolo che abbiamo scelto per incamminarci: è la profonda comprensione dell'essere, e ogni cammino si realizza nel momento in cui viene superato.

Il Capricorno, nel giorno più buio dell'anno, intraprenderà il cammino, la ricerca, salirà la montagna sacra, troverà la perla luminosa – Cintāmaṇi – e discendendo porterà la luce della liberazione, dell'emancipazione, del risveglio, a chi vorrà accoglierla. È il quarto scopo, *mokṣa*, la realizzazione finale, nell'Acquario, dell'intelligenza volta al bene comune, alla fratellanza, alla collaborazione, all'empatia, senza più ombra di ego, la realizzazione dell'*advaita*, della non-dualità, fino alla consapevolezza ultima, intima, nei Pesci, dell'identità del centro più profondo di noi stessi, *l'ātman*, e del centro più profondo dell'universo, *brahman*.

La non-dualità, il mistero primordiale, il grande mistero cosmoteandrico, *ātman*, *purusha*, il Sé, l'uomo, l'uomo archetipico, il mistero dell'uomo.

Si chiedono i Pesci: "Sto vivendo la mia vita? O forse vivo la vita che altri vogliono che io viva?".

Acqua: purificazione gentile

Una volta alzati, il primo contatto è con l'elemento primario di cui siamo composti: l'acqua. Con quale consapevolezza dovremmo entrare in contatto con l'elemento acqua?

L'origine della vita sulla Terra è databile entro un periodo compreso tra i 4,4 (quando l'acqua allo stato liquido comparve sulla superficie terrestre) e i 2,7 miliardi di anni (quando la prima evidenza della vita è verificata da isotopi stabili e biomarcatori molecolari che mostrano l'attività di fotosintesi.[3] L'essere umano è un animale di terra che viene dall'acqua; essa è il principale costituente del corpo umano (il 65% circa con differenze a seconda dell'età, della costituzione, dell'alimentazione. Da giovani siamo più ricchi d'acqua, soprattutto nella pelle, nei tessuti connettivi e sottocutanei e nei tessuti molli, poi crescendo il tenore d'acqua si riduce progressivamente da una media del 75% del bambino piccolo a poco più della metà nella terza età). L'acqua copre il 71,11% della superficie del pianeta e per questa ragione il nostro pianeta dovrebbe a tutto diritto chiamarsi Acqua e non Terra.

Talete di Mileto (filosofo ionico del VI sec. a.C.) indicò l'acqua come principio da cui originano tutte le cose e il motivo per cui tutto scorre e muta. Il potere di trasformazione dell'acqua le permette di passare costantemente attraverso tre stati: liquido, solido e gassoso, mantenendo intatta la sua essenza. Gli inni vedici (*Upanishad*) basarono i rituali sacri sull'acqua e la indicarono come fondamento del mondo intero. Per questa ragione in India i fiumi (soprattutto il Gange) sono ritenuti sacri. Il rapporto tra acqua e vita è celebrato in ogni civiltà: è sufficiente fare un'escursione nell'entroterra della Sardegna per intuire l'importanza del culto dell'acqua nella relazione con la vita nelle antiche civiltà di 4000 anni fa.

Il latino *Salus per aquam*, letteralmente "salute attraverso l'acqua" (da cui deriverebbe l'acronimo SPA con cui oggi vengono indicati i centri benessere e termali), ci riporta alla cultura del benessere nell'Impero Romano e all'idea di relax, tranquillità e riposo; un luogo dove, attraverso l'acqua, ricercare un abbandono totale e una liberazione da tutto ciò che ci appesantisce.

Veniamo dall'acqua. La vita di ogni essere umano inizia in una culla naturale fatta d'acqua: il liquido amniotico. Questo ambiente intimo e ideale, nel quale la madre ci avvolge, modella la vita. I primi momenti della nostra esistenza avvengono attraverso l'amore dell'acqua materna che ci custodisce e ci prepara per nove mesi, un filtro d'amore ed essenza vitale che ci protegge dal mondo esterno. Questo elemento essenziale e simbolo della vita ci accompagnerà senza mai lasciarci lungo tutta la nostra esistenza, fino alla morte. L'acqua ci racconta del nostro legame con la vita nella misura in cui sappiamo ascoltarla; ci purifica perché ci riporta al nostro essere neonati, facendoci potenzialmente accedere, se lo desideriamo, a una regressione alla vita prenatale.

Alla fine della gravidanza siamo immersi in circa 800 ml di liquido amniotico, che consente al feto libertà di movimento, riduce il rischio di danni e traumi, attutisce suoni e rumori esterni, permette la crescita e lo sviluppo delle strutture anatomiche senza distorsioni o pressioni eccessive, conserva stabilità termica, protegge dalle infezioni mantenendo l'ambiente uterino sterile e, in piccola parte, nutre il feto. La funzione del liquido amniotico è dunque sia meccanica sia immunologica e biochimica.

La composizione di quest'acqua primordiale che ci avvolge è per l'1% solida (urea, sali organici, proteine, zuccheri, ormoni, cellule esfoliate derivate dall'epitelio del feto e dalle sue mucose e rare cellule staminali amniotiche). Un'acqua primordiale che protegge, nutre e modella. Attraverso il liquido amniotico impariamo a conoscere i gusti alimentari di nostra madre, perché attraverso esso passano le molecole aromatiche dei cibi, che influenzeranno il nostro gusto futuro. Quello che mangia la mamma in gravidanza piacerà al bambino.

L'acqua si adatta a ogni forma perché ne è priva: l'acqua è pura, senza ego. È per questo motivo che quando entriamo in contatto con essa scopriamo e ricordiamo noi stessi, diveniamo più consapevoli del nostro corpo e della sua forma (perché i limiti della pelle divengono più evidenti e percepibili).

Attraverso il contatto con l'acqua parliamo con noi stessi costantemente: un dialogo di stati emozionali, di percezioni, di ascolto, di purificazione. L'acqua ci alleggerisce, a livello fisico, emozionale, mentale e spirituale. L'acqua lava via la pesantezza del passato, di una relazione, di un incontro. Lava via il dolore. Pulisce ogni ferita e la prepara a essere medicata e guarita.

Non c'è vita senza acqua. Siamo così attratti da essa perché rimanere nella sua essenziale naturalità vuol dire tornare alla purezza e leggerezza della nascita, in un ambiente terapeutico per il corpo, le emozioni, la mente e lo spirito.

La leggerezza che il nostro corpo sperimenta in acqua è dovuta al fatto che "ogni corpo immerso parzialmente o completamente in un fluido riceve una spinta verticale dal basso verso l'alto, uguale per intensità al peso del volume del fluido spostato" (principio di Archimede). Quando ci immergiamo in acqua e il nostro corpo sposta 50 litri riceviamo una spinta dal basso di 50 kg. Se il nostro corpo pesa 70 kg il risultato è che in acqua peserà solo 20 kg.

L'effetto dell'acqua sul corpo umano è magico e mistico. Incontrare questo elemento significa risanare e guarire corpo e anima, riportandoli a contatto con il vigore dell'origine della vita. Il contatto con l'acqua, se ne siamo consapevoli, può trasformarsi in un battesimo, in un *mikveh*, l'antico rito di purificazione del Gange.

L'unico modo di dissetarsi è divenire fonte

L'acqua è una maestra. Soprattutto ci insegna che ciò che è tenero e malleabile rompe e scava ciò che è duro e rigido. La fonte rappresenta un simbolo di vita e di purezza. Da sempre l'uomo è attratto da luoghi ricchi di acqua per fondare le sue città e per dissetarsi, in virtù dell'abbondanza e della prosperità legate alle terre bagnate dall'acqua, dove la natura si fa rigogliosa e verde. La fonte è un simbolo di unione nella purezza. È per mezzo delle sorgenti che l'acqua pura arriva direttamente dalle profondità della Terra per nutrire e portare vita alla superficie. Nello stesso modo, colui che cerca dentro se stesso può purificarsi arrivando in profondità e poi risalire fino alla superficie, per far sgorgare la sua parte più autentica, quella divina. In questo percorso ciclico, dapprima verso il basso e poi verso l'alto, l'acqua conosce inferno e paradiso, alto e basso, calore e ghiaccio, e integra in se stessa questi opposti facendone esperienza diretta; divenendo essa stessa queste polarità.

Seguendo il suo cammino verso il basso, l'acqua si è immersa nelle profondità di Madre Terra e, in questa discesa, si è purificata, cambiando più volte stato. La sua fluidità le ha permesso di sopravvivere e cambiare stato, pur mantenendo sempre la stessa essenza, anche se apparentemente diviene aria o se si solidifica in ghiaccio: l'acqua conosce, nell'intimità, la propria identità.

Una volta divenuta pura, prosegue il suo percorso verso l'alto. La purezza le conferisce leggerezza, permettendole di ritornare verso il Sole. Risalendo, l'acqua si carica di qualità, che esprimerà una volta giunta in superficie e che porteranno nutrimento alle diverse forme di vita. L'acqua che proviene dalle profondità è pura, cristallina, trasparente e ricca di minerali, che assorbe da Madre Terra. Giunta in superficie, inizia a cooperare con gli altri elementi per portare la vita. E questo ciclo si ripete ogni giorno, ogni ora, ogni istante. L'essere umano è su questo pianeta per testimoniare la bellezza della vita. L'accesso a questa bellezza porta leggerezza e gioia nel cuore. Quando riconosciamo questo scopo, riusciamo come specie a cooperare con l'intelligenza e la vita presente in ogni cosa.

Anche per queste ragioni il primo contatto con l'acqua la mattina dopo essersi alzati assume un particolare significato. Il semplice gesto di lavarsi può essere trasformato in un vero e proprio rituale di purificazione e guarigione a tutti i livelli: un risveglio celebrato attraverso la consapevolezza della sacralità dell'acqua; un rito per rendere puro e leggero il corpo, riattivare la forza vitale, alleggerire le emozioni, rendere chiara la mente e risvegliare lo spirito.

Rituale di purificazione del viso

Quando si tocca per la prima volta l'acqua al mattino è bene essere pienamente coscienti del significato e del valore di questo elemento.

IL DIRITTO ALL'ACQUA

> L'acqua è un diritto di base per tutti gli esseri umani: senza acqua non c'è futuro.
> L'accesso all'acqua è un obiettivo comune. Esso è un elemento centrale nel tessuto sociale, economico e politico del Paese, del continente, del mondo.
> L'acqua è democrazia.
>
> (Nelson Mandela)

Per riconoscere l'acqua come valore essenziale della vita, nel 2003 nasce il concetto di "impronta idrica" (o anche "contenuto virtuale di acqua dei prodotti"), coniato da Arjen Hoekstra.[4] È un dato che stima la quantità di acqua dolce necessaria ai nostri consumi, e il suo valore si calcola sommando le quantità utilizzate in tutte le fasi del processo produttivo. Per il pane ciò significa la coltivazione del grano, la raccolta, la macinazione, la produzione, il confezionamento, il trasporto ecc.

Nel pianeta Terra è stimato un totale di circa 33 milioni di chilometri cubi di acqua dolce. Se facciamo un breve calcolo, scopriremo che ogni abitante beve più o meno un metro cubo all'anno e ne consuma 100 metri cubi per gli usi domestici. Per l'alimentazione di ogni persona vengono utilizzati poi circa 1000 metri cubi all'anno. I dati dell'impronta idrica annuale pro capite sono uno degli indicatori della disuguaglianza mondiale: passiamo dai 2500 metri cubi degli Stati Uniti d'America ai 650 metri cubi dell'Etiopia. Oggi nel mondo oltre un miliardo di persone non ha accesso all'acqua potabile. Se continuiamo di questo passo, a metà del secolo miliardi di persone potrebbero non avere facile accesso all'acqua potabile.

Se iniziamo la giornata lavandoci il viso, usiamo acqua fresca (meglio se con limone o olio essenziale di lavanda). Con le mani a coppa, raccogliamo l'acqua e per sette volte puliamo il viso ripetendo queste affermazioni:

- che quest'acqua purifichi il mio corpo;
- che quest'acqua risvegli la mia forza vitale;
- che quest'acqua purifichi le mie emozioni;
- che quest'acqua renda chiara la mia mente;
- che quest'acqua purifichi il mio passato;
- che quest'acqua risvegli il mio spirito;
- che quest'acqua purifichi la mia coscienza.

Rituale della doccia fredda

Nei mesi primaverili ed estivi, quando la temperatura lo permette, è salutare sperimentare la doccia fredda rituale. Questa pratica è utilizzata da diverse culture millenarie orientali durante tutto l'anno (in zone dove il clima lo permette) e serve per stimolare il sistema immunitario, attivare la circolazione e l'energia vitale, purificare emozioni e mente e preparare lo spirito alla meditazione.

Questa pratica durerà al massimo 2 minuti. Utilizziamo il doccino con il getto al massimo, regolato tutto sul freddo. L'intenzione è quella di donare vigore, tono e forza.

- Inspiriamo profondamente; poi, espirando, bagniamo la zona dell'ombelico e quella genitale per qualche secondo.
- Inspiriamo profondamente ed espirando bagniamo la gamba sinistra fino al piede.
- Inspiriamo profondamente ed espirando bagniamo la gamba destra.
- Inspiriamo profondamente ed espirando bagniamo il braccio sinistro.
- Inspiriamo profondamente ed espirando bagniamo il braccio destro.
- Inspiriamo profondamente ed espirando bagniamo il petto fino alla gola.

- Inspiriamo profondamente ed espirando bagniamo la schiena.
- Inspiriamo profondamente ed espirando bagniamo la testa.

Subito dopo spegniamo il getto e raccogliamo e concentriamo con le mani tutta l'acqua rimasta nel corpo all'altezza del cuore, poi frizioniamo vigorosamente il corpo con un asciugamano o un accappatoio.

Se il rituale è compiuto correttamente, si dovrebbe avvertire una sensazione di calore e vigore nel corpo.

La doccia calda

La doccia calda può essere trasformata in un gesto di meditazione, purificazione, protezione e rilassamento, con l'intenzione di purificare la propria vita e tornare nel raccoglimento del grembo della madre, intesa come vita. Con questa intenzione il contatto con l'acqua ci riporta al liquido amniotico e all'origine della vita. Ogni gesto con cui puliamo il corpo deve essere carico di una profonda intenzione di purificazione della nostra vita, di cura e protezione. Prima di iniziare la doccia bisognerebbe pensare o ripetere: "Con quest'acqua lavo e purifico la mia vita".

Il potere di un bicchiere d'acqua (calda)

Con un bicchiere d'acqua calda i medici di famiglia di una volta hanno compiuto guarigioni. Se fosse di uso comune bere un bicchiere d'acqua calda ogni mattina a digiuno sarebbe una pratica benefica. Consapevoli del significato e del valore dell'acqua, possiamo ripetere prima di bere: "Possa quest'acqua purificare il mio corpo e prendersi cura di me".

Questa piccola azione, eseguita con regolarità, potrebbe offrire grandi vantaggi. Il potere curativo di un bicchiere d'acqua calda risale a Paracelso, ma divenne noto soprattutto durante la Seconda guerra mondiale in Giappone, e in seguito fu una pratica consigliata anche dalla Japan Medical

Association, la più grande associazione professionale di medici giapponese. Ecco perché: aiuta a perdere peso, ovvero l'acqua calda è un buono strumento per mantenere un metabolismo sano; contribuisce a disintossicare e purificare; migliora la circolazione sanguigna; aiuta a risolvere problemi di stitichezza (se assunta a stomaco vuoto, l'acqua calda contribuisce a riattivare la motilità intestinale).

7
Mettere le ali all'anima

> Niente di tutto ciò che esiste o è mai esistito o mai sarà è separato da me.
> Questo corpo, questa combinazione di molecole e cellule in cui mi risveglio non mi limita [...], scopro la mia trascendenza riflettendomi nel mistero del tutto.
>
> HENRI LE SAUX, *L'altra riva*

La vita dell'essere umano, sotto tutti gli aspetti – personale, relazionale e collettivo – dipende del suo rapporto con l'invisibile. La forma visibile del creato spesso non rappresenta l'aspetto più importante dell'esistenza. Ciò che conta davvero nella vita di ogni essere umano – pensieri, idee, emozioni, impressioni – non passa al vaglio degli occhi. È sufficiente pensare al nostro corpo per renderci conto di questa semplice verità: tutto ciò che permette la vita fisiologica non è aperto allo sguardo. Per questo è importante comprendere come avere accesso, colloquio costruttivo e nutrimento con l'invisibile.

Siamo profondamente interconnessi con ogni forma di vita. Ogni nostro più intimo pensiero, impressione o umore influenza non solo il nostro ambiente interno, ma anche la vita delle persone e l'ambiente. Scambiamo costantemente energie con l'ambiente circostante, diffondendo e assorbendo cibo, forza vitale, luce, calore, umori, emozioni, pensieri, idee. Questo scambio è la vita stessa: la nostra esistenza terrena e la qualità della nostra vita dipendono dalla consapevolezza della comunione e dell'interconnessione con le altre creature e con l'ambiente.

La scienza dell'invisibile

La scoperta delle onde radio, di ultrasuoni, raggi X, infrarossi, ultravioletti e biofotoni ci ha resi coscienti della limitatezza dei nostri sensi fisici e ha permesso alla scienza di dimostrare l'esistenza di mondi invisibili e inudibili, che vanno oltre le possibilità percettive comuni. La consapevolezza dell'invisibile ha consentito di fare enormi progressi in campo medico e tecnologico, superando la credenza che l'uomo sia esclusivamente una macchina biochimica. Pensiamo alle moderne tecnologie diagnostiche (di imaging) e alla ricerca d'avanguardia sulla funzione omeostatica dei campi elettromagnetici generati dai nostri organi e dalle nostre cellule. Il mondo reale non è solo quello percepibile attraverso i sensi: esiste una realtà invisibile che governa e presiede il resto, e il colloquio con essa è quanto di più affascinante l'essere umano possa sviluppare. In essa vi sono preziose indicazioni per trovare luce, chiarezza e forza nell'adempimento del compito che ciascuno di noi è chiamato a portare a termine su questa Terra. Essere in armonia con l'invisibile è una condizione necessaria per avere accesso alla percezione e alla comprensione della natura della bellezza che esiste fuori e dentro di noi. È proprio nei momenti di dolore, dubbio, incertezza e crisi che ci accorgiamo di quanto sia benefica l'intima relazione con l'invisibile. Possiamo fare esperienza di piani di esistenza e mondi sottili attraverso le nostre facoltà più raffinate: i sensi psichici, la mente, l'intelletto, l'intuizione, il cuore, la coscienza e lo spirito. Attraverso la mente e il sentimento ogni essere umano ha il privilegio di poter realizzare un contatto profondo con la fonte della vita stessa, oltre i mondi sensibili.

Esistono due strumenti chiave per intuire, percepire e comprendere l'invisibile: la meditazione e la preghiera. Entrambi sono stati largamente fraintesi e la maggior parte delle volte non affrontati secondo un approccio laico, universale ed essenziale, fondamentale per declinarli in una dimensione pragmatica quotidiana.

La scienza determinante nell'ultimo secolo è quella che

ha scoperto l'invisibile e opera in esso, avvicinandosi gradualmente alla comprensione che esiste una sola essenza comune a tutto il creato, la quale si manifesta in vibrazioni, frequenze, gradi e modalità differenti. Questa essenza è stata definita con innumerevoli nomi: Coscienza, Spirito, Vita, Fonte, Dio, Uno, Sé...

Dalla relazione che ognuno di noi ha con l'invisibile dipendono il destino e la qualità della vita. È sufficiente considerare che solo da pochi decenni stiamo iniziando a scoprire l'importanza delle emozioni per la salute, il lavoro, le relazioni e le abilità sociali. Nutrirsi di paura, ansia, collera, colpa, risentimento, impotenza, rabbia, noia ci fa ammalare, mentre coltivare simpatia, speranza, gratitudine, gioia, compassione, empatia e amore guarisce il corpo e tiene in salute anche la mente.

Abbiamo accennato agli studi sugli effetti epigenetici dell'atteggiamento di autocompassione, che riduce l'espressione di alcuni geni dell'infiammazione (interleuchina 6), e vedremo come anche la preghiera e la meditazione influenzino lo stato infiammatorio cronico, il quale sta alla base di molteplici meccanismi che favoriscono lo sviluppo delle principali malattie degenerative che affliggono l'umanità.

Coltivando costantemente un'intima relazione con l'invisibile maturiamo intuizioni, consapevolezze, pace e chiarezza mentale, comprendiamo la natura e la ragione della vita e la natura della sofferenza. È sufficiente sintonizzare il proprio pensiero e focalizzare l'attenzione su quei piani di vita o su individualità che consideriamo particolarmente evolute ed elevate (un esempio di vita coerente con grandi valori e ideali, una persona che riteniamo essere speciale, un maestro o un mentore ecc.) per sentirci ispirati e innalzati, in quanto intimamente connessi e uniti con sorgenti di luce ideale.

Ora chiudiamo gli occhi e pensiamo all'invisibile: cosa è per noi? Cosa rappresenta? Quali emozioni ci suscita? Rivolgere il pensiero e l'attenzione a un aspetto elevato e ispirante dell'invisibile, come per esempio un nostro caro che ha lasciato il corpo fisico oppure un santo, ci permette di sintonizzarci con le sue caratteristiche e di trarre energia, nutrimento e forza fisica, emozionale, mentale e spirituale. In questo modo dai mondi invisibili viene tesa una mano all'uomo per salire ed elevarsi. Spetta a ciascuno di noi lo sforzo di sintonizzarsi.

Meditare fa bene: le prove

Per migliaia di anni chi pratica meditazione ha constatato, e testimoniato, i benefici effetti della meditazione sulla salute del corpo e della mente. Sono testimonianze tradizionalmente legate alla cultura dell'induismo, dello yoga e del buddhismo, ma anche ad altre culture e religioni (ebraismo, sufismo, cristianesimo), non necessariamente nell'ambito di pratiche religiose (anzi, oggi ci sono scuole di meditazione del tutto laiche). Le testimonianze degli antichi saggi erano comunque indipendenti da ogni ipotesi di utilizzo della meditazione per migliorare lo stato di salute. Il miglioramento era semplicemente un effetto collaterale delle pratiche intraprese per la ricerca interiore, per spogliarsi dell'ego, per la ricerca di Dio.

Negli ultimi decenni la ricerca scientifica ha confermato che la meditazione ha effetti potenti sulla nostra fisiologia: agisce attivando il nervo vago (il nervo che "mette tranquilli" i nostri organi interni), modifica l'azione di molti geni, attivandoli o disattivandoli (disattiva in particolare i geni dell'infiammazione), interviene sul nostro metabolismo, per esempio abbassando la glicemia e la colesterolemia, riduce la pressione arteriosa, aumenta la preziosa variabilità del ritmo cardiaco, stimola la telomerasi, l'enzima che prolunga la vita delle nostre cellule. Meditazione non è solo una pratica a cui uno può dedicare un tempo determinato, per esempio mezz'ora oppure una o più ore al giorno, e poi tornare alle preoccupazioni abituali. Meditazione è anche presenza mentale, vivere consapevoli di ogni azione che si compie nel corso della giornata. Si può vivere in meditazione costantemente, anche se gli studi sui suoi effetti hanno richiesto di valutare pratiche specifiche per durate specifiche.

Il mondo medico sta cominciando a interessarsi alla meditazione per scopi del tutto indipendenti dalla sua valenza spirituale, dall'obiettivo di chi medita per meditare, di chi prega per devozione, non per ottenere qualcosa da Dio. Gli studi sono di grande interesse, e può essere utile conoscerli anche per aiutare chi è lontano dal mondo spirituale ad avvicinarvisi senza diffidenza.

Un considerevole numero di ricerche ha valutato gli effetti della meditazione e di altre pratiche spirituali, come lo yoga, il Tai-Chi e il Qigong, sugli indicatori di stato infiammatorio. Si tratta di pratiche che provengono dalla tradizione indovedica o dalla medicina tradizionale cinese e che combinano specifiche posture e movimenti, tecniche di respirazione consapevole e di focalizzazione mentale: tutte implicano attenzione, concentrazione della mente sul respiro, oppure sulla forma o sul movimento del corpo, fino ad arrivare alla contemplazione della forma stessa, liberando la mente da altri pensieri.

Le sperimentazioni cliniche controllate che hanno esaminato l'influenza di queste pratiche sull'espressione genica hanno riscontrato l'attivazione di decine di geni e la disattivazione di altre decine. In particolare, questi studi hanno coerentemente riscontrato la riduzione dell'espressione dei geni che attivano NF-kB (Nuclear Factor kB, il principale mediatore dell'infiammazione), mentre IRF (il fattore di trascrizione che regola l'espressione del gene dell'Interferone)[1] e i recettori degli ormoni glucocorticoidi (antinfiammatori) venivano aumentati. Si tratta di sperimentazioni cliniche randomizzate[2] sulla meditazione, sul Tai Chi e sullo yoga, praticate per periodi da sei settimane a sei mesi, i cui partecipanti erano persone sane di varie età, donne gravide, persone asmatiche, persone con AIDS, donne con precedente diagnosi di neoplasia mammaria, uomini anziani che vivevano da soli o persone impegnate nell'assistenza di familiari non autosufficienti. Ai gruppi di controllo si offriva musica rilassante, oppure incontri di educazione sanitaria o terapie cognitivo-comportamentali; a volte si trattava semplicemente di gruppi in lista di attesa per partecipare alle pratiche meditative.[3]

Altre numerose sperimentazioni cliniche randomizzate hanno esaminato gli effetti delle pratiche meditative sulla concentrazione plasmatica di citochine[4] infiammatorie o di proteina C reattiva (PCR, la proteina prodotta dal fegato in presenza di stati infiammatori). Solo la metà circa di questi studi ha riscontrato una significativa riduzione della concentrazione nel sangue delle citochine infiammatorie e della PCR, verosimilmente perché poche settimane di pratica sono insufficienti a modificare stabilmente lo stato infiammatorio.[5] Una revisione recente di tutti gli studi (una quindicina) controllati e randomizzati sugli effetti della pratica dello yoga sull'infiammazione, nonostante alcuni avessero difetti metodologici, ha concluso che lo yoga può ridurre le citochine pro-infiammatorie, in particolare l'interleuchina 1-beta.[6]

I meccanismi benefici della meditazione

Quali sono i meccanismi con cui la meditazione o le pratiche corporee assimilabili alle pratiche meditative agiscono sullo stato infiammatorio e su altri aspetti della nostra fisiologia? Si tratta di meccanismi neurali, neuroendocrini e psicocomportamentali. Le pratiche meditative diminuiscono l'attività del sistema nervoso simpatico e attivano il sistema parasimpatico (il nervo vago), che riduce lo stato infiammatorio. La meditazione, inoltre, riduce l'attività delle aree di allarme nella corteccia cerebrale, in particolare nell'amigdala, con conseguente ridotta reattività emozionale e ridotta attivazione del sistema simpatico, proinfiammatorio. Riducendo l'ansia, la meditazione riduce anche il senso di solitudine e i disturbi del sonno, entrambi associati a elevata attività infiammatoria.[7]

Il bilanciamento dell'attività simpaticovagale è verosimilmente alla base anche dell'effetto della meditazione sulla riduzione della pressione arteriosa. Una meta-analisi[8] di dodici sperimentazioni cliniche controllate randomizzate ha mostrato un effetto medio di riduzione di 4,3 mmHg della pressione sistolica e di 2,3 mmHg della pressione diastolica.[9]

Altri studi hanno esaminato la capacità delle cellule bianche del sangue prelevate dopo le pratiche meditative (sempre rispetto a pratiche di controllo) di produrre citochine infiammatorie (quali il fattore di necrosi tumorale alfa e le interleuchine 6 e 1, TNFα, IL6, IL1) in seguito a stimolazione con lipopolisaccaridi.[10] Anche in questo caso solo circa una metà degli studi ha riscontrato effetti significativi di riduzione della capacità infiammatoria. Di nuovo la durata dell'intervento è importante: uno studio sugli effetti della pratica di yoga non ha visto differenze significative nella produzione di IL-6, IL-1 e TNFα dopo tre mesi di pratica, ma le ha viste nel follow-up tre mesi dopo.[11] Si tratta comunque di studi interessanti, che mostrano come l'alterazione dei geni proinfiammatori indotta dalla meditazione può persistere anche quando le cellule infiammatorie sono isolate dal corpo o coltivate in vitro. Si tratta, quindi, di un effetto sui geni delle cellule che producono le citochine infiammatorie, non è solo la conseguenza degli immediati effetti antinfiammatori dell'attivazione del nervo vago.

Più studi, condotti sia in India sia in Occidente, hanno suggerito che la pratica di yoga e di meditazione sia associata a più bassi livelli di colesterolo totale e LDL (le lipoproteine che favoriscono l'aterosclerosi) e a più alti livelli di colesterolo HDL (le lipoproteine che ripuliscono le arterie dai depositi di colesterolo lasciati dalle LDL).[12]

Che la meditazione agisse sulla glicemia lo si poteva sospettare dagli studi che avevano riscontrato una relazione fra il benessere spirituale e uno stato migliore di vari parametri della sindrome metabolica: pressione arteriosa, trigliceridemia, proteina C reattiva e, appunto, glicemia.

Due studi osservazionali avevano mostrato una riduzione significativa di pressione arteriosa, dislipidemie e glicemia dopo solo una o due settimane in cui a pazienti diabetici o cardiovascolari veniva insegnata una tecnica di meditazione basata prevalentemente sul controllo del respiro.[13] Ora l'effetto della meditazione sulla glicemia è stato confermato da uno studio sperimentale in cui 60 pazienti affetti da malattie cardiovascolari sono stati randomizzati in un gruppo che avrebbe praticato quotidianamente meditazione per sei mesi e in un gruppo di controllo. Nel primo gruppo la glicemia si è ridotta di 5,3 mg/100 ml (P=0,002), mentre nel gruppo di controllo di soli 2,1 punti (P=0,09).[14] La meditazione sopprime lo stress e, quindi, riduce il livello plasmatico di cortisolo e di adrenalina, che fanno aumentare la glicemia. Da tempo si sa, effettivamente, che la meditazione agisce sull'equilibrio del sistema nervoso autonomo attivando il tono vagale.[15]

Un dono per il cuore

Stato infiammatorio cronico, ipertensione, dislipidemia, iperglicemia, scarsa variabilità del ritmo cardiaco e squilibrio del sistema nervoso autonomo con aumentato tono simpatico e ridotto tono parasimpatico sono tutti fattori di rischio per le malattie di cuore, e oggi i cardiologi cominciano a interrogarsi sull'opportunità di occuparsi di meditazione.[16]

Studi randomizzati hanno convincentemente dimostrato che è possibile ridurre la pressione arteriosa (anche di 10-15 mmHg la sistolica e di 5-6 la diastolica) con alcuni mesi di pratica meditativa.[17]

Da tempo si sa che il rallentamento della frequenza del respiro, per esempio da 12-14 respiri al minuto a 6 (0,1 Hertz) o meno, tipico di molte pratiche meditative, aumenta la variabilità[18] del ritmo cardiaco, una condizione fisiologica (il ritmo aumenta lievemente nell'inspirazione e diminuisce nell'espirazione), e che una scarsa variabilità del ritmo cardiaco è associata a un maggior rischio di eventi cardiovascolari e di mortalità in malati di cuore.[19] Ebbene, in uno studio randomizzato su 103 pazienti si è osservato, oltre a una riduzione significativa della pressione e della resistenza insulinica, un aumento significativo della variabilità del ritmo cardiaco grazie alla meditazione.[20]

Sempre più studi documentano, inoltre, una connessione fra la tranquillità della mente e la salute del cuore. Uno stress emozionale acuto può scatenare un infarto e morte improvvisa, ma anche lo stress cronico sul lavoro o in casa aumenta il rischio di ammalarsi di cuore, e l'ansia e la depressione peggiorano la prognosi nei malati di cuore. La depressione è caratterizzata da un tono simpatico elevato, da ridotta variabilità del ritmo cardiaco e da uno stato infiammatorio cronico, con elevati livelli plasmatici di proteina C reattiva.[21] L'aumentata produzione di cortisolo determina inoltre ipertensione, iperglicemia e resistenza insulinica. Il legame della mente e delle emozioni con il cuore è mediato dal sistema nervoso autonomo. Il riflesso antinfiammatorio è un esempio tipico di come la mente interagisca con il corpo. Le fibre afferenti del vago monitorano lo stato infiammatorio degli organi e trasmettono l'informazione al tronco cerebrale, dove si attivano le fibre efferenti che ritrasmettono informazioni alla periferia per inibire le citochine infiammatorie.

L'infiammazione cronica ha un ruolo importante nella genesi di molte malattie croniche, dal diabete all'infarto, al cancro alle malattie neurodegenerative, ed è uno dei meccanismi con cui la mente influenza queste patologie. La variabilità del ritmo cardiaco, aumentata dal tono vagale, è inversamente associata alla concentrazione di citochine infiammatorie e di proteina C reattiva.[22] Anche l'effetto benefico dell'esercizio fisico aerobico sulla salute cardiovascolare sarebbe mediato dall'attivazione vagale e dal riflesso antinfiammatorio: l'acetilcolina secreta dalle fibre vagali efferenti inibisce la sintesi di TNFα e di altre citochine infiammatorie.[23]

Anche la dieta influenza la variabilità del ritmo cardiaco, maggiore in chi si ciba seguendo la tradizione mediterranea tradizionale. E un regolare quotidiano esercizio fisico aerobico (quello del camminare, correre, ballare, andare in bicicletta) aumenta la variabilità del ritmo cardiaco. Cibo sano, attività fisica e vita spirituale: le tre vie della longevità in salute.

LA MEDITAZIONE TRASCENDENTALE

Più studi hanno riscontrato che la pratica di meditazione trascendentale è associata a una riduzione della mortalità per malattie cardiovascolari. Uno studio randomizzato su 202 persone anziane ipertese ha riscontrato, nel corso di 7,6 anni di osservazione, una diminuzione del 30% della mortalità cardiovascolare nel gruppo di intervento rispetto al gruppo di controllo, e una diminuzione del 23% della mortalità totale.[24] In un altro studio controllato randomizzato condotto su 201 pazienti con patologie coronariche seguiti per 5,4 anni, gli stessi autori hanno riscontrato una riduzione del 48% della somma dei casi di infarto, di ictus e dei morti totali.[25] Un terzo studio, il primo pubblicato, aveva randomizzato 73 residenti in case per anziani in quattro gruppi: meditazione trascendentale, mindfulness, rilassamento e nessun programma. Nel volgere di tre anni, a parità di età, genere e pressione arteriosa, la sopravvivenza era significativamente superiore nei gruppi di meditazione trascendentale e di mindfulness che nei due gruppi di controllo.[26]

La meditazione prolunga la vita delle cellule

Uno stile di vita malsano, cronicamente stressato, di cattivo umore, sedentario, con una dieta povera di cibo sano è associato a telomeri corti e a una scarsa attività telomerasica. Più siamo vecchi, e più siamo stressati, più i telomeri sono corti.

I telomeri sono la parte terminale dei cromosomi,[27] costituiti da ripetizioni di una sequenza di basi del DNA, che proteggono il cromosoma e ne impediscono la fusione con altri. Sono stati paragonati al pezzettino di stoffa o di plastica che protegge l'estremità delle stringhe delle scarpe: la stringa è il cromosoma e la parte protetta è il telomero. A ogni divisione cellulare i telomeri si accorciano, fino a non essere più capaci di proteggere il cromosoma, e la cellula muore. Telomeri corti, specialmente delle cellule del sistema immunitario, sono associati a un maggior rischio di morte per cancro e malattie cardiovascolari; sono inoltre associati a depressione, malattie psichiatriche e stress cronico. Possiamo fare qualcosa per rallentarne l'accorciamento: possiamo attivare la telomerasi, un enzima che durante la divisione cellulare allunga i telomeri aggiungendo sequenze di DNA, controllando lo stress e conducendo una vita sana.

Dopo uno studio pionieristico in cui pazienti con cancro prostatico iniziale seguivano un programma di meditazione, dieta vegana ed esercizio fisico (le tre vie della longevità in salute), e in cui si è riscontrato un aumento significativo dell'attività telomerasica nelle cellule bianche del sangue (oltre a una regressione della crescita tumorale),[28] ben quattro sperimentazioni cliniche hanno coerentemente dimostrato un aumento della telomerasi con la meditazione.[29] La meditazione che prolunga la vita? La meditazione che prolunga la vita sana? Dagli effetti fisiologici sui parametri della sindrome metabolica (pressione arteriosa, glicemia, colesterolemia, trigliceridemia, proteina C reattiva) si direbbe di sì. La sindrome metabolica è un indicatore di rischio di diabete, di infarto, di molte neoplasie, di steatosi e cirrosi epatica, di artriti, di malattie degenerative degli occhi e del sistema nervoso, insomma, di quasi tutte le malattie croniche che accorciano e appesantiscono la vita.

Uno strumento contro il cancro

È ragionevole ipotizzare che gli effetti fisiologici della meditazione, soprattutto la riduzione dello stato infiammatorio e della glicemia, riducano anche il rischio e migliorino la prognosi del cancro. Gli studi epidemiologici mostrano, infatti, che l'incidenza di molti tumori aumenta all'aumentare della glicemia, pur all'interno dei valori considerati normali, e che la glicemia elevata è anche un fattore di cattiva prognosi. Lo stesso vale per gli indicatori di infiammazione cronica (PCR) associata sia a un maggior rischio sia a cattiva prognosi: per (virtualmente tutti) i tumori ci sono studi clinici che mostrano una prognosi peggiore associata a PCR anche moderatamente elevata.[30]

Molti studi hanno mostrato che la meditazione e lo yoga riducono stress, ansietà e depressione associate alla diagnosi di cancro[31] e la *fatigue* associata alle terapie oncologiche (chemio e radioterapia).[32] Non ci sono che pochissimi studi, tuttavia, che hanno esaminato se la meditazione migliori la prognosi. Oltre allo studio già citato di Ornish sul cancro prostatico (ma non si trattava solo di meditazione), ci sono studi che suggeriscono un rischio di cattiva prognosi associata allo stress e una certa efficacia, quanto a sopravvivenza, della psicoterapia e del supporto sociale.[33]

L'esperienza soggettiva del meditare è di un considerevole beneficio, che include rilassamento, controllo dello stress, aumentate attenzione e concentrazione, aumentato autocontrollo, stabilità emotiva, miglioramento dell'umore, aumento della resilienza di fronte a eventi negativi o stressanti. Gli studi oggettivi hanno confermato l'effetto sul rilassamento e il controllo dello stress e hanno riscontrato effetti sulla plasticità funzionale e strutturale del cervello.[34]

Il canto religioso e la preghiera sono ritenuti in grado di alleviare le emozioni negative. Uno studio ha esaminato l'effetto del canto del nome di Amitaba[35] sull'elettroencefalogramma di 21 buddhisti con esperienza di meditazione esposti a immagini drammatiche di guerra e amputazioni. La reazione immediata è risultata simile a quella di chi non canta o di chi canta cose banali, ma già dopo 300 millisecondi, in chi cantava il nome di Amitaba non si vedeva la reattività emotiva dei potenziali elettroencefalografici che invece si riscontravano nei gruppi di controllo.[36]

Poco si sa degli effetti neurologici delle esperienze spirituali, ma alcuni ricercatori hanno studiato con la risonanza magnetica nucleare l'attivazione di aree cerebrali a seguito di emozioni stimolate, per esempio, con immagini che rattristano, o facendo rivivere esperienze mistiche, sia di natura religiosa sia di meraviglia di fronte a panorami di bellezza naturale. In tutti i casi le risposte sono state di ridotta attività cerebrale in specifiche aree corticali o dei nuclei della base.[37] Siamo lontani dal capire a che funzioni queste aree presiedono, è interessante comunque che le esperienze spirituali le influenzino.

Meditazione: buona anche per il cervello

Gli studi sugli effetti elettroencefalografici dello yoga, sia della pratica delle asana, sia del pranayama (controllo ritmico del respiro), mostrano attivazioni delle onde alfa, beta e theta che corrispondono a miglioramenti cognitivi, della memoria, dell'umore, dell'ansietà. Studi della circolazione cerebrale con tomografia a emissione di positroni (PET) riscontrano una diminuita attività dell'amigdala, e studi con risonanza magnetica funzionale riscontrano una diminuita attivazione della corteccia prefrontale dorso laterale e una diminuita reazione emotiva alla vista di immagini negative e distraenti. Anche la percezione degli stimoli dolorosi si riduce (la riduzione è associata all'aumento della materia grigia della corteccia dell'insula).[38]

Uno studio di risonanza magnetica ha riscontrato che persone anziane aumentano significativamente il volume dell'ippocampo con tre mesi di yoga quotidiano per cinque giorni a settimana, praticando asana e pranayama.[39] Si è osservato, inoltre, che il volume dell'ippocampo è significativamente superiore in chi pratica meditazione da lungo tempo rispetto a un gruppo di controllo di stessa età e genere che non medita.[40] Queste osservazioni sono particolarmente importanti perché il volume dell'ippocampo diminuisce con l'età ed è particolarmente ridotto nei depressi e nei malati di Alzheimer.

Altri studi hanno dimostrato che tre mesi di pratica yoga impegnativa, nell'ordine di due ore o più al giorno, aumentano significativamente la concentrazione plasmatica di BDNF, il fattore di crescita neurologico che promuove la crescita e la differenziazione di nuovi neuroni e nuove sinapsi.[41] La meditazione, inoltre, aumenta lo spessore del corpo calloso e la comunicazione fra i due emisferi cerebrali.[42]

La meditazione influenza anche il cosiddetto orologio epigenetico, un indicatore dell'età biologica basato sulla metilazione del DNA (valutata su alcune centinaia di isole CpG), negativamente associato alla longevità e positivamente alla durata dello stress cronico e alla fragilità dell'età anziana. L'età epigenetica è tanto minore quanto maggiore è la durata della pratica meditativa.[43]

Sono studi difficili da condurre: è difficile misurare lo stress, difficile misurare la compassione, il livello di concentrazione e di contemplazione che si raggiunge nelle pratiche meditative. È probabile, quindi, che gli effetti della meditazione sulla nostra fisiologia siano più ampi di quanto non si sia riusciti a misurare negli studi sperimentali che abbiamo menzionato.

Sintonizzarsi con l'intelligenza della vita

> La maggior parte degli uomini pensa che il corso degli eventi sia naturale e inevitabile.
> Non sa quali radicali cambiamenti siano possibili attraverso la preghiera.
>
> (Paramahansa Yogananda)

In aramaico, la lingua dei Semiti dell'antico Medio Oriente (la stessa utilizzata da Gesù), esistono principalmente due sostantivi che si riferiscono a Dio: *alaha* e *ithea*. Il primo, in arabo *allah* e in ebraico *alohim*, deriva dalla radice semitica *al* o *el* che, nelle varie ipotesi, indicherebbe "colui che aiuta e supporta il sommo, il venerato", o ancora "colui che è forte". Il secondo termine, *ithea*, ha un significato particolarmente affascinante: significa "che esiste di per sé". È il principio autoesistente, causa e origine di se stesso, senza secondo. *Ithea* si riferisce all'intelligenza intrinseca della vita, che permette e ordina tutto ciò che esiste. Questo principio di autoesistenza, integro, perfetto ed eterno in se stesso, che permea e anima l'universo, può essere intuibile, percepibile e sperimentabile dapprima come idea, poi come presenza e infine come esperienza diretta, percorrendo la via dell'anima con il cuore. *Ithea* scorre dentro, fuori e oltre noi, come un fiume sotterraneo che guida silenzioso la nostra individualità nel cammino della consapevolezza. Questo potere universale è la stessa presenza vitale che dimora nell'animo umano. È possibile ascoltare e percepire *ithea* proprio ora: è il battito del cuore, il respiro, il sangue che in questo momento scorre in vene e arterie, la nostra stessa vita. La consapevolezza di un principio divino vivo e presente in ogni istante, in ogni creatura e in ogni luogo, risveglia una profonda devozione e vicinanza alla bellezza intrinseca della vita. Questa vicinanza è imperitura nel cuore del viandante che percorre le vie dell'anima. Una di queste vie, che portano a *ithea*, è la preghiera.

Il potere della preghiera: intrappolare il divino

Oltre le religioni, gli stereotipi e i luoghi comuni, cosa significa pregare?

Slotha è la parola aramaica che indica la preghiera. La radice *sla*, da cui deriva, ha diversi significati, tra cui "intrappolare, tendere una trappola". Il termine preghiera, in questo senso, suggerisce di "preparare mente e cuore come trappole per poter catturare i pensieri e i sentimenti di *ithea*". Come possiamo intrappolare gli impulsi che provengono dalla fonte spirituale che esiste in ognuno di noi? La parola *slotha* viene anche utilizzata con il significato di sintonizzarsi, mettere a fuoco. Se usassimo l'esempio di una radio, equivarrebbe a sintonizzarsi sulle invisibili frequenze dello spirito. Pregare è quindi tendere una trappola per catturare le frequenze più elevate di gratitudine, gioia, pace, verità, compassione e amore. Questi "super alimenti" sono ciò di cui hanno veramente bisogno la nostra mente e il nostro cuore per avere la forza e il discernimento necessari a percorrere la via dell'anima.

I BENEFICI FISIOLOGICI DELLA PREGHIERA

Alcune pratiche religiose o meditative, come è stato dimostrato per la recitazione dell'Ave Maria in latino e la recitazione del mantra tibetano *Oṃ Maṇi Padme Hūṃ*, rallentano il ritmo respiratorio a circa 6 respiri al minuto, una frequenza che coincide con il ritmo naturale di oscillazione della pressione arteriosa.[44] La recitazione silenziosa di una singola Ave Maria – la prima parte inspirando (*Ave Maria, gratia plena...*) e la seconda espirando (*Santa Maria, mater Dei...*), richiede infatti dieci secondi. Questa sincronizzazione del ritmo respiratorio e cardiovascolare induce calma e benessere, aumenta la variabilità del ritmo cardiaco, migliora la sensibilità del baroriflesso,[45] l'ossigenazione del sangue, la resistenza alla fatica nei pazienti con insufficienza cardiaca e riduce il tono del sistema nervoso simpatico. È interessante notare che i mantra sono generalmente ripetuti 108 volte (i 108 grani della mala induista e tibetana) e nel rosario l'Ave Maria è ripetuta 150 volte (dieci Ave Maria per ognuno dei quindici misteri della vita di Cristo): il rosario e la recitazione dei mantra consentono di controllare la frequenza senza bisogno di concentrarsi sul respiro, una pratica yoga di consapevolezza che non era incoraggiata nella religione cristiana. Gli autori dello studio ipotizzano che l'identità di effetti del mantra e della preghiera cristiana non sia casuale, ricordano che il rosario è stato portato in Europa dai crociati che lo avevano visto usare dagli arabi che a loro volta lo avrebbero ottenuto dai lama tibetani, e ipotizzano che il successo di queste pratiche nei secoli sia dovuto al benessere percepito in conseguenza della sincronizzazione dei ritmi fisiologici.

LA MEDITAZIONE DEL SEME

Tutto inizia sempre da ciò che è molto piccolo. Prendiamo nella mano un semino e osserviamolo in silenzio, attraverso il sentire del cuore. In quella minuscola forma è racchiusa l'intelligenza intrinseca della vita che sa come catturare l'energia della luce solare, come trasformarla dentro di sé, che sa come catturare l'azoto dall'aria, il potassio, il calcio e il magnesio dalla terra. Davanti a noi, se prestiamo attenzione, possiamo sperimentare la bellezza di questa intelligenza che sa trasmutare gli elementi acqua, aria, terra, fuoco e spazio; che sa come comportarsi secondo il postulato fondamentale secondo cui "nulla si crea e nulla si distrugge, ma tutto si trasforma". Il seme sa come liberarsi dal suo vecchio involucro esterno, come una farfalla, e lasciare libera la nuova vita, in una forma che donerà se stessa come cibo per sostenere e nutrire altri esseri. Non si chiama questo amore? Quando siamo sintonizzati con l'intelligenza intrinseca della vita sappiamo come comportarci di fronte a qualsiasi accadimento, proprio come un seme. Sappiamo come vivere e come morire. Non c'è bisogno che qualcuno ci insegni. È la nostra natura a guidarci. Percorrere la via della leggerezza significa sintonizzarsi sulle frequenze di *ithea* e comunicare, attraverso l'intelligenza del cuore, con l'essenza vivente che esiste in ogni forma del creato; significa sentire e comprendere non solo intellettualmente, ma anche intuitivamente, la nostra unione con questa forza universale. Contemplare in silenzio un seme nella propria mano aperta, sentirlo attraverso il proprio cuore: non c'è nulla di più semplice, nulla di più difficile. Perseveriamo e pazientiamo in questo ascolto, finché la percezione di questa intelligenza non affiori con chiarezza nella nostra mente e divenga finalmente accessibile e comprensibile. Riappropriamoci del tempo per ascoltare il vento, per camminare nei boschi, per percepire il calore della luce del sole sulla pelle, per sentire l'odore del pane. Per arrivare a intuire *ithea* nel seme c'è bisogno che accada qualcosa di più profondo di una semplice osservazione: è necessario entrare in uno stato di contemplazione.

Osservare non è contemplare

È lo Spirito che dà la vita.

(Giovanni 6,63)

In lui infatti viviamo, ci muoviamo ed esistiamo.

(Atti degli Apostoli 17,28)

C'è una differenza sostanziale tra osservazione e contemplazione. Quest'ultima avviene quando coesistono tre elementi: una mente silenziosa, assenza di giudizio e assenza di definizione. Contemplare è osservare attraverso il silenzio della mente, senza che nessun pensiero né preoccupazione ci distolga da ciò che osserviamo. Normalmente la mente è occupata da migliaia di suggestioni, preimmagini, considerazioni e idee. Il celebre psicologo e filosofo statunitense William James sosteneva: "Molte persone credono di pensare, ma in realtà stanno solo riorganizzando i loro pregiudizi". Quando osserviamo qualcosa, la nostra mente filtra l'oggetto attraverso una serie di informazioni: esso viene interpretato in base a conoscenze, credenze e codici acquisiti che costituiscono ciò che crediamo essere la verità. Contemplare non significa solo sospendere pregiudizi e filtri attraverso cui interpretiamo ciò che osserviamo, ma anche sospendere il flusso di pensieri che costantemente abita nella mente. Il dialogo interiore sarà annullato e, con esso, ogni giudizio e definizione di ciò che si sta osservando. Nei bambini piccoli esiste uno stato pressoché co-

---

IL SILENZIO E LA NOIA, COMPAGNI DI SALUTE E DI COSCIENZA

Fin da quando siamo bambini, non ci è più consentito di rimanere soli con noi stessi. Sia in famiglia sia a scuola l'educazione non permette più di rimanere in silenzio: anche i più piccini devono impegnarsi continuamente in qualche attività, partecipare ai laboratori più bizzarri (molto apprezzati soprattutto dai genitori, che possono dedicarsi ai loro smartphone), essere membri di una squadra sportiva, integrarsi, comportarsi in modo educato con gli amici dei genitori, andare a scuola di inglese, a judo, in piscina, a danza... E spesso e volentieri nei weekend si trovano coinvolti in pranzi e cene infiniti, costretti a stare seduti a tavola per tempi innaturali, da saturare con gli immancabili suddetti smartphone. Nei rari pomeriggi casalinghi, la televisione o i videogiochi rapiscono ai bambini gli spazi che una volta erano occupati con la fantasia, la rêverie, lo sviluppo della coscienza della propria interiorità, la cura del proprio giardino interiore.

Oggi genitori e parenti fanno di tutto per evitare che il bambino si annoi, senza comprendere che proprio nella noia (sempre solo apparente) si cela il segreto contatto con la propria inesauribile e ricchissima interiorità.[46] È proprio nella noia, nel tempo vuoto, che il bambino può fiorire, maturare, avere accesso alle potenzialità infinite di risorse e immagini racchiuse dentro di lui. Ed è proprio in quella stessa noia e nel silenzio che hanno il tempo di sedimentare anche le conoscenze apprese a scuola, così da poter divenire realmente e proficuamente disponibili.

Oggi, fin dall'età più tenera, i bambini sono incoraggiati a essere piccoli adulti, logici, ambiziosi, competitivi, desiderosi di vincere, di apparire, quando invece la loro natura più autentica è quella di abitanti del mondo delle fiabe, della fantasia, della meraviglia, senza ansia da prestazione, con attenzione pura e disinteressata al momento presente. Il pensiero dominante è violento per tutti, ma sulla delicatezza dei bambini può avere un impatto devastante: l'educazione all'efficienza, alla performance, alla concretezza stronca gli slanci benefici e salutari di vita spirituale, così innati e potenti, soprattutto in questi piccoli grandi maestri.

stante di contemplazione. Il silenzio è una porta di accesso a questo stato indefinito, senza forme né limiti. Guardare le cose o guardarle attraverso il silenzio cambia profondamente l'esperienza. L'essere umano adulto comune vive in uno stato di costante definizione: definisce incessantemente se stesso e tutto ciò con cui entra in contatto. Alla base di questa compulsione vi è una radicale necessità di controllo. L'ignoto spaventa, e siamo più portati a condannare ciò che non conosciamo piuttosto che a sforzarci di comprenderlo. Se è vero che definire ci fornisce l'illusione di conoscere, è anche vero che equivale a limitare, a chiudere in uno spazio noto ciò che osserviamo. Contemplare è lasciare libero da ogni definizione l'oggetto osservato, sia esso qualcosa di concreto o astratto, come il vuoto, la luce, un'idea. Contemplare è osservare attraverso uno stato di purezza, che ci permette di accedere alla bellezza di *ithea*, forza interiore che governa corpo, emozioni, mente e coscienza. Armonia, bellezza e intelligenza: sintonizzarci significa rimanere alla presenza di queste tre correnti grandiose. Non è strano pregare spontaneamente per chi è consapevole della natura spirituale dell'esistenza.

La preghiera della gioia

Quando è stata l'ultima volta che ci siamo fermati a sentire la pioggia cadere? Ad ascoltarla senza una finalità, considerazioni, giudizi, obiettivi o previsioni?

Facciamo la spesa per mangiare, camminiamo per andare da qualche parte, corriamo per dimagrire, studiamo per sapere, ci relazioniamo per guarire un senso di mancanza, incompletezza o bisogno di accettazione e amore.

Come si fa a camminare per camminare, respirare per respirare, mangiare per mangiare, meditare per meditare, amare per amare, vivere per vivere? La via della leggerezza ci insegna a essere qui per essere qui, senza altri scopi o desideri.

Per molti di noi, meditazione e preghiera corrispondono ad azioni interiori che conseguono a bisogni precisi: per esempio, "dire a Dio cosa fare" o "chiedere a Dio ciò di cui si ha bisogno". Così, anche la meditazione può essere trasformata in uno strumento per ottenere illuminazione, chiarezza, benessere, gioia, realizzazione, libertà. Collocare la preghiera e la meditazione su un piano utilitaristico le priva della loro dimensione originaria. Meditare e pregare non appartengono al fare e non sottostanno a logiche di convenienza, ma sono proprie della consapevolezza dell'essere. Il resto sono semplici effetti collaterali, su cui, però, molti di noi si focalizzano. È come mangiare per poter andare di corpo, perdendosi – oltre al piacere di cucinare, al gusto dell'alimento, alla necessità di assorbire nutrienti e alla sacralità del cibo – il piacere di mangiare semplicemente per mangiare. Pregare è uno stato di coscienza in cui si permette al proprio cuore di manifestare amore, gratitudine, riconoscenza profonda e lodare il miracolo della vita, che tutto include. In questa dimensione non esiste la dualità bene/male, vero/falso. Nella propria mente cessa di esistere la pretesa di avere ragione, la necessità di cambiare le cose, la sensazione di essere incompleti, la percezione di un'ingiustizia (neanche nello stato di malattia o di morte incombente). Nella logicità della nostra mente è radicata la percezione della polarità, attraverso cui interpretiamo ogni cosa, anche il concetto e l'idea di Dio. Percezione che, tuttavia, appartiene esclusivamente alla nostra mente, dentro la quale si svolge la battaglia epocale e archetipica fra bene e male. Per entrare in un'esperienza di preghiera e meditazione è necessario superare questa condizione di dualità.

Riflessione sulla verità

Per la mente razionale un'evidenza non può essere, contemporaneamente, falsa e vera, eppure nella mistica e nelle tradizioni sapienziali antiche, come la corrente indovedica o il taoismo, la verità è concepita come ciò che permette anche alla falsità di esistere al suo interno. La verità è un foglio bianco nel quale può essere scritto ed espresso ogni pensiero, anche quello più terribile: sostiene e include tutto, non ha opposizioni e non ha opposto. Se prendiamo in considerazione la vita e i fenomeni che avvengono al suo interno, risulta facile comprendere che il giudizio e l'interpretazione di questi come giusti o sbagliati appartiene solo alla mente umana. La morte è giusta o sbagliata? Può forse apparire ingiusta nel caso di un bambino e quasi dovuta nel caso di un dittatore spietato, ma la morte, in se stessa, è neutra. Quando il fuoco attraversa un bosco, distrugge tutte le piante e gli animali che incontra. Questa sua potenza devastante può essere interpretata, attraverso la lente della mente polare, come negativa, ma, allo stesso tempo, osservando questa qualità attraverso un ordine superiore, comprendiamo come essa rinnovi il ciclo della vita.

La verità essenziale sostiene tutto e tutti perché non ha opposti. Questa presa di coscienza ci investe di una grandiosa leggerezza, non è più doveroso capire tutto e tutti e applicare necessariamente una logica di giustizia dovuta alla nostra visione limitata, parziale e duale. È questa lotta interiore che non ci permette di sperimentare uno stato di pace reale e duraturo. Ora è possibile una resa totale, un'accoglienza integrale della vita. Il pensiero razionale, che ha permesso il miracolo della tecnologia e al quale dobbiamo riconoscere grandi scoperte mediche e scientifiche, si basa sul concetto polare vero-falso. Su questo perno duale abbiamo vissuto per millenni, ritenendo che esistano un paradiso e un inferno, un Dio e degli angeli che lottano contro il demonio. Oggi siamo in grado di comprendere che la logica duale non può permetterci di scoprire e sperimentare la verità, poiché essa tutto contiene e a tutto ciò che dalla mente è costruito permette di esistere al suo interno, senza opposizione. Arrendersi al fatto che la verità non è l'opposto della falsità permette di uscire dal bisogno di decodificare, classificare, giudicare tutto e tutti, di controllare ogni esperienza e persona. Questa presa di coscienza permette di fare spazio in noi a una dimensione più intuitiva, dove, più che cercare di spiegare la vita, impariamo a viverla, e, se non è osare troppo, a esserla.

Il miele della gratitudine

La più semplice e potente preghiera a noi nota consiste in una sola parola: "Grazie".

Quando l'essere umano riesce a respirare e abitare la gratitudine, nella sua forma più pura e autentica, grato per il semplice fatto di esistere, di respirare, di camminare, di poter mangiare, bere, amare, sentire se stesso e gli altri, grato per la vita nella sua interezza, nella sua totalità, al di là di ogni polarità e giudizio, allora la gratitudine diviene la preghiera più potente che accoglie la vita e ci permette di amarla e sperimentarla nella sua bellezza completamente. La gratitudine è una finestra spalancata per poter essere totalmente presenti nel miracolo dell'esistere.

La preghiera non è solo un modo di amare: è una via per essere amore. Amato, amante, amore: incarnare simultaneamente tutte e tre queste condizioni.

"Grazie" significa avere fiducia nella vita. Quante volte una crisi, la fine di una relazione, un cambiamento lavorativo, un problema di salute che sembra insormontabile si è poi, con il tempo, rivelato non solo superabile, ma persino propizio per il nostro percorso? Aprirci alla gratitudine ci permette di osservare le situazioni da una prospettiva infinitamente più ampia.

Riflessione sulla fiducia fondamentale

Cosa significa fiducia fondamentale? Non si tratta di avere fede, o credere dogmaticamente e ciecamente in qualcosa o in qualcuno. Si tratta di sapere, di avere una consapevolezza profonda. Come facciamo a sapere che, proprio in questo momento, siamo svegli? Come facciamo a sapere che siamo vivi? Come facciamo a sapere che siamo esseri umani? Semplicemente perché lo siamo.

Lo stesso avviene per la fiducia fondamentale: è qualcosa che ci appartiene intimamente perché è legata a una consapevolezza profonda di noi e della nostra natura, che ci acco-

GRAZIE

- Grazie... Respiriamo questa parola al risveglio, a occhi chiusi, poi a occhi aperti.
- Grazie... Mentre guardiamo negli occhi le persone che incontriamo, mentre ci laviamo e sentiamo l'acqua che scorre sul corpo, perché abbiamo un corpo, e abbiamo la fortuna di poterlo percepire.
- Grazie... Mentre guidiamo, camminiamo, mangiamo, pensiamo, ascoltiamo, guardiamo, tocchiamo, baciamo.
- Grazie.

---

muna a ogni aspetto del creato. Una parte di noi sa che le caratteristiche intrinseche dell'essere, nella sua forma più pura, sono felicità, gioia, beatitudine, integrità, libertà. Per questo la priorità è consapevolezza di essere. Conquistato questo grado di coscienza, il resto sarà una conseguenza di ciò che autenticamente siamo, e ogni nostra decisione sarà non più la conseguenza di nostre mancanze, desideri, paure, ferite, bensì espressione dell'integrità, della felicità e dell'amore che siamo.

Come sarebbe il mondo se ognuno di noi compisse le proprie scelte non per ricercare la felicità, ma per esprimerla? Come cambierebbero le nostre azioni? Possiamo arrivare a tanto? Se sentiamo che è osare troppo, cosa ci spaventa?

Ringraziare è una scelta. È uno degli atti più rivoluzionari che possiamo compiere. Cosa è successo a Madre Teresa? Dove gli altri vedevano orrore, morte, povertà, malattia, disperazione, sofferenza, Santa Teresa vedeva compassione e amore. Siamo sempre liberi di scegliere di amare. Questa libertà è la grande paura che dimora in ogni cuore umano.

Il potere della gratitudine ci porta oltre ciò che è apparentemente giusto o sbagliato. Il dolore e la perdita di oggi sono la forza e l'integrità di domani. È assai limitata la prospettiva attraverso cui osserviamo noi stessi, gli altri e la vita. Abbiamo bisogno di elevarci, di osservare le esperienze da una panoramica trascendentale. La gratitudine ci riporta alla sobrietà. Non è impossibile come potrebbe sembrare. Proviamo a iniziare ora, dal respiro che stiamo facendo. "Grazie. Perché posso respirare, proprio ora." Quando scaliamo una montagna, non dobbiamo pensare a tutte le ore di cammino che ci aspettano, alle difficoltà, al possibile temporale imprevisto, alla paura di perdersi, ai lupi... Dobbiamo iniziare a camminare. La vita che ci è stata donata è nelle nostre mani.

Il saggio Saheb Ishwar Sahai disse che la preghiera è "una manifestazione di gratitudine a Dio per quanto riceviamo".[47] Il paradosso della preghiera consiste nel fatto che se trasformiamo la nostra attitudine interiore da richiesta di ciò di cui abbiamo bisogno a ringraziamento per ciò che abbiamo già ricevuto, creiamo in noi lo spazio per poter ricevere ciò di cui abbiamo davvero bisogno. Se in noi è presente la fiducia fondamentale, dovremmo ringraziare anche per ciò che ci è stato negato, poiché evidentemente, se non ci è stato concesso, è per il nostro bene supremo. D'altronde la fiducia, di questi tempi, risulta essere trasgressione massima.

Quando prendiamo la decisione di entrare nel sentiero della gratitudine e di farne la nostra preghiera della vita è bene che siamo totalmente e irrimediabilmente determinati. Non vi è nulla di apparentemente logico o razionale nel ringraziare per ogni esperienza, soprattutto per quelle negative. La nostra mente scalpita. La fermezza interiore è la base su cui fondare il coraggio di chi sceglie la preghiera della gratitudine. Diventare dono di se stessi.

STORIA ZEN

Un discepolo chiese al suo maestro: «Come faccio a raggiungere le vette dell'illuminazione?».

Il maestro rispose: «Facendo attenzione a mettere un passo dopo l'altro. A partire dal prossimo che farai».

Anche la gratitudine inizia da questo momento.

I tre cervelli

La teoria del cervello trino è stata elaborata dal medico statunitense Paul MacLean, ma sono stati soprattutto autori francesi che hanno commentato da un punto di vista psicobiologico e spirituale le conoscenze neurobiologiche sulla funzione del cervello: fra di essi, Henry Laborit, Christian Boiron e Gilles Placet.

Il cervello più arcaico, il cosiddetto cervello rettiliano, è comune a tutti i vertebrati. Situato alla giunzione fra cervello e midollo spinale, regola le funzioni respiratorie e circolatorie e i comportamenti salvavita basici: fuga, lotta, inibizione (l'animale che si immobilizza per fingersi morto o per segnalare la sua resa o non pericolosità). Il cervello rettiliano non ha istanze morali, nell'uomo governa la competizione feroce per la terra, per il cibo, per l'accoppiamento. Desidera che il corpo abbia tutto ciò di cui ha bisogno: cibo, acqua, riposo, sesso ed è soddisfatto quando queste esigenze sono appagate.

Il cervello limbico, che condividiamo con gli altri mammiferi, è quello delle emozioni: paura, rabbia, gioia, piacere, disgusto; è il cervello che guida (obbliga) la mamma a prendersi cura dei cuccioli, ma è anche quello degli automatismi, che da un lato ci facilitano la vita, ma dall'altro ci vincolano ad abitudini non necessariamente salutari. Desidera che si ripetano le esperienze e le emozioni piacevoli e vuole evitare tutto ciò che ha causato sofferenza. È attratto dalla bellezza esteriore. Ne consegue che le immagini pubblicitarie sono progettate per compiacere il cervello limbico.

Se viviamo limbicamente, se ci limitiamo a soddisfare i bisogni limbici, rischiamo di vivere sempre le stesse esperienze (errori compresi), di comprare sempre gli stessi oggetti, interpretare sempre le stesse reazioni, anche quando non hanno più ragione di essere. Queste reazioni coatte sono spesso causa di grande sofferenza nelle relazioni umane, in famiglia come sul lavoro, ma il cervello limbico oppone una grande resistenza a essere guidato da un'intelligenza superiore, a essere governato dalla corteccia cerebrale.

La corteccia cerebrale, la cosiddetta neocorteccia, è la sede delle funzioni cognitive e razionali, del linguaggio, della capacità di prevedere il futuro. La neocorteccia desidera intraprendere nuove esperienze, nuove avventure, scoprire nuove possibilità, vivere nuove relazioni. È attratta, intellettualmente e sentimentalmente, dalle persone che condividono lo stesso progetto. Ha a che fare con la passione, l'entusiasmo, l'amore e con il "problema difficile" dei neuroscienziati: la coscienza. Lascia che i cervelli inferiori provvedano alla sopravvivenza fisica e si occupa di altri bisogni, di compassione, di riconoscimento, di bisogno di accettazione, di considerazione da parte del clan familiare e sociale, per cui costruisce un'immagine di sé che faciliti questi riconoscimenti: mi comporto come la famiglia e la società desiderano per essere amato e accettato. Il problema è che poi ci identifichiamo così profondamente in questa immagine che la difendiamo rettilianamente, con la fuga, l'attacco (l'aggressività, il fanatismo religioso), l'inibizione: quando non vediamo nessuna soluzione alle difficoltà o ai conflitti familiari o sociali ci immobilizziamo, ci blocchiamo, ci chiudiamo in depressione. La malattia spesso è la soluzione. Mi ammalo, così posso finalmente pensare a me stesso. Mi ammalo, così gli altri si occuperanno finalmente di me: malattia come soluzione biologica di un conflitto altrimenti irrisolvibile; malattia come occasione di cambiare vita, di ribaltare il tavolo, per guarire e cominciare a vivere.

I cervelli rettiliano e limbico danno piacere, il piacere della pancia piena, del possedere, del vincere, il piacere del successo della nostra immagine. Ma il piacere si estingue man mano che lo si sperimenta. La felicità è un'altra cosa, viene dall'interno, è una condizione esistenziale di equilibrio, deriva dalla percezione di essere sulla strada della nostra realizzazione, di saper governare istinti ed emozioni. Si può provare piacere anche facendo del male agli altri, ma non certo felicità. Si può essere felici, invece, anche nella sofferenza, nella malattia. Una persona fisicamente brutta può essere felice, e una persona fisicamente molto bella può essere infelice. L'attaccamento al piacere non dà felicità, ma la felicità è compatibile con il piacere senza attaccamento.

Possiamo addestrare il cervello alla felicità (la plasticità delle reti neuronali lo consente) con la meditazione. Il cervello recepisce solo quello che le reti di comunicazione fra i neuroni sono pronte a recepire. Per ampliare la capacità di recezione è utile la pratica ripetuta di un mantra, di una preghiera, di una pratica yogica, meditativa, proprio come accade per un bambino, che sviluppa progressivamente le sue abilità motorie provando e riprovando, fino a quando, con successivi tentativi ed errori, stabilisce le giuste reti di comunicazione fra le cellule nervose che gli consentono l'abilità che cerca. Solo sviluppando opportune reti di connessione, con tentativi ed errori, riusciremo a incamminarci sulla strada della gratitudine, della libertà di perdonare invece che odiare, con il coraggio e la determinazione che richiede avventurarsi verso stati più elevati di coscienza.

IL CERBIATTO, UNA FIABA POPOLARE INDIANA

C'era un cerbiatto che, insieme a molti altri animali, aveva deciso di scalare una montagna altissima. La cima era inaccessibile agli occhi perché si trovava oltre le nuvole, in una dimensione invisibile e sconosciuta. Tutti gli animali erano attratti da ciò che poteva esistere al di là di quel velo di nubi. Tanti animali partirono per quel viaggio pieni di entusiasmo, ma, man mano che procedevano e il cammino si dimostrava impervio, molti si scoraggiarono. «Si farà presto notte, torniamo a casa al sicuro.» Alcuni tornarono indietro. Ma i più coraggiosi proseguirono. «Non proseguite, incauti! Ci saranno i lupi o gli orsi nel bosco.» Altri si fermarono prima della foresta in preda alla paura. Il cerbiatto, imperterrito e incurante, proseguì. Attraversarono la foresta e si fece sera. «Verrà la notte e con essa l'ombra oscura: ci perderemo. Fermatevi!» Di fronte alla paura di smarrirsi quasi tutti lasciarono il cammino verso la vetta. Il cerbiatto, imperterrito e incurante, proseguì. All'alba raggiunsero una radura, ma le nuvole impedivano di vedere oltre. Sembrava che il sole non dovesse mai più spuntare. Oltre quelle nuvole regnava solo l'incertezza. «Non vi è nulla oltre. Non ci sarà cibo né acqua. Morirete di fame e di sete. Diventerete folli e vagherete nel nulla sino a morire. Non proseguite.» I pochi rimasti si fermarono impietriti di fronte alla paura della morte e della follia. Il cerbiatto, imperterrito e incurante, proseguì. «Fermati» gridavano tutti i pochi animali giunti fino a lì. «Solo un folle potrebbe andare avanti.» Il cerbiatto, imperterrito e incurante, proseguì. Entrò da solo nelle nubi. Nient'altro che bianco e solitudine per un tempo indeterminato, che sembrava non dovesse mai avere fine. Il cerbiatto proseguì fino a che non ebbe esaurito ogni energia. Oltre le nubi, il cielo si aprì e un orizzonte sconfinato mostrò la sua bellezza. Il sole, radioso, sorrise alla vista di quel minuscolo essere solitario. Il cerbiatto proseguì fino alla vetta delle vette e, lì, si fermò a respirare. La meraviglia che si disvelò ai suoi occhi lavò via ogni stanchezza e ogni affanno. Si ammiravano in lontananza valli, monti, laghi, fiumi. E tutta la terra era rigogliosa. Da quell'altezza si poteva contemplare davvero ogni meraviglia. Respirava pieno di amore il cerbiatto che, imperterrito e incurante, era giunto fino in cima. Il suo difetto più grande era stato la sua più grande fortuna: era sordo.

Una preghiera trasversale alla vita

> Se tu lavori con buona intenzione, tu preghi con l'azione. Mentre tu lavori, tu puoi pregare e non te ne avvedi. Tu che fai la tua arte, se la fai bene, tu preghi sempre. Qualunque mestiere tu fai, se lo fai bene, preghi sempre: questa è la tua opera.
> Per questo è detto: non cessa di pregare chi non cessa di ben fare.
>
> (San Bernardino da Siena)

Nel cuore di un'anima consapevole tutto è preghiera.

Quando ringraziamo per gli alimenti che possiamo mangiare, il cibo viene trasformato in preghiera. Quando riconosciamo e rispettiamo il miracolo e la bellezza della vita, in noi stessi e negli altri, trasformiamo ogni essere in preghiera. Quando offriamo il nostro tempo e dedichiamo la vita per realizzare l'ideale in cui crediamo profondamente, trasformiamo quel valore nella nostra preghiera. Quando ci arrendiamo all'amore per un figlio e lasciamo che quell'amore ci guidi e ci insegni a trarre da noi la parte migliore, trasformiamo quel figlio in preghiera. Quando ci occupiamo degli altri disinteressatamente, quando ci curiamo che i nostri pensieri, le nostre emozioni e il nostro intimo sentire siano nobili e in armonia, stiamo pregando.

Preghiera come radice dell'uomo

> Pregare è quando tu parli e Dio ti ascolta, meditare è quando Dio parla e tu ascolti.
>
> (Anthony Elenjimittam,
> discepolo diretto di Gandhi)

Il concetto di preghiera è spesso superficialmente associato a una pratica religiosa anche un po' bigotta. Parlare di preghiera come cibo quotidiano potrebbe sembrare anacronistico, associazione lontana ed estranea alla vita di oggi.

Tuttavia, nel corso della storia, prima di ogni impresa significativa, l'uomo ha sempre pregato. Re, consoli, condottieri, poeti, esploratori, innovatori, rivoluzionari, geni, scienziati: si tratta di sapersi connettere all'invisibile, rendersi disponibili e lasciarsi ispirare da ciò che per sua natura è "oltre". Anticamente non solo coloro che gestivano la cosa pubblica usavano invocare l'aiuto degli dei prima di ogni atto e decisione, ma anche oratori e poeti chiedevano assistenza, protezione e ispirazione alle Muse, riconoscendo che dall'invisibile può arrivare il sostegno necessario per realizzare ciò che l'uomo con le sue sole forze non potrebbe. In un tempo in cui la poesia era considerata sacra (la parola "vate" equivaleva a profeta, colui che è "ispirato dall'alto"), l'invocazione dei poeti alle Muse era preghiera e l'ispirazione che ne derivava era la risposta.

O Muse, o alto ingegno, or m'aiutate... (Dante, *Divina Commedia, Inferno, Canto II*)

Musa che di ciò sai le ragioni, tu me le detta... (Virgilio, *Eneide*)

Cantami, o diva, del Pelide Achille l'ira funesta... (Omero, *Iliade*)

Invocare e rendersi disponibili all'invisibile, iniziando un colloquio con esso, è un aspetto della preghiera. Nell'antichità un profondo senso sacro pervadeva la vita, e ogni azione era un mezzo per celebrare questa sacralità. In passato c'era la consapevolezza che il contatto con le dimensioni superiori invisibili è alimento, stimolo e nutrimento fondamentale per sviluppare quei sensi interiori che permettono di accedere alla percezione della bellezza ed essere suoi canali. Pregare consiste nel mettersi in uno stato di vibrazione capace di trasformarci in un'antenna che riceve e trasmette informazioni dall'invisibile.

Guardando a Ippocrate, anche la scienza medica affonda le sue radici nell'ispirazione invisibile, senza limitarsi a uno scetticismo materialista.

Per le anime elevate e le coscienze aperte sia la scienza

sia la religione sono preghiera. Ma la mente dell'uomo e la sua rigidità hanno spesso trasformato la verità scientifica in un dogma e la religione in esaltazione. Molte delle verità scientifiche di appena trent'anni fa sono state messe in discussione, se non superate. La necessità di essere in possesso di una verità assoluta fa perdere all'essere umano la dimensione di sobrietà, umiltà e semplicità con cui dovrebbe affrontare l'invisibile e vivere la vita.

La preghiera rimane la voce della più alta espressione della spiritualità umana, indipendentemente da appartenenza religiosa, culturale, casta, credenze, usi e costumi del proprio pregare poiché, rivolta a una statua, a un santo, a una reliquia, a un Dio con o senza forma, all'amore, al silenzio, alla bontà, alla vita, a una persona o all'astratto più assoluto, la preghiera è comunque ponte di connessione con la realtà essenziale della vita, che rafforza l'intimo rapporto con la grandezza e la bellezza di essa.

La preghiera è un fenomeno umano reale che ci riguarda da sempre. I modi di pregare sono cambiati nel corso dei millenni e oggi esistono nuove forme di pregare che rispondono a nuove identità e contesti. Pregare è sempre attuale, a cambiare è il nostro senso di identità e il modo in cui lo esprimiamo.

IL GIURAMENTO DI IPPOCRATE[48]

Questo celebre giuramento, fondamento ideologico dell'arte medica, è un'ode di gratitudine verso i maestri che si sono fatti tramite e testimoni di saggezza e conoscenza, nonché una preghiera che dichiara l'intenzione di bene pensare e agire.

> Per Apolline medico, ed Esculapio, ed Igea e Panacea, con giuramento affermo, e gli Dei tutti e le Dive chiamo in testimonio, che io, per quanto saran valevoli le mie forze e il mio senno, interamente osserverò tutto quello di che ora do giuramento e promessa in iscritto. Che

il precettore in vero, che m'apprese quest'arte, in luogo io terrò de' parenti, ed a lui non che al vitto, all'uso le necessarie cose sarò per comunicare, e somministrerò. E che i di lui posteri saranno egualmente appo me tenuti, che fratelli germani; e che a loro, se talento avessero d'apprendere quest'arte, insegnerò senza mercede, e senza obbligo in iscritto. Degli insegnamenti pure, e delle lezioni e del rimanente di tutta la disciplina, siccome i miei proprii ed i figli di lui, che m'ha ammaestrato, altresì que' discepoli, i quali il nome loro e la loro parola obbligheranno con medico giuramento, avrò meco a parte; niun altro estranio.

Una maniera eziandio di vitto, per quanto colla facoltà potrò conseguire e col senno, utile agl'infermi sarò per prescrivere; né, mosso da preghiera di alcuno, porgerò medicamento letale a persona, né l'autore io sarò di cotanta nequizia. Né per simil ragione a donna alcuna un pessario appresterò supposto a corromperne il feto; ma casta e monda d'ogni scelleranza sì la mia vita sempre serberò, come l'arte.

Non farò poi tagli a chi soffre il male de' calcoli, ma cederò quest'ufficio ai maestri di tal'arte saputi.

In qualunque famiglia poi m'avvenga d'entrare, v'entrerò pur sempre a salute degli egri, ogni sospetto schivando di portar onta e corruttela, e specialmente di appetito libidinoso riguardo alle donne, ed a' maschi non meno, che riguardo agli ingenui ed agli schiavi.

Di ciò poi, che nelle cure, od eziandio non medicando, nel comune degli uomini avrò veduto od udito che menomamente divulgar si convenga, non farò motto alcuno, arcana cosa stimandola.

Se impertanto questo mio giuramento osserverò religiosamente, né lo renderò vano, possa io con somma estimazione appo gli uomini ognora menar felici i miei giorni, e ritrarre amplissimo frutto dell'arte; che se violerollo, e ne sarò spergiuro, mi colga il malanno.

Il ritmo sacro della vita

Ognuno di noi sta pregando attraverso la sua vita, anche se non ne è consapevole. La vita che pulsa in noi è un atto di amore universale. Anche il battito del cuore è una preghiera.

L'essere umano è costantemente immerso in una ciclicità permanente: giorno-notte, sonno-veglia, buio-luce. Persino il respiro ci racconta di come la vita, in questa dimensione, sia in apparenza legata alla ciclicità: inspiro ed espiro. Anche il sangue scorre ciclicamente attraverso una contrazione e un rilassamento del cuore. Il sangue sale e scende di continuo, così come il respiro. Questa ciclicità può essere la porta di ingresso per la preghiera, un flusso costante di attenzione e meditazione rivolto alla bellezza della vita. Questo segreto era stato compreso dagli antichi *rishi*, i saggi che vissero millenni fa e diedero vita alla tradizione millenaria dei *veda*. La parola mantra, per esempio, deriva dal sanscrito *manas* (o *manah*, mente) e *trayate* (liberare): spiega, infatti, come liberare la mente attraverso la ripetizione ciclica di una formula composta da parole o suoni ripetitivi. La ripetizione di una formula o di suoni permette alla mente di focalizzarsi su un concetto, un'idea o una forma (interna o esterna al corpo fisico: un sole radiante, l'amore, il silenzio, una forma che rappresenta per noi la divinità, la luce, la vacuità, lo spazio, un'immagine sacra, un simbolo ecc.). Tutti gli altri pensieri vengono rimossi e, con essi, anche le impressioni, le idee e le emozioni che ne derivano. I mantra sono un modo semplice ed efficace per rendere libera e quieta la mente. Inoltre, concentrandoci completamente su un oggetto di attenzione, entriamo in intima comunione con la sua essenza e le sue caratteristiche intrinseche. Per esempio, se meditiamo sul Sole, quando la meditazione sarà profonda entreremo in intimità con ciò che il Sole rappresenta: dispensatore universale di luce, calore e vita. Questo intimo contatto stimolerà quegli aspetti di noi che esprimono qualità similari a quelle di una stella: la nostra capacità di riscaldare, di portare chiarezza, luce, calore alle persone, nelle situazioni e in noi stessi.

Il mantra è un modo di pregare così come lo è la ripetizione delle preghiere cristiane (per esempio il rosario) o la ripetizione dei versetti del Corano. Ciò che conta in questa forma di preghiera è la ciclicità, perché quando essa entra in questa circolarità diviene viva. Legare la preghiera al respiro significa stringerla alla circolarità della vita. Quando diveniamo capaci di legare la preghiera al respiro, la mente cessa il suo costante dialogo interiore fatto di pensieri, idee, impressioni, giudizi, considerazioni, definizioni, rimuginii, e diviene quieta. A quel punto possiamo sintonizzarci in maniera profonda con la bellezza della vita, sperimentando una leggerezza senza eguali, quella dell'essere. Per essere leggeri, leghiamo la preghiera al respiro e facciamola divenire costante, mentre camminiamo, lavoriamo, ci laviamo, parliamo, ci relazioniamo, fino a entrare anche nel sonno della notte.

L'uomo che prega con il cuore (e non si limita a ripetere meccanicamente formule prefabbricate) innalza la propria vibrazione fisica, vitale, emozionale, mentale e spirituale traendo grande beneficio e migliorando tutto il tono dell'essere.

L'intera vita è preghiera, quando diviene atto di presenza di fronte alla bellezza dell'essere, in ogni sua forma. Pregare è un atto di disponibilità e riconoscenza verso l'esistenza, in ogni sua manifestazione. Pregare è riscattarsi dall'inconsapevolezza di vivere impegnati e distratti dai pensieri e dalle preoccupazioni del fare, dai fantasmi del passato e dalle paure del futuro. Pregare è essere presenti nel miracolo della vita e riconoscerlo.

L'uomo che non è intensamente presente a se stesso non prega, perché non si dona. Anthony Elenjimittam, ultimo discepolo di Gandhi, ripeteva spesso che vi è una sostanziale differenza tra la meditazione intesa come atto puntuale (la pratica meditativa) e lo stile di vita meditativo, un flusso di coscienza costante verso l'infinito. Perfino la rabbia, se abitata consapevolmente con il fuoco dell'amore, diviene una preghiera.

Anche la fatica è preghiera, se offerta come tale. La preghiera consiste nella purezza dell'intenzione e nello spirito con cui si dona, più che nel valore di ciò che si dona. Ogni istante può essere trasformato in un dono del cuore, anche le miserie, le debolezze, le necessità.

Simbolismo del dono

La preghiera è dono di se stessi. Ed è donando che si crea lo spazio per poter ricevere.

Il dono ha un antico valore simbolico nelle tradizioni sapienziali, sia orientali sia occidentali. Il dono portato ai piedi dei maestri o di ciò che rappresentava la divinità, per esempio, aveva un intenso valore simbolico ed energetico.

Quel gesto rituale, quel saper dare attraverso il cuore, ha una funzione psicologica molto profonda. Il fenomeno che si ricerca attraverso di esso è una magnetizzazione o polarizzazione: si diviene un polo magnetico, si crea intenzionalmente un vuoto che attrae, perché attraverso quell'atto creiamo in noi lo spazio per poter ricevere. Se osserviamo i devoti di ogni religione mentre porgono l'offerta alla divinità o le udienze con i sovrani e i potenti della Terra, noteremo che il dono portato ha innanzitutto un valore simbolico profondo. Non è un semplice atto di cortesia, ma affonda le sue radici nella consapevolezza che, per ricevere, bisogna prima saper donare.

Comunque si rivolga la propria attenzione all'assoluto, qualunque forma o nome si utilizzi, ciò che conta è la purezza dell'intenzione. Dio, Krishna, Ishwara, Brahman, Shiva, Osiride, Ra, Zeus, Allah, l'Uno, il Tutto, l'Altissimo, la Causa Prima, la Mente Suprema, l'Onnipotente, il Creatore, la Fonte... Il nome usato è stato per gli uomini anche motivo di contrasti e lotte. I popoli ancestrali invocavano le forze della natura.

L'infinito, per definizione, non può essere definito. Nonostante questa evidenza gli uomini lottano per far prevalere l'idea specifica che hanno di Dio. A questo livello evolutivo Dio può essere percepito, e non compreso, attraverso

PREGHIERA SEMPLICE

Questa preghiera cristiana venne pubblicata per la prima volta in Francia nel 1912, nella rivista ecclesiastica "La Clochette", fondata da Padre Esther Bouquerel. Il testo, anonimo, era in francese, e si intitolava *Belle prière à faire pendant la messe*. È erroneamente attribuita a San Francesco.

O Signore, fa' di me uno strumento della tua Pace:
Dove è odio, fa' ch'io porti l'Amore.
Dove è offesa, ch'io porti il Perdono.
Dove è discordia, ch'io porti l'Unione.
Dove è dubbio, ch'io porti la Fede.
Dove è errore, ch'io porti la Verità.
Dove è disperazione, ch'io porti la Speranza.
Dove è tristezza, ch'io porti la Gioia.
Dove sono le tenebre, ch'io porti la Luce.
O Maestro, fa' ch'io non cerchi tanto:
Essere consolato, quanto consolare.
Essere compreso, quanto comprendere.
Essere amato, quanto amare.
Poiché è
Dando, che si riceve;
Perdonando, che si è perdonati;
Morendo, che si resuscita a Vita Eterna.

una forma mentale. Ciascuno scorge la cima della montagna dalla posizione in cui si trova. Perciò non solo tutti hanno ragione senza avere ragione, ma voler avere ragione è una cosa da matti. Nel mondo della relatività e della transitorietà delle forme in cui l'essere umano vive abitualmente l'umanizzazione del concetto di Dio ha creato un'immagine simile all'essere umano: abbiamo dato un corpo alla sostanza, essenza e causa di tutto l'esistente, escludendo le altre forme e ciò che esiste al di là di esse. Ogni forma è un modo di essere nella sostanza e può essere un modo per aver accesso all'esperienza di essa. Qualsiasi forma utilizziamo per definire Dio, anche quando ci rivolgiamo a Lui come l'indefinibile, risulta essere pur sempre un modo della mente limitata per poterlo sentire e concepire. Se Dio, o come preferiamo chiamarlo, non può realmente essere definito, pur tuttavia può essere amato. Apparentemente invisibile nella sua essenza, eppure manifesto nelle sue infinite forme della meravigliosa natura, del mondo delle emozioni, delle idee e dei pensieri, attraverso le situazioni e le relazioni.

Come pregare per liberarsi da ogni peso

> Quando tu preghi, entra nella tua camera, chiudi la porta e prega il Padre tuo, che è nel segreto; e il Padre tuo, che vede nel segreto, ti ricompenserà. Pregando, non sprecate parole come i pagani: essi credono di venire ascoltati a forza di parole. Non siate dunque come loro, perché il Padre vostro sa di quali cose avete bisogno prima ancora che gliele chiediate.
>
> (Matteo 6,6-8)

"Entra nella tua camera e chiudi la porta" significa ritirare l'attenzione dai canali dei sensi, attraverso cui la nostra consapevolezza viene dispersa nella percezione delle infinite forme transitorie del mondo esterno. È necessario invertire la corrente di attenzione e percezione che normalmente viene canalizzata attraverso vista, udito, olfatto, tatto, gusto per focalizzarla nel centro del nostro essere. Quando parliamo e indichiamo noi stessi ci tocchiamo all'altezza del cuore: è lì che risiede il nostro senso di identità più profondo. Quella è la nostra "camera". Entrare nel cuore significa arrivare nell'umiltà e semplicità, spogli di ogni sovrastruttura, senso di possesso e compulsione legati al fare e all'avere, al cospetto di quel senso primo ed essenziale di identità privo di definizione e forma. Nel silenzio.

Non abbiamo bisogno di fare e avere, per poter esistere. Generalmente ci identifichiamo con ciò di cui ci occupiamo: sono un avvocato. Sono un giornalista. Sono un muratore. Sono un artista... Raccontiamo cosa facciamo per spiegare chi siamo. Ma l'essere non ha bisogno di fare. Spesso confondiamo il fare con la nostra identità perché ci identifichiamo nell'azione e nella forma. Ma ciò che siamo può essere percepito in ogni momento e in ogni luogo, in qualunque circostanza. È sufficiente entrare nella nostra "camera" in silenzio e semplicità e avere il coraggio e l'umiltà di ascoltare. Senza aspettative, definizioni, preimmagini, idee, credenze. Liberi.

Una volta dentro quella "camera" non resta che capire come "chiudere la porta". Chi pratica meditazione acquista nel tempo, attraverso la costanza e la pazienza, la capacità di ritirare i sensi dalle distrazioni del mondo, che influenzano e modificano la quiete della mente, e sperimentare lo stato di silenzio interiore, ovvero la sospensione di ogni pensiero, idea, impressione, attività mentale, quando il dialogo presente nella nostra mente che interpreta, definisce, giudica, riflette viene annullato. Ritirare l'attenzione e la consapevolezza dai sensi e riassorbirla in se stessi, nel proprio senso di identità essenziale, è la chiave di accesso a esperienze profonde e rigeneranti, che rappresentano la condizione necessaria e imprescindibile per poter pregare nel cuore. Questo è il luogo ideale dove poter stare in santa pace. Non si tratta di semplice concentrazione: è dissolversi nella luminosa presenza che abita l'intimità del nostro cuore.

Il luogo della preghiera

Noi siamo infatti il tempio del Dio vivente.

(San Paolo, Seconda lettera ai Corinzi 6,16)

Non c'è bisogno di un luogo di culto quando si prega in questo modo. Il nostro cuore è il tempio perfetto. Ed è già qui. L'idea di pregare in posti particolari si è sviluppata in tempi remoti, quando l'uomo iniziò ad allontanarsi dalla "veste di Dio", il modo in cui in Oriente si chiama la natura. Nel mondo arcaico, infatti, i templi erano le montagne, le grotte, l'immensità del cielo e del mare. Nei tempi remoti dei Veda l'uomo venerava il fuoco, il vento, l'acqua, il tuono, la terra e ogni fenomeno della natura. Quando Gesù disse che in futuro non sarebbe più stato necessario andare a Gerusalemme per adorare Dio[49] si riferiva al momento in cui nell'uomo lo stato di coscienza sarebbe stato così elevato da fargli comprendere che ogni presente, se vissuto consapevolmente nel cuore, è il tempio perfetto. L'idea di pregare in luoghi particolari è nata quando l'essere umano si è perso nel mondo e ha iniziato a cercarsi fuori da sé.

La preghiera del cuore ha un carattere personale. Tuttavia per essere completa dovrebbe includere simultaneamente tre dimensioni: fisica, emozionale e mentale. Si dovrebbe pregare con la mente, con il cuore e con le parole, dando voce al sentimento e all'idea più elevata che esiste in noi.

Si può pregare in questo modo ovunque e in ogni momento, dal centro del proprio cuore, il punto d'appoggio più saldo della vita.

I LUOGHI DEL VERO BEN-ESSERE

L'università di Harvard ha recentemente analizzato gli effetti sulla mortalità della frequentazione di luoghi religiosi. Nel grande studio prospettico delle infermiere americane – 120.000 infermiere reclutate 40 anni fa e seguite periodicamente con questionari sullo stile di vita e con la registrazione delle patologie che sviluppano e delle cause di morte – era stata fatta anche una domanda su quante volte andavano al tempio, fosse esso una chiesa cattolica o protestante, una sinagoga, una moschea o altro: mai o quasi mai, meno di una volta a settimana, una volta a settimana, due o più volte a settimana. A parità di età e di ogni fattore noto che influenzi la mortalità (tabacco, alcol, stile alimentare, reddito familiare, presenza di malattie al reclutamento, indicatori di supporto sociale), la frequentazione del tempio due o più volte a settimana è risultata associata a una riduzione della mortalità del 33%.[50] Un'osservazione non prevista, serendipica, dello studio è stata che la protezione era significativamente maggiore per le donne afroamericane che per le donne bianche: gli autori dello studio non fanno alcun commento, ma viene da pensare che la differenza possa essere dovuta al fatto che le donne nere, quando vanno al tempio, cantano, e quando si canta non si pensa, ci si concentra sul canto, ci si lascia andare al canto, si libera la mente, proprio quello che sembra tanto difficile ai meditatori principianti. Gli autori dello studio non commentano nemmeno sui meccanismi che possono spiegare in che modo partecipare ai servizi religiosi possa ridurre la mortalità, ma studi precedenti avevano evidenziato che la frequentazione del tempio è associata a un ridotto stato infiammatorio (PCR più bassa in chi frequenta il tempio) e che il benessere spirituale (a parità di frequentazione di luoghi religiosi) è associato a più bassi livelli di PCR, pressione arteriosa e glicemia.[51]

IL PAVAMANA MANTRA

Nella filosofia indù, Pavamana è uno dei tre fuochi nati da Agni, e significa "purificatore", ma anche "puro". Questo mantra si trova nella *Brihadaranyaka Upanishad* (in sanscrito *Bṛhadāraṇyaka Upaniṣad*), una delle principali e antiche *Upanishad* della cultura vedica, che risale presumibilmente al 700 a.C.

Asatō mā sadgamaya
tamasō mā jyōtirgamaya
mr̥tyōrmā amr̥taṁ gamaya
Om śāntiḥ śāntiḥ śāntiḥ

(Br̥hadāraṇyakopaniṣat 1.3.28)

Dall'irreale conducici al Reale,
Dalle tenebre portaci alla Luce,
Dalla morte guidaci all'immortalità,
Om Pace Pace Pace.

8

La cura del bosco

> Troverai più nei boschi che nei libri.
> Gli alberi e le rocce ti insegneranno cose che nessun maestro ti dirà.
>
> BERNARDO DI CHIARAVALLE

Camminare è ode alla creazione, quando abitiamo ogni passo con il nostro cuore e con tutto il nostro essere e lo rischiariamo con la luce che risplende nella nostra coscienza.

Camminare dentro un bosco secolare, in particolare, è un'esperienza che ogni persona dovrebbe fare per alcune ore almeno una volta all'anno. Il bosco è un maestro. Ci spoglia lentamente, senza che ce ne rendiamo conto. Mentre avanziamo, passo dopo passo, la nostra mente si denuda: cadono le foglie dei pensieri, cadono i veli delle preoccupazioni, anche quelli più intimi. Solo a quel punto ci si accorge che è nudo anche il bosco, vestito solo della sua bellezza. Se osserviamo il ciclo della vita di una comunità di alberi possiamo comprendere, grazie a immagini molto potenti, la fallacia del funzionamento del pensiero duale e la verità dell'interconnessione profonda fra tutti gli esseri. Più studi scientifici hanno documentato che camminare nel verde migliora l'umore e riduce il rischio di sviluppare una sindrome depressiva.[1] Chi è seriamente depresso, tuttavia, non ha alcuna voglia di muoversi, se ne sta a letto al buio anche per giorni interi. Accompagniamolo a camminare nel verde!

I medici giapponesi prescrivono i bagni nella foresta (*Shinrin-Yoku*), passeggiate di quattro ore in percorsi di foresta di circa cinque chilometri su sentieri ampi e ben indicati, per ridurre lo stress e per curare una varietà di patologie, in particolare depressione e ipertensione, ma anche diabete e obesità. Gli studi mostrano che la pratica dei bagni nella foresta riduce la frequenza del polso e la pressione arteriosa, mentre aumenta la variabilità del ritmo cardiaco e migliora la funzionalità cardiaca anche in pazienti con malattia coronarica. Inoltre riduce lo stato infiammatorio, e sedute ripetute di bagni nella foresta sono in grado di regolarizzare la glicemia in pazienti diabetici e di migliorare significativamente i sintomi di depressione.[2]

L'organismo bosco, dove vita e morte lavorano a un progetto comune[3]

La fogliazione è sempre una fase delicata per la pianta, che teme di prendere freddo, se raggiunta da una grandinata o da una gelata improvvisa. Le foglie di una pianta non nascono mai in modo casuale: il matematico Leonardo Fibonacci, che le studiò, notò come nella loro struttura sia presente la sezione aurea, la stessa che modula l'edificazione di costruzioni grandiose, come chiese e templi. Fibonacci elaborò anche un calcolo specifico che definisce l'inclinazione che il picciolo di una foglia ha per evitare l'ombra delle altre foglie, una formula matematica alla base della struttura della pianta, che denota particolare armonia, e che è stata ispirazione per la costruzione di chiese, sale capitolari o sale di scrittura di vari monasteri (come per esempio lo Scriptorium del Monastero di Fonte Avellana, a Serra Sant'Abbondio, Pesaro Urbino). Nessuna foglia deve ombreggiare l'altra, quindi tra le foglie, oltre che tra le stesse piante, vige una fuga dall'ombra: tutti gli organismi della pianta cercano il sole per dare vita ai meccanismi di fotosintesi, ampiamente studiati. Più misterioso, invece, è ciò che succede quando la foglia cade, diventando la prima sostanza fertile del bosco, quale nutrimento costante per la terra. Persino le piante sempreverdi perdono le foglie, anche se può sembrare paradossale: se visitiamo un bosco di lecci, per esempio in Sardegna (noti soprattutto Is Cannoneris, nella Sardegna sudoccidentale e il bosco di Marganai, che si sviluppa fra i comuni di Iglesias, Domusnovas e Fluminimaggiore), ci accorgeremo che in terra sono presenti delle foglie. Il bosco, infatti, ha bisogno delle foglie anche nel suo habitat: le foglie sull'albero nutrono il singolo elemento, mentre le foglie a terra nutrono tutto il bosco, creando sostanza fertile (*humus*) per l'insieme degli alberi, grazie a una sorta di lettiera (strato di foglie). La pianta che produce più foglie tra le latifoglie europee è il faggio: questa caratteristica gli consente di avere uno strato di foglie a terra sempre molto spesso che forma una sorta di cappotto sul terreno e che, trattenendo l'umidità, permette alla pianta di avere a disposizione acqua per sopravvivere e per nutrirsi di minerali. In questo modo il terreno rimane sempre fertile, in un ciclo continuo alimentato dal fogliame e da ciò che la pianta stessa produce.

Il senso delle foglie cadute

Quali possono essere le "foglie" nella vita degli esseri umani? Quelle attaccate ai rami sono i nostri figli o i nostri progetti, che ci permettono di captare luce e informazioni, prosperità, di esprimere valori, di alimentarci. Le foglie a terra possono essere intese come i nostri progetti non andati a buon fine, quelli che noi consideriamo fallimenti, gli errori che ci permettono di crescere, gli sbagli, le esperienze che dobbiamo lasciare andare e che metaforicamente creano una lettiera, la quale contribuisce alla nostra struttura. In ogni caso, tutte le "foglie" che noi creiamo hanno una funzione: sono la base fertile su cui continuare a crescere.

Abbiamo ormai compreso da tempo che l'errore è una modalità di apprendimento, gli sbagli fini a se stessi non esistono: esistono invece opportunità, tentativi, tappe fondamentali di un processo di apprendimento. Quando la nostra intenzione non è adeguata, dobbiamo tornare dentro di noi, ripensare l'esperienza, crescere e poi esprimerci di nuovo con una modalità che è stata nel frattempo affinata. Questo permette di crescere. La lettiera è ciò che abbiamo dovuto scartare, ma che continua a nutrirci.

La funzione vitale di ciò che muore

Il termine botanico scientifico necromassa definisce il ruolo futuro delle parti vegetali morenti: quando cessa la sua esistenza biologica, un albero inizia una vita ecologica, che si manifesta successivamente a quella biologica. In questo stato l'albero è morto, ma continua, a suo modo, a svolgere una funzione vitale per l'organismo bosco.

Ugualmente, quando l'uomo lascia il corpo, può continuare a essere importante per la comunità, permettendone un accrescimento grazie, per esempio, al lavoro che ha svolto in vita.

Il significato delle azioni che svolgiamo nella vita, e ciò che resta dopo la nostra morte fisica, è la nostra filiazione ecologica, simile a quella della pianta che si proietta nel futuro grazie a gemme, semi, ma anche foglie cadute.

Dominanti, dominati e sottomessi

In natura ogni albero può essere suddiviso in tre categorie: dominanti, dominati e sottomessi. Il sottomesso ha più possibilità del dominato di morire, però ha una funzione necessaria. In presenza di fenomeni atmosferici estremi, come una tromba d'aria o un incendio, per esempio, sono proprio i sottomessi a sopravvivere e a riformare la comunità, poiché subiscono meno danni. In queste circostanze essere più piccoli diventa un vantaggio. In condizioni di normalità, tuttavia, i sottomessi hanno vita difficile, poiché sono i primi a essere aggrediti dagli animali. Alcune piante, finché sono sottomesse – quindi esposte ai rischi dei morsi degli animali erbivori – sviluppano foglie più dure con spini dentati ai lati, come l'agrifoglio o il leccio. Oppure nel momento in cui vengono morse riescono, con meccanismi interni misteriosi, ad aumentare nelle foglie la quantità di tannino, sostanza dal sapore particolarmente sgradevole, che scoraggia l'erbivoro dal proseguire il pasto. Alcuni studi[4] testimoniamo che le piante provano anche paura: se si entra in un bosco con una motosega e si inizia a tagliare tronchi o rami, in tutti gli alberi della zona aumenta il tannino, che può essere considerata la sostanza che indica maggiormente una sensazione provata dalla pianta.

ALBERI, MAESTRI DI VIRTÙ

Nella classificazione tradizionale degli alberi cosmici dei monaci camaldolesi, ogni albero idealmente insegna qualità specifiche, che possono essere riassunte come di seguito: l'ulivo trasmette la generosità, il bosso la perseveranza, l'abete bianco la sapienza, il mirto l'eleganza, il cedro la robustezza, il biancospino il senso di protezione.

Una delle interpretazioni degli alberi sacri e delle rispettive caratteristiche giunte fino a noi è presente sulla Porta Bella (in latino *Porta Speciosa*) del Sacro Eremo di Camaldoli ed è tratta dal *Liber Eremitice Regule* del Priore del Sacro Eremo Rodolfo, risalente al XII sec.

Il testo latino, impresso sulla pietra collocata sulla parte esterna, così recita: "Quando avrai posseduto questi alberi della vita solitaria, subito arriverai alla perfezione dell'amore" (LER XLVII, 1).

Il testo impresso sulla parte interna, ugualmente in latino, specifica che agli alberi sopraccitati se ne aggiunge un settimo, l'olmo: "Tu dunque sarai cedro per nobiltà di sincerità e santità, biancospino per puntura di correzione e di penitenza, mirto per discrezione di sobrietà e temperanza, ulivo per gioia di pace e di misericordia, abete per altezza di meditazione e di sapienza, olmo per opera di sostegno e pazienza, bosso per modello di umiltà e perseveranza" (LER XLVI, 21).

Fuga dall'ombra o fame di luce?

Il bosco è come una comunità, un insieme di viventi, in cui gli alberi determinano la luminosità, l'umidità, le temperature. Ma la caratteristica specifica di queste onorevoli creature si manifesta nella fuga dall'ombra. Affermare che gli alberi concorrono tra loro per arrivare alla luce è un'osservazione plausibile, ma non completa: in realtà gli alberi fuggono dall'ombra fino a quando non riescono a raggiungere, attraverso tutte le loro funzioni meccaniche derivanti dalla circolazione della linfa, una condizione di stabilità. Una volta raggiunta questa stabilità, non hanno bisogno di andare oltre.

Immaginiamo questa modalità di crescita applicata all'economia. Quando abbiamo soddisfatto il nostro bisogno personale, ovvero abbiamo raggiunto la nostra stabilità, possiamo rilassarci: la fame è placata, non c'è alcun bisogno di crescere a dismisura, alterando tutto il nostro sistema, in una corsa infinita e frustrante indotta dalla cupidigia.

In natura, quando un albero raggiunge la quantità di luce necessaria allo sviluppo rallenta la sua attività, anche per preservare la propria energia mentre l'uomo, ormai scagliato lontano da questa armonia, non riesce più ad adeguarsi a questi principi. Anche sotto questo punto di vista il bosco è un maestro: quando riusciamo a uscire dalla pesantezza dell'ombra e raggiungiamo la luce non c'è bisogno di continuare a sforzarci incessantemente, possiamo trovare soddisfazione e godimento. "Beato chi si accontenta" non significa vivere di stenti: è una delle otto virtù dei *Sutra* di Patanjali, non racchiude un aspetto passivo di rassegnazione, piuttosto significa godere di ciò che si ha, una volta giunti alla luce e alla consapevolezza della vita, senza accumulare ricchezza, poiché questo sistema condurrà a pesantezza e insoddisfazione perenne.

È comprovato che i beni di consumo non aumentano la felicità e la soddisfazione. Quanti di noi hanno la vasca idromassaggio a casa? O la tv al plasma? Di questo tipo di beni ci stanchiamo presto, mentre i beni legati alla creatività, alla cultura, alla musica, sono inesauribili: più ne fruiamo, più aumenta la soddisfazione di poterne godere.

La pazienza dei dominati

Quando le piante sono riuscite a fuggire dall'ombra per trovare la luce, il ciclo del bosco non si arresta, poiché il bosco ha bisogno di un ricambio: nessun albero è eterno. Lo strato del bosco dei dominati, che non riesce a salire a sufficienza per raggiungere le fronde più alte per catturare la luce, è chiuso, catturato: non ha possibilità in tempi brevi di fuggire dall'ombra e accetta con coscienza questa condizione. L'abete, per esempio, è un tipo di pianta molto paziente: se, per condizioni straordinarie, si crea una chiarìa, ovvero se in seguito alla caduta di un albero entra luce imprevista nel bosco, nell'arco di dieci anni questo tipo di albero è in grado di crescere il doppio rispetto al suo sviluppo naturale. Questo avviene perché un albero dominato accumula/immagazzina energia fino a quando non si presentano le condizioni giuste di poterla sfruttare per crescere verso l'alto in relazione alla luce.

Fra le qualità indispensabili ai fini di un cammino iniziatico sono presenti umiltà, pazienza e costanza. Fondamentale è la pazienza: la virtù dell'iniziato che vuole arrivare all'illuminazione, ma deve accettare che venga il tempo opportuno per esprimere il proprio potenziale, frutto dell'energia che accumula quotidianamente. A un neofita il maestro spirituale può chiedere di praticare anche vari anni con pazienza, poi, quando si apre una charìa, un varco, l'iniziato fiorisce: lo stato di super coscienza è qualcosa che avviene istantaneamente, senza che sia palesato il lungo lavoro precedente. Non perdiamo mai la pazienza, abbiamo la forza e la capacità di restare anche nel "patire", radice etimologica di questo termine. Restare in uno stato di assenza di luce significa essere in grado di mantenere uno stato di equanimità e di accumulo energetico potenziale, nonostante il buio o le intemperie: osservare con distacco tutto ciò che avviene, per poter crescere. Non tutti gli iniziati sono abeti, e magari non tutti riusciranno in questa esistenza a trovare la chiarìa.

I sottomessi

Anche gli alberi dominati hanno bisogno di "qualcuno" che li sostituisca, nel caso in cui il futuro riservi sorprese spiacevoli: si tratta dei sottomessi. Sono solitamente gli alberi di dimensione più piccola, esili, che assumono strane forme, a volte un po' contorte, perché sono sottoposti a una grossa fatica nel ricercare la luce. Le latifoglie sottomesse possono creare anche delle foglie d'ombra, diverse rispetto alle foglie di luce: più grandi e spesse, in grado di raccogliere più umidità, con stomi leggermente più ampi. Nell'eventualità di un cambiamento repentino di condizioni del loro ambiente, le latifoglie sono in grado – nell'arco di una sola stagione – di cambiare tutte le foglie di ombra, trasformandole in foglie di luce, più piccole, meno spesse. La vita delle piante sottomesse è una vita di attesa, una vita dura: devono aspettare che si crei la chiarìa o che fallisca il dominato. In questo ruolo le latifoglie hanno la grande possibilità di poter assumere una postura particolare, una forma adatta al contesto, mentre questo "esercizio" per le conifere, per esempio, è più difficile, poiché esse crescono in verticale. Se dovesse trovare una buona quantità di luce, il sottomesso particolarmente storto può ritrovare la sua forma originale tendente verso l'alto. Tutti gli alberelli che hanno un'età di tre o quattro anni (età che attesta, di fatto, che una pianta è in grado di sopravvivere) fino ai vent'anni possono rimanere in questa condizione, rappresentata principalmente dal fatto di cercare una forma giusta in attesa di possibilità future.

Molti di noi hanno iniziato un cammino di cambiamento profondo per cercare di risolvere dei dolori, una malattia, un rifiuto dal mondo del lavoro o dalla vita familiare. È importante in questo percorso di crescita non giudicare la forma in cui ci troviamo, ma comprendere che la vita è un unico movimento, che tende alla luce. Ci sono fasi dell'esistenza in cui assumiamo forme contorte, esteriormente e interiormente, disarmoniche, pesanti. Ma si tratta sempre di tappe di un viaggio più ampio, più lungo, più spazioso, destinato irrimediabilmente alla luce e alla leggerezza. Se giudichiamo la forma perdiamo di vista la natura, la visione di insieme del bosco (e di noi stessi).

Cenobiti o eremiti?

Il bosco può essere un maestro anche in ambito sociale. Alcuni di noi possono vivere senza stare insieme agli altri; gli eremiti, per esempio, hanno bisogno di isolarsi per trovare Dio, perché altrimenti si perdono. Alcuni, invece, hanno bisogno di servire e vivere nel mondo: i cenobiti, per esempio, da soli "si seccano", per trovare Dio hanno bisogno del prossimo. È importante che ognuno segua la propria inclinazione, non si può forzare un eremita, o un cenobita, o chi ha una vocazione per il Karma Yoga. Non c'è una via adatta a tutti.

Anche nell'ambito del bosco possiamo ritrovare queste differenze. Per esempio è stato dimostrato che il faggio, la pianta dominante in Appennino sopra i 1000 metri, offre il meglio se cresce in un bosco di faggi, mentre incontra maggiori difficoltà se si sviluppa in modo isolato. I faggi, da soli, sono stentati e dimostrano di non essere a loro agio. Il nome latino, *Fagus sylvatica*, indica proprio una pianta che sta nella selva: quest'albero, mentre nel corso dell'inverno è in grado di resistere anche a temperature molto rigide, in primavera e autunno, quando ha le foglie esposte, è sensibile a gelate precoci e gelate tardive, e dunque nel bosco può beneficiare di una maggiore protezione.

Una pianta eremitica, invece, che vive bene solitaria è la roverella, la grande quercia delle campagne italiane, che troneggia nei campi, ciò che rimane delle immense distese di boschi che coloravano le pianure, risparmiata dai contadini per donare un po' di ombra ristoratrice in occasione dei lavori della terra. Queste piante all'interno del bosco assumono altre forme e non sono così belle come quelle che crescono solitarie: esistono pochissimi boschi puri di roverella, solitamente mischiata con altre specie.

Quando il nostro mondo gela

Quando ci sono delle gelate nella nostra vita tendiamo naturalmente a rallentare di molto il ritmo e, se veniamo forzati ad accelerare, le nostre condizioni peggiorano perché in quei momenti c'è troppo freddo all'esterno e all'interno di noi stessi. Ci sono momenti in cui abbiamo necessità di sospendere, apparentemente, tutte le attività: in realtà stiamo cercando di sopravvivere a una gelata. Come gli animali, anche gli alberi vanno in letargo e, come gli animali, sono sempre vivi, seppure dormienti. Il nostro amico Andrea Pellegrini, guida naturalistica nei boschi della Verna e di Camaldoli, definisce questo "filo" di calore costantemente emesso dagli alberi "il respiro del faggio", visibile quando si entra in un bosco in inverno, qualche giorno dopo una bella nevicata, nello spazio circolare privo di neve dovuto al calore che si crea intorno al tronco dei faggi: uno spazio accogliente, dove gli animali possono trovare un piccolo rifugio e un po' di terra asciutta.

Anche noi, perfino nei momenti più difficili della vita, possiamo offrire un gesto di generosità, un abbraccio, un breve sguardo di simpatia, un sorriso: questo cerchio di calore, seppure sottile, esile, è sempre nelle nostre possibilità, anche quando la vita mette a dura prova la nostra lucidità, la calma e il coraggio.

Una persona che attraversa un periodo di letargo o di depressione, in certi piani si sta rigenerando, nonostante la sua vita sembri immobile: quando tocchiamo delle profondità, mutiamo anche l'esterno, così come l'artista, che per concepire un'opera ha necessità di una fase di vuoto. Così come la madre, che prima di partorire in natura si raccoglie nella quiete familiare.

Tutto è profondamente interconnesso, e la vita dei boschi è espressione della vita umana. Tutti ci rivolgiamo alla stessa luce, alla stessa leggerezza di pensiero, di frequenza, di spirito. La luce è forma che contiene tutte le forme, e, al tempo stesso, canale in cui viaggiano informazioni fondamentali.

Non siamo soli: sperimentare la connessione con gli altri regni

Forse, se abitiamo in città, la lettura di questo capitolo può esserci sembrata affascinante, ma molto distante da quella che è la nostra esperienza quotidiana. I grattacieli non sono alberi, il rumore del traffico non è il silenzio del bosco, l'aria delle strade contiene una pesantezza sconosciuta al profumo della terra e delle foglie.

Ma anche nella città più caotica esiste il cielo, se ci ricordiamo di alzare gli occhi. Abituiamoci a sollevare lo sguardo dal degrado urbano: molto probabilmente sperimenteremo una sensazione di conforto morale. Forse riceveremo in dono per i nostri occhi giardini pensili, fioriture sorprendenti, edifici eleganti, architetture testimoni della storia, che non vediamo perché non ampliamo l'angolazione del nostro sguardo. Spesso è necessario essere guidati da un moto di volontà per accorgerci della bellezza che ci circonda.

Consapevolezza significa essere presenti nel momento in cui siamo, e in ogni momento possiamo percepire una forma di connessione con il resto del creato.

Quando ci spostiamo da casa per andare al lavoro, possiamo ispirarci all'invito di Thích Nhát Hanh, che ci esorta a essere consapevoli di ogni passo,[5] immaginando che a ogni tocco dei nostri piedi sbocci un fiore di loto, o alle parole di Godwin Samararatne: "Riuscite a camminare come se camminaste su fiori di loto, gentilmente, con leggerezza, solo consapevoli di ogni passo?".[6] Pur procedendo sull'asfalto, poseremo i piedi sopra splendidi fiori.

Quando entriamo in ufficio o rientriamo a casa, possiamo affinare la nostra attenzione verso quella pianta nel vaso sulla scrivania o sulla tavola, che ha bisogno di cura. Si tratta di una creatura vivente: non siamo soli mentre corriamo con le dita sulla tastiera del nostro pc o mentre ci diamo da fare ai fornelli.

Anche se non viviamo in una casa nel bosco, la nostra giornata ci offre comunque molteplici occasioni per sentirci connessi con gli altri regni della natura; grazie a questa opportunità possiamo scoprire sottili e persistenti relazioni quotidiane di mutuo soccorso e di reciprocità. Il candore di quella orchidea ci regala continuamente una meraviglia davanti alla quale fino a oggi siamo stati ciechi. Le foglie generose delle nostre piante d'appartamento ci permettono di respirare un'aria più pulita. Il piccolo ragno che solitamente schiacciamo o cacciamo con indifferenza – e forse un moto di ribrezzo – è un valido aiutante nella caccia alle zanzare.

Nel bosco, quando una pianta è in crisi, tutte le radici delle altre piante tessono una rete sotterranea di interconnessione per supportarla: proviamo a cogliere questa rete di reciproco aiuto anche sopra la superficie. E perfino in una grande città possiamo accennare un sorriso alle persone che incrociamo per strada o in metropolitana.

Sentirci connessi al regno vegetale, animale e umano significa non essere mai soli. E, quindi, poter attingere a un'inesauribile sorgente di forza interiore.

9
Il processo del nutrimento

> La salute del pianeta e quella degli esseri umani sono una sola cosa.
>
> VANDANA SHIVA (dal Manifesto *Food for Health*)

Una vita a dieta, una vita difficile[1] (ovvero come il PIL si impenna)

Immaginiamo, per un attimo, la nostra dieta in un mondo ideale: pochi saggi consigli alimentari, specifici per la vita che conduciamo e per l'ambiente in cui viviamo; un invito alla moderazione (non può essere domenica tutti i giorni) e a uno stile di vita sano, non solo a tavola; la riscoperta del piacere di prepararci, con le nostre mani, il cibo che mangiamo.

Nel mondo reale, invece, cosa succede? Succede che, nei soli Stati Uniti, il mercato delle diete e dei prodotti dietetici alimenta un giro d'affari di oltre 60 miliardi (*sic*) di dollari.

Siamo ormai certi, dati scientifici alla mano,[2] che tutte le diete, più o meno alla moda, sono intrinsecamente destinate a fallire dopo un po' di tempo, secondo una strada dolorosamente nota a molti di noi: "Questa dieta non funziona, ne faccio un'altra; questo dietologo non funziona, vado da un altro; questi integratori dimagranti non funzionano, ne prendo degli altri, magari più costosi". Siamo sempre più frustrati e intaccati nella nostra autostima, ma, in compenso, spendiamo moltissimo e il PIL si impenna.

Come testimonia un paziente sofferente di obesità: "La dieta funziona come il gioco dell'oca, ma un gioco dell'oca in cui non si arriva mai al traguardo: più passa il tempo, più mi sento sfinito dalla fatica di vedere la meta e di non riuscire mai a raggiungerla". Iniziamo con grande carica ed entusiasmo e perdiamo peso con ritmo spedito; ma, dopo qualche mese, ci sentiamo stanchi, di cattivo umore e, soprattutto, cominciamo a sgarrare, con la sensazione di perdere il controllo, mangiando tutti quegli alimenti che la dieta ci proibisce. Oppure, in maniera più delicata, ma più subdola, a causa del lavoro, dello stress, della noia di mangiare sempre leggero, avviene che, piano piano, molliamo la dieta e torniamo come prima.

A questo punto si materializza il Grillo Parlante di turno, che ci ammonisce: "Sei tu che non ti sei applicato bene, sei tu che non sei motivato, sei tu che non vuoi seguire le mie indicazioni".

Quindi il problema delle diete che non funzionano è così semplice? È solo colpa nostra e della nostra scarsa applicazione?

Le cose non sono così facili.

I pregiudizi sono tossici: come difendersi

I ciccioni sono pigri, spesso bugiardi, poco intelligenti e con poca volontà: magari non in una forma così brutale, ma in ognuno di noi esiste un pregiudizio di questo tipo. E dunque: se non riesci a dimagrire, è perché non ci metti abbastanza volontà a mangiar meno e a muoverti di più.

Il pregiudizio, oltre che inquinare il cervello di chi lo pensa (un cervello incattivito pensa male, è poco lucido e fatica a relazionarsi con gli altri), ha un doppio effetto su chi lo riceve: come minimo, ci fa allontanare da una vera chiave di accesso a uno stile alimentare sano, ovvero l'ascolto consapevole dei nostri bisogni interni; come massimo, evoca un vissuto di mortificazione e scarsa stima di sé, con un paradossale aumento del rischio di mangiare per consolarsi.

Cerchiamo di osservare il problema da una prospettiva più ampia e libera da pregiudizi, tenendo a mente tre degli aspetti più critici di qualsiasi stile alimentare rigido, dimagrante o salutista che sia.

Gli effetti devastanti, fisici e mentali, delle diete miracolose

- *Dal punto di vista del corpo* Facciamocene una ragione: il DNA di buona parte di noi si è evoluto, nel corso dei millenni, per conservare energia. Ogni nostra singola cellula, quando sente aria di carenza energetica, attiva meccanismi antichi, potenti e meravigliosamente efficienti, per risparmiare al massimo e, soprattutto, per conservare al meglio ogni briciola di energia che ingeriamo con gli alimenti. Per le nostre cellule "fai la dieta dei divi di Hollywood" del 2018 equivale a "fai scattare l'allerta da digiuno e risparmia il più possibile" dei nostri antenati preistorici.

  Risultato? Iniziamo a consumare ciccia, ma, se la dieta è estrema (per esempio con troppe proteine e troppo pochi carboidrati buoni), consumiamo anche muscoli e acqua (ecco spiegato il "miracolo" delle diete da meno15 kg in un mese) e, soprattutto, il metabolismo rallenta. Dopo qualche mese – un anno al massimo – di fatiche, saremo pronti per entrare nel circolo vizioso dell'uomo moderno a dieta: "Sono felice della perdita di peso rapida (ma non mi accorgo che sto perdendo anche acqua e muscoli) → ho un metabolismo sempre più lento → inizio a fare piccoli sgarri alla dieta → il peso ritorna come all'inizio ma, a parità di peso, con più grasso e meno muscoli → mi diventa sempre più difficile perdere peso con le successive diete → sono tentato da diete sempre più estreme". E così via.
- *Dal punto di vista del cervello* Un cervello forgiato da millenni di carestia, se messo a dieta stretta, non è così fesso da farsi ingannare dal Signor Dieta dei VIP o dalla Signora Bistecca e Insalata di turno: non solo ordina a cellule, organi e apparati di risparmiare il più possibile ma, soprattutto, indirizza tutte le sue energie a un pensiero totalmente finalizzato al procurarsi cibo. "Sei stanco e ti vuoi riposare? Non importa, esci dalla grot-

ta e vai a cercare cibo. Intravedi qualcosa che si muove? Corri, potrebbe essere cibo. Senti un odore diverso dal solito? Vai a vedere, potrebbe essere cibo. Su quell'albero ci sono frutti abbondanti? Fanne incetta e fai abbuffare tutta la tua tribù, perché domani potrebbe non esserci più nulla."

Tutto questo serviva moltissimo ai nostri antenati per sopravvivere, ma serve pochissimo a noi che, a dieta stretta, diventiamo irrequieti, irritabili e, soprattutto, ossessionati dal cibo: trascorriamo il tempo a pensare al cibo, a guardare cuochi e ricette (sarà per questo che hanno così successo?) o a contare le calorie. Alla fine, come ci insegnano bene le persone che soffrono di disturbi alimentari, "più controllo quello che mangio, più sono ossessionato da quello che mangio e più, alla fine, mi viene da abbuffarmi di prodotti che non dovrei mangiare".

In conclusione: quanto più vi imponete un rigido controllo alimentare tramite una dieta stretta, tanto più caricate la molla della vostra spinta allo sgarro. E non mortificatevi con "devo metterci più volontà": davanti allo spettro del morire di fame, il vostro istinto se ne frega della vostra volontà. A maggior ragione se è un istinto stremato dalla dieta e, contemporaneamente, allettato e ingannato da cibi innaturali.

La disponibilità di cibi troppo densi di nutrienti, "droganti" da un punto di vista psico-sensoriale

Pensiamo ancora ai nostri antenati, ma anche, più semplicemente, ai nostri gusti di bambini bisognosi. "Gusto dolce? Energia pronta e disponibile; mangiamolo senza esitazioni e, se abbonda, mangiamone ancora. Gusto salato? Energia che sostiene il tuo equilibrio idrosalino; mangiamolo con gusto e, più lo mangiamo, più il gusto salato si smorzerà rispetto a quanto ci sembrava al primo morso. Consistenza grassa, cremosa e vellutata? Zero corpi estranei e tanta energia di riserva, esagera pure. Gusto acido? Mmm, potrebbe essere cibo andato a male; magari mangiane un pezzettino piccolo, ma anche no. Gusto amaro? Attenzione, potrebbe essere una sostanza tossica; non mangiarlo".

Pensiamo ora agli scaffali di un supermercato, soprattutto nel reparto "piatti pronti". Troveremo cibi sapientemente progettati dall'industria alimentare, con l'intento di riunire, in un solo morso, le nostre tre sensazioni più consolatorie (dolce, salato, grasso). Il nostro cervello risponderà senza esitazioni: "Dolce? Fantastico! Un po' dolce e un po' salato? Super fantastico! Un po' dolce, un po' salato, grasso e vellutato? Super fantastico con i fiocchi!".

In realtà, un cervello che funziona bene, consapevole e ben regolato nelle emozioni, dopo l'abbaglio iniziale scopre sempre l'inganno. Un cervello sotto stress, invece, bisognoso di consolazione, magari in un periodo di solitudine, riesce a dirsi "non dovrei mangiarlo", ma, quando si tratta di allungare il braccio sullo scaffale o nella dispensa, prende, mangia e, spesso, rimangia.

Tuttavia, come sapete, non è affatto vero che un prodotto dolce e sapido, ricco di zuccheri raffinati e sale, ci fa del bene, e non è detto che un alimento amaro, ricco di polifenoli antiossidanti, ci faccia del male. Viviamo nel mondo occidentale, in un ambiente definito come sicuramente obesogenico,[3] quindi raddrizziamo le nostre antenne e cerchiamo di allenare al meglio la consapevolezza di quello che mangiamo.

La scarsa consapevolezza di quello che mangiamo (ovvero: il saggio consiglio del topo)

Quando erano più piccoli, ascoltavo volentieri con i miei figli la canzone dello Zecchino d'Oro *Il topo con gli occhiali*, con la sua melodia orecchiabile e con l'invito a leggere libri fin da piccini.[4]

Possiamo affidarci ai topolini, anche a quelli senza occhiali, e seguire una loro saggia abitudine: quando si avvicinano a un cibo che non conoscono bene, ne mangiano un pezzo piccolissimo, poi vedono come si sentono nei giorni successivi. Per questo è così difficile avvelenare i topolini con il topicida: la memoria di quelle sensazioni, vissute sulla propria pelle (o, meglio, pelliccia), li accompagnerà e li difenderà per tutta la vita.

Quando siamo alle prese con un alimento che non conosciamo, a maggior ragione se si tratta di un alimento industriale raffinato, evitiamo divieti a priori (del tipo "è un veleno, mi devo imporre di non mangiarlo") e facciamo come i topolini:

- mangiamone una piccolissima porzione e, soprattutto, mangiamola molto, molto lentamente. Un cibo industriale raffinato ci sedurrà con un'innaturale botta di gusto intenso e immediato, direttamente collegata alla scarsa quantità di fibre e all'abbondanza di sale, zucchero e grasso, ovvero delle tre droghe legali più diffuse al mondo;
- non facciamoci sedurre e continuiamo a masticare: già durante questa fase, ci renderemo conto che la seducente botta di gusto iniziale si lascia dietro uno strascico di retrogusti e consistenze per nulla piacevoli;
- tutto risulta ancora più chiaro se facciamo caso a come ci sentiamo, qualche ora dopo oppure il mattino successivo, quando mangiamo cibi industriali raffinati. Stiamo in ascolto di noi stessi e noteremo piccoli, ma persistenti, fastidi: saremo più stanchi, meno lucidi, meno concentrati e con un gusto cattivo in bocca;
- facciamo ora la stessa cosa con un alimento naturale; pensiamo, per esempio, a un boccone di riso integrale condito con una puntina di gomasio (vedi "Il gomasio" a p. 209): all'inizio nessuna seduzione (ci sembrerà di mangiare acqua, poco sale e cellulosa, cioè legno) ma, più continuiamo a masticarlo, più sentiremo sapori, delicati e persistenti, che arriveranno a essere cremosi, quasi dolci. La bocca rimarrà pulita e con un retrogusto piacevole e persistente e, il mattino dopo, sentiremo la mente lucida e la pancia tranquilla.

A questo punto abbiamo le idee più chiare su cosa stiamo mangiando e possiamo scegliere in maniera più consapevole.

Le tre auree linee guida

Con grande spirito pragmatico, i pazienti obesi spesso dicono: «Adesso ho capito meglio i meccanismi teorici. Ma, alla fine, cosa metto da mangiare nel piatto?».

Possiamo ascoltare Michael Pollan che, nel suo bellissimo libro *In difesa del cibo*,[5] ci suggerisce tre linee guida fondamentali.

- *Mangiate cibo vero*: coltivato in maniera rispettosa dell'ambiente, poco trasportato in giro per il mondo, pochissimo trasformato dall'industria. E, soprattutto, tornate in cucina a prepararvi, con le vostre mani, il cibo che mangiate. I pazienti obesi, alla faccia della loro supposta "scarsa volontà", non hanno dubbi: «Quello che facciamo insieme, nelle terapie di gruppo in cucina, me lo porto a casa e provo a rifarlo per me e per la mia famiglia».
- *Mangiate con moderazione, imparando a riconoscere i segnali di sazietà vera.*
- *Soprattutto, mangiate vegetali*, la vera portata principale della nostra vita (non *solo* vegetali, ma *soprattutto* vegetali).

Infine, possiamo ascoltare la saggezza che, nonostante i canti delle sirene del mondo industrializzato, continua ad abitare dentro di noi: mangiamo di tutto; mangiamo lentamente; proviamo a sentire quello che mangiamo (mentre lo mangiamo e dopo qualche ora dal pasto); nutriamo il cervello di buon cibo, di buone relazioni interpersonali e di buone letture, come faceva il topo con gli occhiali.

> In una libreria dietro agli scaffali
> aveva la sua tana un topo con gli occhiali
> di giorno dormicchiava, così si nascondeva
> nessuno immaginava che lui vivesse lì.
> Però quando il libraio di sera andava via,
> il topo riaccendeva le luci in libreria
> e poi negli scaffali un libro si pigliava
> e a leggere iniziava con gran curiosità.

Evviva la lettura! Comincia l'avventura
un sogno ad occhi aperti nel mondo che vuoi tu.

I libri sono ali che aiutano a volare
i libri sono vele che fanno navigare
i libri sono inviti a straordinari viaggi
con mille personaggi l'incontro sempre c'è.[6]

Come scegliere il cibo

Scegliamo il nostro cibo, altrimenti rischiamo di essere scelti dal cibo! Schiere di scienziati lavorano per l'industria alimentare per creare prodotti che ci catturino per la loro dolcezza, morbidezza, croccantezza; croccanti come le patatine, croccanti fuori e morbidi dentro come le patate fritte alla francese o i cioccolatini. Scegliamo il nostro cibo, che sia semplice, con solo ingredienti naturali, un cibo pulito, senza residui di diserbanti o pesticidi, un cibo in cui si possa riconoscere il gusto degli ingredienti con cui è stato preparato. Chiediamoci da dove viene, chi lo ha prodotto, se è stato coltivato in un terreno rispettato, anche se non ha certificazione biologica. Da tempo sappiamo che i veleni dell'agricoltura industriale causano danni ai contadini che li usano e alle loro famiglie. I contadini si ammalano di più di linfomi e leucemie, di tumori cerebrali, del polmone, dell'ovaio e altri, e i loro figli sono più a rischio di malformazioni congenite, ma non si sapeva, non c'erano studi, se le piccole dosi a cui siamo esposti noi sono sufficienti a danneggiarci. Oggi finalmente sappiamo, dopo decenni di discussioni tendenziose, che i veleni dell'agricoltura non danneggiano solo i contadini, ma anche tutti noi: lo studio NutriNetSanté, condotto in Francia con la collaborazione di 100.000 volontari che periodicamente compilano diari dettagliati su quello che mangiano (vedi il capitolo "Le disarmonie dell'anima" a p. 15), ha mostrato che chi mangia biologico si ammala significativamente meno di cancro, in particolare di linfomi.[7] Prima non si potevano

IL GOMASIO

Il gomasio è un eccezionale condimento della tradizione macrobiotica, gustoso e ricco di nutrienti, a base di semi di sesamo (*goma*) e sale marino integrale (*shio*), entrambi delicatamente tostati separatamente e "uniti in matrimonio" tramite una calma e consapevole macinazione al mortaio. Ideale a questo scopo è il mortaio apposito zigrinato, chiamato *suribachi*. Prepariamo in casa il nostro gomasio,[8] sarà un'esperienza rilassante e profumata. Possiamo usarlo al posto del sale, ma anche per condire insalate, oppure pasta o riso integrale.

---

fare questi studi, perché troppo poche persone mangiavano biologico. Lo studio francese è stato solo il primo, ma è stato molto ben condotto e i risultati sono convincenti: è vero che siamo esposti a dosi molto piccole, ma sono dosi che si accumulano nel nostro corpo lungo tutta la vita, perché la nostra fisiologia non è attrezzata per liberarsene. Sono sostanze solubili nei grassi e si concentrano nel nostro tessuto adiposo. Solo le donne riescono a eliminarle in parte con il sangue mestruale e con l'allattamento. Un'ulteriore ragione di scegliere biologico è che il primo bambino riceve una dose alta di questi veleni, perché la mamma ha da espellere quello che ha accumulato in venti-trent'anni.

Scegliamo cibi che rispettino il nostro terreno, il nostro intestino, da dove assorbiamo le sostanze nutritive che vi giungono con il cibo. È un tubo di circa 8 metri, ma se estendiamo tutte le pieghe e i villi della mucosa intestinale esso diventa un campo di 4-500 metri quadrati, che ospita un esercito di batteri, probabilmente più di 100.000 miliardi, appartenenti a centinaia di specie diverse, che lavorano per noi, per completare la digestione, per fermentare le fibre vegetali indigeribili ed estrarne ulteriori nutrienti, indispensabili anche per mantenere sana la mucosa intestinale, per allenare il nostro sistema immunitario affinché ci difenda da batteri e virus patogeni, senza però consentirgli di diventare troppo potente, tanto da ritorcersi contro di noi e causare malattie autoimmuni. Si suppone – e ci sono già molti studi a sostegno dell'ipotesi – che l'aumento drammatico delle malattie del sistema immunitario (l'asma dei bambini, la celiachia e altre malattie) dipenda anche dall'ambiente troppo sterile in cui nasciamo e viviamo, dal cibo sempre più sterile che mangiamo (tutto il cibo confezionato dall'industria).

Mangiamo cibo vero: le verdure dell'orto o provenienti da coltivazioni biologiche, anche ben lavate, contengono microbi della terra che alimenteranno la biodiversità dei nostri microbi intestinali. La terra è viva: in un centimetro cubo di terriccio di un orto biologico sono presenti milioni di microbi; servono a fissare l'azoto dell'aria, a estrarre il potassio, il calcio, il magnesio e altre sostanze utili alle piante dai minerali del terreno. L'agricoltura chimica ha ucciso i microbi, quindi deve aggiungere azoto, potassio e magnesio. Se mangiamo l'insalata dell'agroindustria già lavata, dobbiamo essere consapevoli che anche gli ultimi pochi microbi buoni sono stati uccisi dal cloro. Se poi la verdura è conservata in atmosfera modificata, senza ossigeno, per prolungarne la conservazione, dobbiamo sapere che quella verdura ha perso molte delle sue sostanze antiossidanti, diventate inutili in assenza di ossigeno.[9]

Molte delle sostanze vegetali che sono utili per la nostra salute in quanto antiossidanti e antinfiammatorie sono in realtà sostanze tossiche, che le piante producono per difendersi dagli insetti e da altri parassiti: se non ci sono parassiti non hanno bisogno di produrle, di conseguenza la verdura e la frutta coltivate con veleni chimici sono meno ricche di sostanze utili all'uomo. L'agroindustria, inoltre, coltiva soltanto le varietà di frutta e verdura che producono di più, di conseguenza la biodiversità disponibile sui mercati si è ridotta molto, si stima di circa quaranta volte, e se la varietà del cibo si riduce, si riduce anche la biodiversità dei microbi intestinali.

Molte gravi malattie sono caratterizzate da una scarsa varietà della flora intestinale, e non solo le malattie dell'intestino come la colite ulcerosa o il morbo di Crohn, ma anche alcuni tumori[10] e alcune malattie neurodegenerative.[11] Sia nel Morbo di Parkinson, sia nell'Alzheimer, sia nel cancro mammario, per esempio, è stata riscontrata una scarsa biodiversità microbica e, in particolare, la carenza di bifidobatteri. Studi su animali suggeriscono che la somministrazione di probiotici può migliorare anche le funzioni cerebrali.

Mangiamo dunque una varietà di cibi e, in particolare, quelli che piacciono ai batteri, che sono i cibi integrali, ricchi di fibre. Un tipo di fibra molto apprezzata dai bifidobatteri e dai lattobacilli, che sono fra i nostri amici coinquilini più collaboranti, sono i cosiddetti FOS (frutto-oligosaccaridi), polimeri del fruttosio che noi non saremmo in grado di digerire senza l'aiuto dei bifidobatteri. Ne sono ricchi le radici del tarassaco (in primavera sono tenere e si possono mangiare in insalata o in una zuppa), i topinambur e (molto meno) carciofi, porri e cipolle. I cibi ricchi di fibre proteggono la salute con molti meccanismi (vedi "La protezione delle fibre vegetali" a p. 214), ma l'interazione con il microbiota è uno dei principali.

I microbi dell'intestino, il cosiddetto microbiota, questi minuscoli amici, ci possono proteggere anche dalla depressione e dall'ansia. Le persone depresse hanno una scarsa varietà di specie microbiche nell'intestino.[12] I meccanismi non sono ancora del tutto chiari, ma i dati sperimentali sono sorprendenti e dimostrano chiaramente che certe configurazioni del microbiota possono contribuire a causare depressione: trasferendo un campione di feci di una persona depressa nell'intestino di un topo, questo manifesta sintomi di depressione. È vero anche il contrario: inducendo condizioni di stress e di depressione negli animali da laboratorio si causa un impoverimento della flora intestinale. È possibile generare dei topi che, non avendo avuto alcun contatto con microbi, hanno un intestino sterile, i cosiddetti "topi nudi". Sono animali molto più stressati, con alti livelli di corticosteroidi (i principali ormoni dello stress prodotti dalla ghiandola surrenale) nel sangue, con difficoltà cognitive, di apprendimento e di memoria, e con una difettosa plasticità cerebrale,[13] ma è sufficiente somministrare loro i bifidobatteri – purché lo si faccia finché sono cuccioli – per farli tornare normali. I batteri, quindi, sono importanti anche per attivare la relazione fra il cervello (l'ipotalamo) e la ghiandola surrenale e per la plasticità cerebrale necessaria all'apprendimento e alla memoria.[14]

Studi animali e casistiche cliniche mostrano che anche i trattamenti antibiotici, che danneggiano il microbiota, possono causare confusione mentale, disorientamento e ridotte capacità cognitive.

Rispettiamo l'intestino, rispettiamo i microbi benefici, rispettiamo la vita, rispettiamo la terra. Vandana Shiva, nel suo manifesto *Food for Health*,[15] documenta il drammatico danno ecologico e sociale causato dall'agricoltura chimica, il fallimento della cosiddetta rivoluzione verde, il disastro causato dai semi geneticamente modificati, dal monopolio dei semi, dai trattati commerciali che impoveriscono i contadini. Documenta, inoltre, il costo reale dell'agricoltura industriale, che lascia pagare ai governi e, in ultima analisi, a noi cittadini, tutti i costi dell'inquinamento e dei danni alla salute causati dall'agricoltura chimica. Vandana dimostra che le alternative esistono, che è utile promuovere e sostenere l'agricoltura di prossimità piuttosto che le grandi monocolture che espropriano i contadini della terra, il diritto dei popoli di coltivare la terra dove abitano, i sistemi produttivi a filiera corta, i mercati contadini, l'agricoltura biologica, l'agricoltura biodinamica, l'economia circolare rispettosa dei diritti delle persone e dell'ambiente, il dedicare la terra fertile a produrre cibo per l'uomo, non per nutrire gli animali o per i biocombustibili. Oggi la maggior parte delle terre fertili è dedicata a produrre cereali e soia per l'alimentazione animale (e la produzione di una caloria di cibo animale richiede oltre dieci calorie di cibo vegetale), e l'allevamento intensivo di bovini e suini è una delle principali cause dell'inquinamento dell'aria con anidride carbonica e metano, i due gas dell'effetto serra. Tutti noi con le nostre scelte siamo corresponsabili dei danni che l'agroindustria causa alla nostra salute e alla salute del pianeta che ci ospita.

Citiamo dal Manifesto *Food for Health*:

> Il commercio globalizzato di alimenti industriali non crea economie alimentari finalizzate a nutrire le persone. [...] La pretesa che l'agricoltura industriale sia necessaria a ridurre la fame nel mondo è totalmente priva di fondamento ed è smentita dai fatti. La denutrizione continua ad affliggere un gran numero di bambini, adolescenti, donne in età riproduttiva e anziani in tutto il mondo: più di due miliardi di persone soffrono di gravi carenze di vitamine e minerali, oltre 200 milioni di bambini sono deperiti e soffrono di ritardi di sviluppo e tre milioni di bambini al di sotto dei cinque anni ne muoiono ogni anno. [...] Allo stesso tempo, due miliardi di persone soffrono di obesità o sovrappeso. [...] L'agricoltura chimica degrada le qualità del suolo e riduce le proprietà nutritive dei semi e delle piante, erode la biodiversità vegetale: i fertilizzanti compromettono la colonizzazione simbiotica fra funghi, micorrize e radici, che favorisce lo scambio di nutrienti; [...] i pesticidi indeboliscono la capacità naturale di difesa delle piante, con conseguente riduzione del loro contenuto in polifenoli, indispensabili come antiossidanti e antinfiammatori per la salute umana. [...] La produzione agroindustriale viene misurata in base al "rendimento per acro": sostituire la diversità con l'uniformità, confondere la resa con la valenza nutrizionale, comporta la sottovalutazione di un parametro ben più rilevante, quello del "nutrimento per acro".[16]

Le diete basate su alimenti di scarsa qualità e dal basso valore nutritivo possono provocare una lunga serie di malattie croniche: si tratta di malattie spesso ritenute collegate allo stile di vita, ma che sono in realtà causate da sistemi alimentari inadeguati.

LA PROTEZIONE DELLE FIBRE VEGETALI

Più cibi ricchi di fibre consumiamo più si riduce la mortalità, nel senso che la si ritarda.

Rispetto a chi consuma solo 15 g di fibre al giorno, una quantità tipica del mondo occidentale, chi ne consuma il doppio (cioè chi mangia integrale) ha una mortalità del 20% inferiore. Studi prospettici su centinaia di migliaia di persone condotti sia in Europa[17] sia negli Stati Uniti d'America[18] mostrano che, a parità di età, genere, scolarità, indice di massa corporea, consumo di tabacco, alcol, energia totale dai cibi e altri fattori che influenzano la mortalità, chi ha una dieta ricca di fibre muore meno di cancro, di diabete, di malattie cardiovascolari, respiratorie, dell'apparato digerente e anche di malattie infiammatorie e infettive. Le fibre dei cereali integrali sono più protettive di quelle dei legumi, della verdura e della frutta.

L'elenco seguente illustra i possibili meccanismi con cui i cibi ricchi di fibre riducono la mortalità:

- rispetto ai carboidrati raffinati hanno un basso indice glicemico e fanno alzare meno l'insulina postprandiale;
- riducono l'infiammazione (le fibre sono associate a polifenoli antinfiammatori);
- abbassano la perossidazione lipidica (le fibre sono associate a sostanze antiossidanti);
- abbassano il colesterolo, sia riducendone l'assorbimento nell'intestino sia inibendone la sintesi;
- riducono l'assorbimento intestinale di estrogeni;
- nutrono i microbi intestinali benefici;
- la fermentazione intestinale delle fibre a opera dei batteri intestinali aumenta la concentrazione di acidi grassi a catena corta (acetico, propionico, butirrico) che proteggono la mucosa intestinale;
- aumentano la sazietà;
- aumentano la massa fecale e la velocità di transito intestinale;

- chi mangia cibi ricchi di fibre mangia meno cibi trasformati dall'industria.

Per aumentare il contenuto di fibre di cibi che ne sono privi (biscotti e pane a base di farine raffinate, yogurt, gelati, alimenti dietetici), l'industria alimentare li addiziona con fibre varie (cellulosa, gomma di guar, pectine, idrossipropilmetilcellulosa, inulina...), ma queste fibre non sono accompagnate dalla ricchezza di vitamine, minerali e polifenoli del cibo naturale e non rallentano l'assorbimento del glucosio come fanno, per esempio, le fibre dei cereali integrali, che in parte incapsulano le particelle di amido.

Quando mangiare

Quando e quanto mangiare ce lo insegna l'adagio medievale: "Colazione da re, pranzo da principe e cena da povero", ispirato a grande buon senso. Se al mattino dobbiamo lavorare nei campi è essenziale una colazione che ci consenta di arrivare a mezzogiorno ancora in forze, non una colazione dolce, quindi, che per la reazione insulinica rischierebbe di mandarci in ipoglicemia a metà mattina. Meglio l'avanzo della pasta e fagioli del giorno prima, o della polenta, come facevano i nostri nonni prima di andare in campagna, oppure fette di pane integrale con olio di oliva, o con un po' di formaggio. Ancora oggi, in Spagna, nei bar dei piccoli paesi è possibile far colazione con pane, olio e pomodoro. Il lavoro del pomeriggio sarà magari meno gravoso, ma comunque impegnativo – un tempo la stalla, l'orto, la manutenzione degli attrezzi – per cui, anche a pranzo, avremo bisogno di carboidrati. Il contadino siciliano o calabrese mangiava ogni giorno pasta con le fave, o con ceci o fagioli, e con le verdure dell'orto, e per dessert un fico secco con dentro una mandorla o una noce. Alla sera si cenava presto e non c'era bisogno di mangiare tanto, perché poi si andava a letto. Una zuppa di verdure, talvolta un pesce o un pezzo di cacio. Alla sera non abbiamo bisogno di carboidrati (pane e pasta); essenziali invece per il lavoro muscolare. Nella tradizione buddhista non si mangia più dopo che il sole ha raggiunto lo zenit: ancora oggi, nei monasteri buddhisti, si fa colazione, si pranza e nella seconda metà della giornata si prende solo una tazza di tè.

Nella medicina tradizionale cinese si considera che il massimo dell'attività energetica dello stomaco è fra le 7 e le 9 del mattino, quando il sole si fa caldo e cresce l'energia yang, mentre il minimo di attività è fra le 7 e le 9 di sera, quando l'energia yang ha terminato il suo ciclo. La sera è il tempo da dedicare allo spirito, alla gioia, a meditare sul senso della vita, non a mangiare. Il mondo è cambiato: al mattino siamo di fretta e crediamo di non aver bisogno di mangiare perché il nostro lavoro è in ufficio (un caffè, magari

---

MASSIMO RISULTATO CON IL MINIMO SFORZO: IL DIGIUNO INTERMITTENTE

Saltare la cena è la forma più semplice di digiuno intermittente, il digiuno che gli scienziati della nutrizione oggi stanno studiando perché ipotizzano sia particolarmente adatto alla nostra fisiologia e possa prolungare la vita. Un digiuno di 16-18 ore (saltando la cena) o di 24 ore (saltando pranzo e cena) o di 36 ore (saltando colazione, pranzo e cena) è qualcosa che il nostro corpo può sopportare facilmente (lo sopportava quando eravamo cacciatori-raccoglitori) e anche apprezzare: è un'occasione per le nostre cellule di attivare l'autofagia, un processo con cui le cellule si liberano di organelli malfunzionanti, di proteine malfunzionanti che è meglio smaltire, insomma un'occasione di fare decluttering di tutto quello che non serve per la vita. Nelle cellule nervose, in particolare, tendono a depositarsi proteine anomale che ne ostacolano la funzione e, alla lunga, possono portare a varie forme di demenza. Sbarazziamocene con qualche digiuno.

---

con qualche biscotto, o cappuccio e cornetto al bar e via); a pranzo mangiamo al bar o in mensa nei pochi minuti di pausa, e il pasto principale rimane quello della sera, quando la famiglia si riunisce e, per i single, quando ci si concede l'aperitivo e il ristorante. Il problema è che il nostro corpo – i nostri riflessi fisiologici – ancora non lo sa che bisogna cambiare e pretende colazione abbondante e cena leggera.

La ricerca scientifica ha appena iniziato ad affrontare il tema degli effetti del cibo alle varie ore del giorno, ma gli studi, per quanto preliminari, sembrano confermare che è meglio mangiare abbondantemente al mattino e poco alla sera. Uno studio condotto in Israele ha suddiviso casualmente un campione di donne in sovrappeso in un gruppo che avrebbe consumato 980 calorie a colazione, 640 a pranzo e solo 190 a cena, e in un gruppo che avrebbe mangiato esattamente le stesse cose ma con 190 calorie a colazione, 640 a pranzo e 980 a cena.[19] Pur seguendo la stessa dieta lievemente ipocalorica, le donne del primo gruppo hanno perso più peso e hanno migliorato significativamente altri parametri ematici, in particolare hanno ridotto il livello di insulina.

Cena leggera, quindi, per la leggerezza! Per esempio un piatto di verdure.

Cena leggera e presto, perché altri studi hanno mostrato che anche cenare presto è utile a farci stare meglio: si dorme meglio, senza russare, senza reflusso gastroesofageo, senza bocca cattiva, senza gonfiori di pancia e borborigmi.

Quanto mangiare

Riguardo a quanto mangiare la risposta è semplice: poco! Fin dall'antichità le tradizioni culturali e religiose hanno raccomandato di mangiare poco – il 70-80% di quanto riempirebbe lo stomaco – per mantenere la salute: dagli Egizi agli ebrei, dagli induisti ai buddhisti, da Ippocrate alla scuola medica salernitana, dalla medicina tradizionale cinese all'ayurveda e anche la nostra medicina. Da più di cento anni sappiamo che se agli animali da laboratorio diamo meno da mangiare di quanto mangerebbero se avessero disponibilità illimitata di cibo – 20-30% in meno – vivono più a lungo – anche 50% in più – e si ammalano meno di malattie croniche. La prima pubblicazione sul tema risale al 1909, decine di studi condotti tra gli anni Quaranta e Sessanta sui roditori confermarono l'osservazione. Anche se gli animali sono trattati con sostanze cancerogene, se mangiano poco non si ammalano o riducono molto il loro rischio. In parte è una questione di rapporto fra calorie introdotte con il cibo e calorie spese con l'attività fisica, perché mettendo a disposizione nelle gabbie dei topi una ruota per correre si ottiene circa lo stesso risultato anche senza razionare il cibo. In parte si tratta invece di ridurre la disponibilità di specifiche sostanze nutritive, perché risultati simili si ottengono in esperimenti in cui si riducono solo le proteine o specifici aminoacidi, in particolare la metionina.

Cento anni dopo la pubblicazione del primo esperimento sui roditori, nel 2009, è stato pubblicato il primo esperimento sulle scimmie: i ricercatori hanno seguito due gruppi di scimmie per trent'anni e hanno riscontrato che in quelle sottoposte a restrizione calorica c'è stata una diminuzione clamorosa delle malattie croniche, un dimezzamento dei casi di cancro e di infarto e la scomparsa del diabete, che era invece molto frequente nel gruppo di scimmie senza restrizione.[20]

Che cosa si può fare per mangiare poco? Tutte le diete che restringono le calorie a 1200 o anche a 1600 al giorno funzionano per un po': poi ci stufiamo, riprendiamo a mangiare come prima e ingrassiamo di nuovo.

Per cambiare la nostra capacità di reazione al tema della nutrizione possiamo dare due consigli.

- Mangiare prevalentemente cibi che saziano, cioè cibi integrali, ricchi di fibre. Nello studio DIANA-1 le partecipanti sono dimagrite tutte (molto chi era in sovrappeso, poco chi era snella) senza che venisse loro raccomandato di mangiare poco, solo di mangiare diversamente, con un'eccellente gastronomia a base di cereali integrali, legumi, verdura e frutta a ogni pasto.

- Masticare a lungo, perché si dà il tempo all'apparato digerente di segnalare al cervello che il cibo è arrivato e che non è più il caso di mandare segnali di fame. Più studi hanno riscontrato che la masticazione prolungata è associata alla riduzione del senso di fame e della quantità di cibo ingerita.[21] La masticazione, inoltre, migliora la digestione, previene le fermentazioni e riduce le infiammazioni a livello di stomaco e intestino. Prendiamoci il tempo per masticare, consapevolmente, senza televisione, senza distrazioni, senza rabbia, lasciando da parte le preoccupazioni.

Il corretto masticare

Fino a 300.000 anni fa, quando ancora non avevamo iniziato a cucinare con il fuoco, masticare era ciò che ci permetteva di estrarre il nutrimento da semi, radici, tuberi selvatici, frutta e carni. E occorreva masticare molto. Con la scoperta del fuoco i cibi divennero più morbidi e i nutrienti più facilmente estraibili. I cibi rimanevano comunque grezzi, e la masticazione rimase essenziale. Con lo sviluppo dell'agricoltura e con la macinazione dei cereali, 15.000 anni fa, si cominciarono a mangiare creme e pani di farine, integrali naturalmente. La masticazione prolungata dei cibi vegetali restò comunque importante, ma sempre meno per rendere i nutrienti disponibili sminuzzando il cibo, piuttosto per la digestione degli amidi (polimeri di glucosio), per mescolarli bene con la saliva, che contiene un enzima, la ptialina, che li scinde in molecole sempre più piccole: maltodestrine e glucosio.

Da pochi decenni l'industria alimentare ci offre sempre più cibi che non è necessario masticare, pani fatti con farine super raffinate, cracker e biscotti che si sciolgono subito in bocca, "meravigliosi" prodotti che al primo contatto sembrano croccanti, ma subito si rivelano morbidissimi, come le patatine e certi cioccolatini o barrette dolci, merendine, fiocchi ricostruiti da farine di mais, alimenti pronti che non richiedono né di essere cucinati né di essere masticati. Non mastichiamo più, o mastichiamo pochissimo (tre o quattro

GLI STUDI DIANA

Nello studio DIANA-1 50 signore in menopausa, in gran parte in sovrappeso, parteciparono a corsi di cucina macro-mediterranea (due volte a settimana), che proponevano ricette della dieta mediterranea tradizionale e ricette della tradizione orientale (con miso, tempeh, tofu, riso – ma solo integrale – grano saraceno): nel volgere di cinque mesi tutte dimagrirono, mediamente di 4 kg, e ridussero la circonferenza vita (mediamente di 4 cm).[22] Nello studio DIANA-5, condotto con la collaborazione di 1582 signore che avevano avuto in passato una diagnosi di neoplasia mammaria, la metà assegnata al gruppo di intervento che partecipava a un corso di cucina ogni mese ridusse, nel volgere di un anno, il peso corporeo di 2,5 kg e la circonferenza vita di 2,5 cm. Naturalmente non tutte avevano bisogno di dimagrire, e i risultati delle donne in sovrappeso furono molto più apprezzabili rispetto a quelli delle donne snelle. In entrambi gli studi, i carboidrati erano aumentati (ma solo quelli dei cibi integrali) e le proteine animali erano diminuite. È possibile, quindi, perdere peso, ma occorrono volontà e costanza. Alcune di queste donne tornarono a mangiare come prima, come mangiano tutti, e ingrassarono di nuovo. Non basta una dieta per pochi mesi o anni, è lo stile di vita che occorre cambiare, per sempre.

colpi e giù), trangugiamo. Mangiamo in fretta, mentre facciamo altre cose, leggiamo, chattiamo o guardiamo la televisione. Anche la nuova cucina propone sempre più cibi che non richiedono l'impegno di masticare. Mangiamo inconsapevolmente, per riempire la pancia, per il piacere di sapori intensi: zucchero, sale, spezie, pomodoro in ogni piatto, panna e salse varie per nascondere la cattiva qualità dei cibi. E mangiamo troppo.

A cosa serve masticare oggi? Ricordiamoci che serve a digerire gli amidi, pane, pasta, cereali e altri semi, patate e altri tuberi, zucche, carote e, chi più chi meno, tutti gli ortaggi. Senza masticare lasciamo tutto l'onere digestivo all'intestino, e il cibo non masticato fermenterà, produrrà gas e quel senso di pancia gonfia di cui moltissimi si lamentano. Non è necessario masticare a lungo carni o pesce, che non contengono amidi, ma è essenziale insalivare accuratamente tutto il cibo vegetale. Masticando si mangia più lentamente e si dà il tempo all'organismo di mandare messaggi di sazietà al sistema nervoso centrale. Migliaia di anni fa non sarebbe stato un problema, ma oggi chi mangia in fretta ingrassa. Pare che, masticando, le nostre ghiandole salivari emettano sostanze – l'ormone parotideo descritto anni fa da ricercatori giapponesi – che comunicano ai centri cerebrali dell'appetito di smorzare i loro segnali. Masticare consente di apprezzare il gusto dei cibi, la qualità dei cibi semplici, in cui possano riconoscersi gli ingredienti.

Mangiare poco e masticare tanto: la frugalità non è una privazione, è il modo per percepire la qualità degli alimenti, la qualità e la pulizia dei cibi semplici, siano essi solidi, croccanti o cremosi. Per reimparare a masticare è utile associare la masticazione alla respirazione: si mastica cinque volte (o sei, sette volte) inspirando e cinque volte espirando, e si contano cinque atti respiratori: avremo masticato cinquanta volte ogni boccone, allontanandoci un po' dalla voracità animale. Cinquanta volte sono sufficienti a digerire completamente l'amido di una crema di cereali. Ma se mangiamo cereali in chicco, un riso integrale o una minestra di orzo o di farro, oppure una pasta cotta al dente, ci accorgeremo che cinquanta volte non bastano a rendere tutto perfettamente liquido prima di inghiottire. Mastichiamo, dunque, finché tutto non sia diventato liquido. Riceveremo messaggi di ringraziamento dal nostro intestino. Mastichiamo consapevolmente, con attenzione, con concentrazione, come si trattasse di una pratica di meditazione. Ci accorgeremo che masticare è piacevole, che si apprezzerà di più il cibo, che si darà più importanza alla qualità, che mangeremo meno, che staremo meglio.

NON TUTTE LE CALORIE SONO UGUALI

La frutta secca, ricca di grassi, fornisce molte più calorie rispetto alle patate e al pane bianco, ma aiuta a non ingrassare, mentre patate e pane bianco fanno ingrassare. Il consumo elevato di proteine (soprattutto animali) tipico della dieta occidentale, pur fornendo solo 4 calorie per grammo, favorisce aumento di peso più del consumo di grassi, che forniscono 9 calorie per grammo.[23] A parità di calorie, i cibi ricchi di fibre fanno ingrassare di meno perché rallentano la velocità di assorbimento del glucosio e danno un maggior senso di sazietà. Anche molti cibi proteici e grassi, in particolare la frutta secca, rallentano l'assorbimento del glucosio.

Il peso delle proteine

Numerosi studi prospettici (e anche sperimentali), che seguirono al primo studio pubblicato su "The Lancet" sui bambini americani e la connessione fra stile alimentare e obesità (vedi il capitolo "Le disarmonie dell'anima" a p. 15), dimostrano, contro ogni aspettativa, che anche il consumo elevato di proteine, soprattutto animali, che caratterizza la nostra civiltà, è una causa importante di aumento di peso. Nello studio EPIC, che segue oltre 500.000 persone volontarie in Europa, si sono confrontate le abitudini alimentari di chi era snello ed è rimasto snello nel tempo con quelle di chi invece è ingrassato. Si è inoltre studiato chi era sovrappeso ed è diventato obeso confrontandolo con chi non è ulteriormente ingrassato. In entrambi i casi, chi mangiava più proteine ingrassava, mentre il consumo di grassi e di carboidrati non aveva influenza.[24] Mediamente, il 16% delle calorie che introduciamo con il cibo proviene da proteine. Chi ne introduce di più (20-25%) ingrassa, chi di meno no. Studi condotti negli Stati Uniti confermano le stesse osservazioni. A prima vista, questi risultati sembrano sospetti, perché si conoscono diete iperproteiche che fanno dimagrire (solo carne magra e insalata), anche di 10 kg in un solo mese. Si tratta di diete esageratamente iperproteiche (addirittura il 40% di calorie totali), che costringono le nostre cellule a utilizzare proteine come nutrimento, con produzione di residui tossici. Si dimagrisce perché ci si intossica, si intossica il centro cerebrale dell'appetito e si mangia meno. Chi dimagrisce con queste diete spesso poi ingrassa più di prima, perché non ce la fa più a mantenere una quota così alta di proteine e si assesta magari sul 25% delle calorie totali, una quota che fa ingrassare.

Ancora oggi molti nutrizionisti e dietologi insistono con diete iperproteiche, e la letteratura scientifica è piena di dibattiti se sia meglio ridurre i grassi o ridurre i carboidrati. In realtà tutto dipende dalla qualità dei grassi e dei carboidrati. I grassi forniscono più del doppio delle calorie rispetto a proteine e carboidrati, ma certi grassi hanno un effetto molto positivo sull'equilibrio metabolico (i grassi polinsaturi dei vegetali e del pesce). I cibi ricchi di carboidrati che fanno alzare molto rapidamente la glicemia (farine raffinate tipo 00 o 0, il pane bianco, le patate, i fiocchi di mais, il

---

BUONE ABITUDINI LEGGERE

- Ridurre il cibo animale (eccetto il pesce).
- Aumentare cereali integrali, legumi, verdura, frutta (compresa quella oleaginosa), tenendo presente che legumi e frutta oleaginosa rallentano la velocità di assorbimento del glucosio (è utile che l'uno o l'altro siano presenti a ogni pasto).
- Mangiare riso o pasta con ceci o fagioli o lenticchie, oppure con un sugo di noci e rucola, o di mandorle e basilico (vedi il capitolo "Le ricette della leggerezza" a p. 241).

---

riso bianco) sono più pericolosi dei cibi integrali ricchi di fibre, che rallentano la velocità di assorbimento del glucosio. Se la glicemia, dopo mangiato, sale troppo rapidamente, il pancreas risponderà con una produzione massiccia e rapida di insulina (l'ormone che apre le porte per far entrare il glucosio nelle cellule), che ha due effetti principali: mandarci in ipoglicemia (e quando siamo in ipoglicemia ci viene fame) e attivare gli enzimi che fanno entrare i grassi nelle cellule del tessuto adiposo (lipoprotein lipasi). Più zuccheri si mangiano, più viene fame di zuccheri, più si ingrassa.

Yin e yang, le energie della vita

Noi, esseri umani, e tutti gli esseri viventi sulla Terra, siamo figli dell'energia del cielo (yang) e dell'energia della terra (yin), le due manifestazioni del Tao.

"Il Tao che può essere detto non è l'eterno Tao."[25] Il Tao, il principio primo di cui nulla si può dire, non può essere conosciuto, ma può essere esperito attraverso le sue manifestazioni. Il Tao è l'Uno al cui interno si attua il divenire, il due, lo yin e lo yang, le due energie opposte, ma complementari, che nel loro divenire generano i "10.000 esseri",[26] variamente composti di yin e yang.

Lo yang è rappresentato, negli ideogrammi cinesi, come

COLAZIONE, NON TI TEMO

A colazione, su una fetta di pane integrale stenderemo un sottile strato di tahin (pasta di semi di sesamo frullati) e una composta di frutta (senza zucchero aggiunto), oppure prepareremo una cecina (vedi il capitolo "Le ricette della leggerezza" a p. 241) o un muesli (senza zucchero) con fiocchi di avena, uvetta sultanina e semi oleaginosi (girasole, zucca, lino).

---

il lato assolato della collina: il sole è yang; il calore, il movimento, il lavoro, l'energia maschile sono yang.

Lo yin è rappresentato come il lato in ombra, la notte, il freddo, il principio femminile, l'accoglienza, la Madre Terra.

L'ideogramma del Tao, la via, rappresenta simbolicamente un viandante che porta in spalla una canna di bambù ai cui estremi sono appesi due cesti: il cesto dell'energia yang e quello dell'energia yin. Fra i due cesti alcune righe orizzontali indicano che ci deve essere un perfetto equilibrio fra le due energie per poter procedere lungo la via, il cammino della nostra vita.

FATTORI ALIMENTARI CHE HANNO DIMOSTRATO DI FAVORIRE L'AUMENTO DI PESO

In ordine di importanza:

- patatine,
- patate,
- carni lavorate (salumi),
- carni rosse,
- bevande zuccherate,
- burro, latticini grassi,
- dolciumi,
- prodotti con farine raffinate,
- succhi di frutta.

FATTORI ALIMENTARI CHE HANNO DIMOSTRATO DI PREVENIRE L'AUMENTO DI PESO

In ordine di importanza:

- cereali integrali,
- frutta e verdura (escluse le patate),
- noci e altri semi oleaginosi,
- legumi,
- yogurt.

Il gusto della leggerezza

Come possiamo risvegliarci dalla pesantezza del corpo e dell'anima? Ci sentiamo depressi, tristi, accidiosi, siamo sempre o spesso di cattivo umore, melanconici (dal greco *mélanos*, nero, e *cholé*, bile, quindi "bile nera", uno dei quattro umori dalle cui combinazioni dipendono, secondo la medicina ippocratica, il carattere e gli stati d'animo delle persone), abbiamo perso il senso della vita? Secondo la medicina tradizionale cinese, questi stati d'animo dipendono da un difetto della fase energetica del "metallo", che governa il polmone e l'intestino crasso. Le malattie polmonari sono classicamente associate alla tristezza (si veda la letteratura ottocentesca sulla tisi), mentre le malattie dell'intestino, le frequentissime malattie organiche o funzionali che causano stitichezza, pancia gonfia, coliti, si accompagnano al malumore. Nessuno può essere felice se non fa la cacca o se ha mal di pancia.

Il gusto che attiva l'energia metallo è il piccante, il gusto di molte spezie, del cren (rafano, molto usato in Germania e in Alto Adige per equilibrare lo yang della carne), del wasabi (ottenuto – come il cren – grattugiando i rizomi di una brassicacea e diffuso in Giappone per equilibrare lo

---

YIN E YANG A TAVOLA

Anche i cibi contengono più o meno energia yin o yang.

In generale il **cibo animale**, più riscaldante, è più yang; il **cibo vegetale**, più rinfrescante, è più yin.

I **semi** sono yin perché vegetali, ma anche yang perché piccoli e concentrati, pieni di potenzialità vitale.

I **cereali** sono il cibo più equilibrato: rispetto al riso (l'equilibrio perfetto di yin e yang), il miglio (più concentrato) è più yang, mentre il granoturco (più espanso) è più yin.

I **legumi**, più grandi, sono lievemente più yin dei cereali, ugualmente le **mandorle** e le **noci**.

Verso lo yin troviamo poi le **verdure**:

- prima le radici, come bardana e carote, che crescono verso il basso con l'energia yang del cielo;
- poi le verdure di terra, come cipolle, zucche, verza;
- infine le verdure che si proiettano verso l'alto, come sedano, porri, asparagi, con l'energia yin della terra.

In seguito i **frutti**, tanto più yin quanto più espansi, che la natura ci offre d'estate, la stagione yang, per rinfrescarci.

ESTREMO YIN

Più yin dei vegetali sono gli estratti dei vegetali, le farine raffinate, i succhi, gli oli, i prodotti fermentati, il vino, l'aceto e, all'estremo yin, lo zucchero.

ESTREMO YANG

Dal lato dello yang troviamo i molluschi, i pesci, poi le carni bianche, la selvaggina, le uova (tanto più yang quanto più piccole), le carni rosse, i formaggi salati e stagionati, le carni lavorate con il sale.

EQUILIBRIO: SE NON SI TRATTA DI CIBI ESTREMI È PIÙ FACILE

La gastronomia occidentale, pur non sapendo nulla di yin e di yang, ha sempre cercato un equilibrio di queste energie: il debole yang del pesce è spesso equilibrato con una patata bollita (yin anche se cresce sotto terra, perché non ha una precisa direzione di crescita), la bistecca si equilibra con l'insalata e con un bicchiere di vino, il prosciutto con il melone, e l'hamburger, doppio yang perché carne rossa cotta all'altissima temperatura della piastra, si cerca di equilibrare con il doppio yin della bibita gasata con ghiaccio.

Ma è più facile equilibrare i cereali con i legumi, la splendida coppia che l'uomo ha sempre mangiato prima della rivoluzione propinata dall'industria alimentare.

yang del pesce crudo), del rapanello, del daikon, della curcuma, dello zenzero, gusti che svegliano le papille gustative e tutto il tubo digerente.

Nella tradizione macrobiotica, il daikon è indicato per smuovere l'intestino pigro e per le patologie respiratorie. Il daikon smuove inoltre i depositi di grasso, quel grasso pesante e duro che si accumula nei fianchi e nelle cosce, il grasso infiammato della cellulite (vedi il capitolo "I codici del grasso corporeo" a p. 37). Mancano studi scientifici sull'efficacia del daikon per attivare il metabolismo del tessuto adiposo, ma ci sono numerosi studi su altre spezie piccanti, come la curcuma e lo zenzero, ed è ragionevole ipotizzare che i loro risultati valgano anche per daikon e rapanelli.

Se lo zenzero, e in generale il gusto piccante, agisce sull'intestino e sul polmone e sblocca la stagnazione del nostro grasso, pare ragionevole ipotizzare che possa agire anche sulla stagnazione e la pesantezza del nostro stato mentale, dei nostri stati d'animo, incancreniti in meccanismi stereotipati di rancori, rabbie, delusioni, tristezze, circoli viziosi di forme mentali di pessimismo e di "tanto non c'è niente da fare".

Abbiamo visto come queste reazioni coatte siano iscritte nei circuiti abitudinari del cervello limbico, che ci obbliga a reagire sempre nello stesso modo a fronte dello stesso stimolo. Dobbiamo cambiare le tracce del sistema limbico, sostituirle con tracce che ci facciano reagire con gioia, entusiasmo, amore, compassione, gratitudine. Dobbiamo allenare il sistema limbico a sviluppare percorsi e abitudini positivi. Proviamoci.

Zenzero, compagno di leggerezza

Lo zenzero è una delle spezie più usate al mondo, sia in cucina, sia come fitoterapico. È usato come antinfiammatorio e per controllare il diabete e le dislipidemie. Proviene dall'Oriente, ma negli ultimi decenni è diventato di uso comune anche in Europa. Un piccolo studio condotto una decina di anni fa con la collaborazione di una ventina di persone obese ha mostrato che una bevanda di zenzero (2 grammi in acqua bollente) al mattino prima di una colazione standard riduceva l'appetito nelle persone obese e aumentava il senso di sazietà dopo la colazione. Uno studio successivo su 80 donne sane, la metà delle quali consumavano una bevanda con 2 grammi di zenzero, ha confermato un effetto significativo sull'appetito e, nel volgere di 12 settimane, ha mostrato una modesta ma significativa riduzione del peso corporeo e della circonferenza vita, anche se i due gruppi sperimentali consumavano circa le stesse calorie. Pare infatti che uno dei principali meccanismi antiobesità dello zenzero sia quello di aumentare il consumo di energia, in particolare con la termogenesi. Farebbe quindi dimagrire perché fa consumare più calorie, oltre che, forse, perché aiuta a introdurne meno. Altri studi condotti su persone affette da diabete, da steatosi epatica o da insufficienza renale non hanno mostrato, però, alcun effetto sul peso corporeo. Rimane quindi qualche dubbio sull'efficacia dello zenzero per chi desidera dimagrire o non ingrassare.

Gli studi su pazienti diabetici hanno dimostrato un miglioramento della glicemia e della pressione arteriosa, gli studi sui pazienti con steatosi epatica hanno mostrato una riduzione dei livelli delle transaminasi e dello stato infiammatorio, e gli studi sui pazienti con insufficienza renale hanno mostrato una significativa riduzione dei trigliceridi e del colesterolo. Che faccia dimagrire o no, quindi, lo zenzero riduce i fattori che contribuiscono all'alto rischio di diabete e di malattie cardiovascolari che caratterizza le persone obese. Gli studi sugli animali (topi o ratti nutriti con una dieta ricca di grassi e di zucchero) hanno invece coerentemente mostrato che lo zenzero (sotto forma di estratti acquosi, oli essenziali o principi attivi estratti dallo zenzero, come il gingerolo o il gingerenone) previene l'obesità e/o la fa regredire. Gli studi animali hanno però utilizzato dosi decisamente alte, improponibili per l'uomo.

I meccanismi antiobesità dello zenzero dipendono dal suo contenuto di sostanze con effetto simile alle catecolamine, che attivano i recettori (beta-adrenergici) del sistema nervoso simpatico, causando da un lato, come abbiamo visto, un aumento della termogenesi (per cui bruciamo più calorie anche a riposo) e, dall'altro, un aumento della lipolisi (per cui sciogliamo i depositi di grasso).

Più studi inoltre suggeriscono che lo zenzero riduca l'assorbimento dei grassi nell'intestino e che inibisca sia la lipogenesi (la sintesi dei grassi) sia la deposizione dei grassi nel tessuto adiposo. Ridurrebbe anche la digestione dei carboidrati, quindi il loro impatto glicemico. L'efficacia nel diabete dipenderebbe inoltre dal favorire l'ingresso del glucosio nelle cellule. Il suo effetto sull'appetito dipenderebbe dall'interferenza di alcuni dei suoi polifenoli con l'azione della serotonina (il trasmettitore chimico della felicità, l'ormone che i neuropsichiatri cercano di fare aumentare con i farmaci antidepressivi), legandosi ai suoi stessi recettori.[27]

E per il peso dell'anima?

Negli ultimi anni si sono moltiplicati gli studi che mostrano come la dieta mediterranea tradizionale, o comunque stili alimentari che privilegiano frutta, verdura, cereali integrali, altri semi, pesce, olio di oliva, latticini magri, sia associata a un minor rischio di depressione, mentre un'alimentazione ricca di salumi, carni rosse, farine bianche, dolciumi, patate, burro e formaggi grassi, aumenti il rischio di depressione.[28]

AGLI ALBORI DEL DIGIUNO

Il gusto è diventato un'insopprimibile necessità fisica, che ha trasformato radicalmente il concetto di alimentazione, introducendo percezioni sensitive associate a meccanismi mossi dall'intelletto, razionali e, contestualmente, emotivi. Quando mangiare e bere sono diventati più un piacere che un bisogno – c'è chi attribuisce questa evoluzione al popolo delle ziggurat, i Sumeri, e chi ad altre civiltà precedenti – si sono sviluppati, per una sorta di bilanciamento richiesto dalla natura dell'uomo, forme di regolazione e di astinenza volontaria dal cibo e poi il digiuno, praticato forse già secoli prima in Cina, India, conosciuto in un'area geografica fra Persia e Mesopotamia, fra Assiri e Babilonesi, arrivato in Europa presumibilmente attraverso gli Egizi e i Fenici, presente in America del Nord e del Sud prima dell'arrivo di Cristoforo Colombo. Il fatto che i primi esploratori ne abbiano trovato tracce in tribù dell'Africa e dell'Australia fa supporre che anche fra le popolazioni indigene fosse in uso da tempi antichissimi.

La pratica del digiuno è generalmente associata alle religioni, soprattutto all'ebraismo e al cristianesimo, e al numero 40: Mosè si astiene dal cibo per 40 giorni, prima di ricevere da Dio i comandamenti; 40 giorni digiunarono anche Elia e altri profeti; Gesù nel deserto 40 giorni e 40 notti; San Francesco ricevette le stigmate dopo un digiuno di 40 giorni. Sono moltissimi i santi e i martiri che hanno fortificato la fede con periodi di rifiuto di ogni forma di nutrimento. Buddha aveva digiunato a lungo prima di essere "illuminato". Per i musulmani, digiunare è obbligo imposto dal Corano: un intero mese dura il Ramadan, altrettanto per gli induisti il Shravan Maas.

Ma il digiuno è un concetto che travalica le religioni: è purificazione biopsichica. Non cibarsi significa andare al di là del corpo e della mente, ha una valenza simbolica universale, sia nelle sue manifestazioni individuali sia come rito collettivo: i vecchi indiani d'America andavano incontro alla morte, convinti di liberare lo spirito dal corpo (diventando così spirito puro), privandosi volontariamente del cibo; i giovani delle tribù navajo digiunavano per una settimana prima della stagione della caccia e della pesca.

Tuttavia il digiuno non è soltanto raccoglimento e preghiera, ma forma di protesta laica, politica e non violenta – dal Mahatma Gandhi a Marco Pannella, agli scioperi della fame delle suffragette britanniche per il voto alle donne – per affermare i propri diritti o sostenere quelli altrui, calpestati dalla prepotenza del potere.

Zen ai fornelli

Per trasformare l'atto del cucinare in una meditazione sono necessari tre elementi fondamentali: l'intensa e passionale presenza nell'atto che si compie, la consapevolezza di se stessi mentre si cucina, la consapevolezza della bellezza del cibo e del miracolo della nutrizione.

Si tratta di fare un salto nel tempo all'epoca dei nostri nonni e bisnonni, perché pochi decenni fa questi valori si alimentavano spontaneamente. Per trasformare l'atto del cucinare in meditazione occorre ritornare alle nostre origini, cambiando il nostro paradigma interiore di intendere il cibo, ma anche la vita.

I gesti rituali

La prima indicazione per operare questo cambiamento, che è innanzitutto interiore, consiste nello sviluppare sei virtù essenziali da applicare a ogni gesto: ascolto, lentezza, ri-

---

COME RISPETTARE IL MOMENTO DEI PASTI? UN ESEMPIO ILLUSTRE

Il fondatore di Microsoft, Bill Gates, ha tre figli (attualmente di 23, 20 e 19 anni) i quali fino all'età di 14 anni non hanno posseduto un cellulare. In un'intervista, Bill Gates motiva così questa scelta familiare pedagogica: «Non abbiamo voluto che accedessero a questi strumenti prima dei 14 anni, anche se si lamentavano di non essere al passo con i loro amici. Abbiamo fissato un orario preciso, oltre il quale vengono spenti telefoni, televisori e computer. Quando erano più piccoli, questa regola li aiutava anche ad andare a dormire a un orario ragionevole. Inoltre, non portiamo mai i cellulari a tavola: disturbano momenti importanti per la famiglia come lo sono i pasti».[29]

---

lassatezza, presenza, tranquillità e imperturbabilità. Aboliamo la velocità e la fretta, in ogni loro forma. Cucinare è il momento in cui possiamo concederci il piacere di ascoltarci e gustare pienamente un'esperienza. La lentezza è, in un'epoca di stress, un lusso che abbiamo il dovere di coltivare e godere. Proviamo a cucinare in un giorno di vacanza, magari nel weekend, senza preoccuparci del tempo che passa, lasciando l'elenco delle cose da fare fuori dalla porta della cucina, assorti solo nel momento presente. Alla fine il tempo che impiegheremo sarà minore del previsto, e lo avremo vissuto con pienezza. Proviamo a dedicarci al il cibo ponendo attenzione esclusivamente a ciò che stiamo preparando, utilizzando il mortaio invece del mixer e il coltello invece del tritatutto.

Gratitudine

Mentre cuciniamo, impariamo a ringraziare il cibo. Siamo riconoscenti e attenti alla bellezza delle forme della natura, a ciò che stiamo preparando e all'attitudine interiore con cui lo stiamo facendo. Siamo grati per la fortuna di poterci nutrire di cibo sano. A questo scopo, una buona pratica consiste nel pensare la parola "grazie" per ogni gesto che compiamo.

Amore e gioia

Il cibo preparato con amore, con l'intenzione cosciente di prendersi cura di noi e di chi amiamo, nutrirà non solo il corpo, ma anche la forza vitale, le emozioni positive, i pensieri ispiranti, l'armonia, la guarigione e la pace, la consapevolezza spirituale. Cucinare è un momento di gioia, farlo con leggerezza rende anche le pietanze più buone. Ciò che viene preparato da due diverse persone ha un sapore differente, anche se cucinato con gli stessi ingredienti, tempi e luoghi di cottura. Questo avviene perché esiste un ingrediente segreto presente in ciò che mangiamo: lo spirito di chi cucina.

LEGGEREZZE DAL MONDO

TÈ E PRESENZA

In Giappone viene praticato tutt'oggi un rito antichissimo chiamato *Cha no yu*. È la celebre cerimonia del tè in cui è racchiusa una filosofia di vita. La pianta del tè, utilizzato ancora oggi, fu importata in Giappone dalla Cina intorno al VI sec., in concomitanza con la diffusione del buddhismo. Per le sue proprietà mediche e terapeutiche, il tè fu adottato come rinvigorente ed elisir di longevità anche dal taoismo. La leggenda racconta che Bodhidharma, un monaco buddhista del VI sec., durante nove anni di meditazione profonda, per non addormentarsi mai, mantenendo fede alla sua disciplina, decise di tagliarsi le palpebre, che caddero a terra dando vita alla pianta del tipico tè. Alcuni monaci, ancora oggi, utilizzano questa bevanda per mantenere viva l'attenzione durante le lunghe pratiche meditative.

In origine l'utilizzo del tè era a uso esclusivo dei monaci, durante funzioni e cerimonie religiose, ma, con il tempo, venne condiviso e si diffuse anche nel resto della popolazione. Dapprima furono solo gli aristocratici a consumare il tè come occasione mondana di incontro, ma fra il XIV e il XV sec. il suo utilizzo si estese anche alla classe mercantile emergente e, successivamente, ai samurai. Furono proprio loro a creare la cerimonia del tè come momento rituale ed elemento fondamentale dell'esistenza e della "Via", il codice di condotta e onore che regolava la vita dei guerrieri.

Dalla sua forma originaria questo rito mutò quando entrò a far parte dei cerimoniali del buddhismo zen. Murata Suko trasformò la cerimonia del tè in un momento meditativo di straordinaria intensità, dove ogni piccolo gesto esprime profondi significati sulla purificazione dello spirito, in relazione alla natura, fino al raggiungimento dell'illuminazione. Uno dei maestri più noti del rituale *Cha no yu* fu Sen no Rikyu (1522-1591, Osaka) che ne fece una vera e propria forma d'arte, codificando gli elementi principali del rito ed elevandolo alla sua massima espressione: silenzio e quiete interiore, armonia e natura, serenità e sintonia. Questo rituale viene celebrato nella *Chashitsu*, la stanza del tè, creata dai maestri zen intorno al XV sec., che può essere situata anche in un padiglione all'aperto (la *suki ya*), all'interno dei giardini. L'essenzialità di questi luoghi, la sobrietà, l'assenza di mobili e ornamenti è espressione e rappresentazione del vuoto della mente e trasforma il rituale del tè in momento di autentica meditazione in movimento. La stanza del tè non è solo un luogo fisico, ma anche mentale, emozionale e spirituale. L'assenza di contenuto lascia spazio alla percezione del vuoto fisico e mentale che si unisce ai forti tratti simbolici e spirituali del rito, il quale diventa meditazione pura. Le caratteristiche e la disposizione della stanza del tè vengono descritte con il termine *sabi*, che racchiude bellezza, sobrietà e fascino arcano. Ogni particolare è curato nei dettagli e niente viene lasciato al caso, ma trasformato in un'espressione simbolica e consapevole. Il primo momento del rito inizia già quando gli ospiti privilegiati devono attraversare il giardino per recarsi nella stanza o nel padiglione del tè.

Durante questo passaggio ogni partecipante si lascia alle spalle il mondo esterno e le sue preoccupazioni per entrare in uno spazio di silenzio e meditazione rituale. Il passaggio nel giardino diviene simbolicamente l'accesso al proprio giardino interiore, predisponendo lo stato d'animo all'armonia con gli elementi essenziali presenti: le lanterne ricoperte di muschio, un piccolo ruscello, i fiori e le piante...

Prima di entrare nella stanza vi è un momento di purificazione con l'acqua; anche l'abbigliamento dei partecipanti è molto curato: i *tabi* (sandali), i *kaishi* (fazzoletti bianchi), il ventaglio esprimono l'eleganza essenziale necessaria al cospetto del silenzio. È infatti in assoluto silenzio che il rito del tè si svolge: gesti ripetuti e lentissimi, che animano una pratica di meditazione dinamica della durata anche di alcune ore. L'assoluta disciplina e attenzione nell'esecuzione del rito garantiscono che nulla interferisca con l'armonia di questa pratica. Ogni invitato, nel momento dell'offerta del tè, prende la tazza con la mano destra e lentamente, con assoluta presenza, la appoggia nel palmo sinistro ammirando il lato più bello della tazza. Poi, con la mano destra, ruota la tazza in senso antiorario mostrando il suo lato più bello agli ospiti. Solo a questo punto avviene l'atto della degustazione consapevole, seguita dalla pulizia rituale del luogo di appoggio delle labbra.

Anche negli strumenti utilizzati per la cerimonia (per esempio le teiere, chiamate *testsubin*, *natsume*, *koicha*) i disegni, se presenti, sono ispirati alla tranquillità e alla semplicità: foglie, bambù o animali stilizzati. La perfezione di ogni gesto consiste nella presenza assoluta e consapevole in esso.

Preghiera

La preghiera di ringraziamento è una pratica antica che possiamo reintrodurre prima di ogni pasto con grande beneficio. Omaggiare il cibo, l'uomo che lo ha lavorato e la natura che lo ha generato ci predispone alla sacralità dell'atto di nutrirci: prepara corpo, mente ed emozioni a ricevere il combustibile che alimenterà tutte le nostre forze, fisiche, mentali e spirituali.

Semplicità e ordine

Meno i cibi sono elaborati, meglio è. La tavola, oltre che un luogo fisico, è anche un ambiente mentale ed emozionale e, in quanto tale, deve richiamare al silenzio, alla meditazione e all'essenzialità. L'ordine essenziale esteriore, curato nel dettaglio, riflette l'ordine interiore. Ricerchiamo quell'essenzialità che fa stare bene.

Anche la pulizia di posate, pentole e piatti sarà eseguita in modo rituale, come se si stessero purificando e riordinando la propria mente, le emozioni e lo stato interiore. Ogni spazio esterno influenza lo spazio interno, così come la ricerca di ordine e semplicità esteriore ci aiuta inevitabilmente a trovare ordine dentro noi stessi. Stare bene a tavola dipende dalla preparazione del cibo, dalla scelta e dalla cura del luogo e, anche, dal modo in cui si mangia.

LEGGEREZZE DAL MONDO

ITADAKIMASU, IL GIAPPONE CI INSEGNA LA CURA PER IL PASTO

La parola che i giapponesi pronunciano prima dei pasti è *itadakimasu*, vocabolo dalle radici antiche, che affondano nel buddhismo. Può essere tradotta con il significato di "mangiare e ricevere, in modo umile". Si tratta di un ringraziamento rivolto a tutte le persone coinvolte nel pasto, non necessariamente presenti: chi ha preparato il cibo, chi ha coltivato le verdure o chi ha pescato il pesce. Pronunciare *itadakimasu*, quindi, esprime la consapevolezza di quanto è stato sacrificato di Madre Natura affinché quel pasto sia possibile. La parola viene pronunciata quando il pasto è servito e tutti sono a tavola, pronti per mangiare.

Cucinare come specchio interiore

L'atto del cucinare è espressione del nostro carattere e del nostro livello di realizzazione interiore.

C'è chi ha una forte propensione al controllo: vuole sapere cosa preparare con anticipo, organizza i momenti per cucinare, fa una spesa funzionale ai menu e sa esattamente cosa c'è nel frigorifero. Queste persone quando si allacciano il grembiule hanno le idee molto chiare. In questi casi l'opera d'arte culinaria e la creatività passano al vaglio della pianificazione.

Esiste un secondo tipo di persone: quelle che aprono il frigo per "vedere cosa c'è" (il frigorifero, in certi casi, sembra un luogo misteriosamente dotato di vita propria). Il pasto verrà allora creato in base a ciò che sarà disponibile sul momento, coniugando gli ingredienti già presenti.

L'arte della leggerezza può raggiungere una delle sue massime espressioni proprio in cucina, nella relazione con il cibo, uno degli aspetti più sacri della vita. Qualunque sia la categoria di persone a cui apparteniamo, infatti, abbiamo la possibilità di trasformare l'atto del cucinare in una pratica trascendentale. "Osservare come un testimone" è uno stato di coscienza noto nelle pratiche avanzate di meditazione e consiste nell'osservare ciò che accade senza identificazione, contemplandolo da una posizione trascendente. La mente tace in questo stato: si manifesta l'assenza di aspettative, identificazioni, giudizi, controllo. Non esiste, in questo stato, né passato né futuro, bensì un *continuum* di presente. La preparazione del cibo può trasformarsi in una meditazione trascendentale che insegna a vivere nella leggerezza grazie alle seguenti abilità:

- come annullare la mente;
- come raggiungere la resa completa e l'assenza di controllo (questo stato viene definito "togliersi di mezzo e lasciare andare la presa");
- come trovare la perfezione senza cercarla;
- come osservare le esperienze senza identificazione.

PREGHIERA DI RINGRAZIAMENTO

Grazie al Sole e alla Terra che hanno nutrito questo cibo.
Grazie alle persone che l'hanno coltivato, lavorato e preparato.
Grazie alla vita che contiene.
Possa questo cibo nutrire la forza, la pace e l'amore che dimorano in me ("in noi", se si è con altre persone), a beneficio di tutti gli esseri.

DIALOGO DELL'ASSURDO: LA CUCINA TRASCENDENTALE

«Cosa stai cucinando?»

«Non lo so.»

«Come non lo sai? Cosa prepari?»

«Non lo so. Si sta facendo da solo.»

«Mi prendi in giro? Avrai qualcosa in mente? Che cosa hai preso dal frigo?»

«Non ho nessuna idea. Semplicemente, ciò che faccio sta accadendo. Prendo gli ingredienti che ho trovato in frigo, senza nessuna aspettativa e, soprattutto, nessuna voglia o appetito particolare. Posso dirti in tutta sincerità che gli ingredienti si sono scelti da soli. Mi hanno chiamato. Ora, mentre cucino, osservo ciò che faccio con distacco e lascio che accada, come se stessi guardando un film. Permetto alla cena di costruirsi da sola.»

«Come fai? È assurdo!»

«È vero, ma è ciò che sta avvenendo. Lascio andare ogni pretesa di controllo e ogni meccanismo mentale. Lascio andare tutto ciò che so e che appartiene al passato e tutto ciò che vorrei e che appartiene al futuro. Esiste solo ciò che accade, e accade indipendentemente da me. La cena si sta facendo da sola. Io ascolto, mi arrendo, senza nessun tipo di controllo. Anche la vita, se ci penso bene, è così. Posso osservarla mentre accade, senza sentirmi necessariamente protagonista. Cucinare è una madre che ama. Cucinare è come innamorarsi. Accade. Non te lo devono spiegare. Nessuno lo può insegnare, e non può essere pianificato. Amare e innamorarsi sono le improvvisazioni più sublimi della vita. Bisogna cercare di non opporsi, se non vogliamo soffrire. Bisogna cercare di non resistere a ciò che è nella natura delle cose, di non essere sempre intenti a pensare, orientare, spingere, forzare. Una madre che ama sa cucinare in questo modo, se applica al cibo le meccaniche del cuore. Cucinare è come amare, se vogliamo: improvvisare con il cuore. Il cibo è un dono, e ogni dono sorge dall'amore. Per questo ti dico che non so cosa sto preparando, perché la cena si sta facendo da sola. Momento per momento, nasce: amare è sapere cosa fare, senza sapere come si fa a saperlo. Perché quell'amore, in fin dei conti, lo siamo. È la nostra natura più intima e autentica. Cucinare in questo modo è arrendersi alla vita e lasciare che sia la vita a prendere il controllo. Ci vuole una certa dose di coraggio per far sì che la cena si faccia da sola.»

«Pensi che verrà buona?»

«Non penso nulla. Per questo so che sarà perfetta.»

10

Le ricette della leggerezza

A cura di Simonetta Barcella

Di seguito presentiamo alcune ricette (in ordine alfabetico) come spunti per uno stile alimentare votato alla bontà, alla salute e alla leggerezza. Il presente volume non ha l'intento di essere un libro di cucina, quindi l'assortimento di ricette proposto non ha in alcun modo la pretesa di essere esaustivo. È possibile approfondire il tema della pratica in cucina tramite altri validi strumenti. Suggeriamo in particolare di sperimentare la cucina Macromediterranea®, integrazione della cucina mediterranea tradizionale e della filosofia dell'energia del cibo tipica della macrobiotica. A questo proposito, ricordiamo che nei seguenti volumi è presente un ricco assortimento di ricette, condivise dagli autori: *Ventuno giorni per rinascere* di F. Berrino, D. Lumera, D. Mariani (Mondadori, Milano 2017) e *Medicina da mangiare* di F. Berrino, con il contributo di S. Barcella e S. Petruzzelli (Franco Angeli, Milano 2018).

CAVOL... FIORI ALLA CURCUMA

Ingredienti
- 1 cavolfiore
- Olio extravergine di oliva
- 1 radice di curcuma fresca
- 1 spicchio d'aglio
- Zeste (scorza tagliata a listarelle) di 1 limone biologico
- Sale
- Pepe

Preparazione

Tagliamo il cavolfiore in cimette piccole e di misura omogenea e mettiamole in una ciotola.

Versiamo l'olio in un pentolino, scaldiamo fino a 80 °C e aggiungiamo la curcuma grattugiata, lo spicchio d'aglio schiacciato e le zeste. Lasciamo raffreddare.

Nel frattempo, preriscaldiamo il forno a 180 °C.

Condiamo le cimette con l'olio aromatizzato, eliminando lo spicchio d'aglio e la buccia di limone.

Insaporiamo con sale e pepe e massaggiamo delicatamente le verdure con le mani, per distribuire uniformemente il condimento.

Versiamo le cimette in una teglia, distribuendole in un unico strato.

Inforniamo e cuociamo per 30 minuti.

CECINA

Ingredienti
- 1 tazza di farina di ceci
- 2 tazze di acqua
- 1 pizzico di sale marino integrale o ½ cucchiaino di purea di umeboshi
- 2 cucchiai di olio extravergine di oliva

Preparazione

Versiamo la farina di ceci in una ciotola e stemperiamola accuratamente con l'acqua, facendo attenzione che non si formino grumi.

Lasciamo riposare qualche ora, meglio se tutta la notte. L'ammollo serve a rendere più digeribile la preparazione grazie alla fermentazione che avviene nel tempo di riposo.

Dopo l'ammollo, aggiungiamo il sale o la purea di umeboshi, avendo cura di stemperare bene, e infine l'olio.

Scaldiamo una padella e versiamo il composto a cucchiaiate, aspettiamo che si formino delle bollicine sulla superficie e, con una spatola o un leccapentole, giriamo le cecine preparate.

Lasciamo dorare per un paio di minuti e... buon appetito!

CONDIMENTO DI MELA E ZENZERO

Ingredienti
- 1 cucchiaino di kuzu
- 1 tazza di succo di mela
- 1 cucchiaino di succo di zenzero
- 3 cucchiaini di acidulato di umeboshi

Preparazione

Sciogliamo con cura il kuzu nel succo di mela. Mettiamo sul fuoco, portiamo a bollore e mescoliamo finché non si raddensa. Aggiungiamo il succo di zenzero e l'acidulato.

Lasciamo raffreddare e utilizziamo per condire cereali integrali o verdure.

DAIKON MARINATO

Ingredienti
- Succo e scorza di ½ limone
- Zenzero grattugiato q.b.
- 1 cucchiaio di aceto di riso
- 1 cucchiaio di malto di riso
- 1 cucchiaio di tamari
- 500 g di daikon

Preparazione

Prepariamo la marinata emulsionando con una frusta tutti gli ingredienti tranne il daikon.

Puliamo il daikon, peliamolo e tagliamolo a fettine sottilissime. Trasferiamolo in una pirofila e uniamo la marinata.

Mescoliamo bene e facciamo riposare per almeno un'ora (meglio se per più tempo), avendo l'accortezza di mescolare di tanto in tanto.

Serviamo il daikon sgocciolandolo dall'eventuale marinata rimasta.

DECOTTO DI DAIKON E UMEBOSHI

Questa ricetta è ottima per smaltire accumuli di grasso e di muco nel corpo. È dunque particolarmente benefica in caso di influenza o raffreddore.

Ingredienti

- 1 cucchiaio di daikon grattugiato
- 1 pezzetto di prugna umeboshi
- 1 tazza d'acqua

Preparazione

Mettiamo il daikon grattugiato in un pentolino con il pezzetto di prugna umeboshi.

Copriamo con l'acqua e facciamo bollire per 4-5 minuti.

MINESTRA DI PASTA CON CECI

Ingredienti

- 100 g di ceci secchi
- 3-4 cm di alga kombu
- 1 rametto di rosmarino
- 1 spicchio d'aglio
- 2 acciughe salate
- 150 g di pasta di piccolo formato (tubetti)
- 4 cucchiai di olio extravergine di oliva
- Sale
- Pepe

Preparazione

Mettiamo in ammollo i ceci per 24 ore con l'alga kombu, cambiando l'acqua 2-3 volte.

Scoliamo i ceci e lessiamoli in acqua bollente con il rosmarino. Quando saranno morbidi, saliamo e lasciamo sobbollire ancora per qualche minuto.

Versiamo l'olio in una casseruola capiente e, quando sarà caldo, l'aglio schiacciato.

Appena l'aglio inizia a prendere colore aggiungiamo le acciughe lavate, spinate e spezzettate.

Lasciamo soffriggere e, quando le acciughe si saranno sfatte nell'olio, aggiungiamo i ceci con la loro acqua di cottura, eliminando il rosmarino e l'alga kombu.

Appena la zuppa riprenderà a bollire, uniamo la pasta e lasciamo cuocere per il tempo indicato sulla confezione. Aggiustiamo di sale.

La minestra deve risultare piuttosto densa. Serviamola con pepe nero appena macinato.

PASTA CON SUGO DI NOCI E RUCOLA

Ingredienti

- 100 g di rucola
- 10 foglie di basilico
- 50 g di noci
- 1 spicchio d'aglio
- 300 g di pasta a piacere
- 100 ml di olio extravergine di oliva
- Sale marino integrale

Preparazione

Laviamo bene la rucola e le foglie di basilico. Facciamole asciugare il più possibile.

Mettiamole nel bicchiere del frullatore e uniamo le noci, lo spicchio d'aglio, il sale e l'olio.

Frulliamo il tutto per pochi minuti; se vediamo che resta troppo asciutto e le lame faticano a girare, aggiungiamo poca acqua.

Mettiamo il pesto di rucola in frigorifero per mezz'ora.

Cuociamo la pasta in acqua bollente salata e scoliamola, conservando un po' di acqua di cottura.

Condiamo la pasta con il pesto preparato, aggiungendo acqua di cottura se è necessario. Mescoliamo e serviamo subito.

RAVANELLI AL FORNO

Ingredienti

- 2 mazzetti di ravanelli
- 1 limone
- Semi di sesamo
- Germogli di alfa alfa (germogli di erba medica) o senape q.b.
- Olio extravergine di oliva
- Sale marino integrale
- Pepe nero

Preparazione

Laviamo con cura i ravanelli e priviamoli delle foglie (che utilizzeremo per altre ricette).

Tagliamoli a metà e mettiamoli in una pirofila, condiamo con olio, sale marino integrale e pepe. Mescoliamo con cura. Trasferiamo in forno già caldo a 180 °C e facciamo cuocere per 25-30 minuti, mescolando di tanto in tanto.

A cottura ultimata, togliamo dal forno, lasciamo intiepidire e condiamo con succo di limone a piacere. Completiamo con semi di sesamo tostati e germogli.

N.B. I germogli di alfa alfa (erba medica) sono ricchi di nutrienti: vitamine C, D, E, K, vitamine del gruppo B e minerali quali zinco, selenio, magnesio, calcio e fosforo. È bene consumarli crudi per mantenere intatto il patrimonio nutrizionale.

RISO CON MANDORLE E BASILICO

Ingredienti

- 100 g di basilico
- 50 g di mandorle
- 1 spicchio d'aglio
- 200 g di riso integrale
- 100 ml di olio extravergine di oliva
- Sale marino integrale

Preparazione

Puliamo bene le foglie di basilico con un panno umido. Mettiamole nel bicchiere del frullatore e uniamo le mandorle, lo spicchio d'aglio, il sale e l'olio.

Frulliamo il tutto per pochi minuti; se vediamo che resta troppo asciutto, aggiungiamo poca acqua. Cuociamo il riso per assorbimento.[1] Condiamolo con il pesto preparato, aggiungendo un po' d'acqua se è necessario. Mescoliamo e serviamo subito.

ZUPPA DI CAROTE E DAIKON[2]

Queste due verdure yang tonificano l'intestino, spesso troppo rilassato per l'eccesso di zuccheri yin.

Ingredienti
- 2 carote
- 1 pezzo di daikon dello stesso peso delle carote
- 1 cucchiaino di miso di riso

Preparazione

Grattugiamo carote e daikon e mettiamo a cuocere in due tazze d'acqua per circa 10 minuti. Sciogliamo il miso con un po' di brodo di cottura e uniamo alla zuppetta, mescolando. In alternativa al miso possiamo aggiungere un po' di sale marino integrale, shoyu o tamari.

ZUPPA DI PISELLI AL WASABI

Ingredienti
- 1 confezione di piselli secchi
- 2 cipolle
- 1 litro di brodo di verdure
- 4 cucchiai di aceto di riso
- Wasabi q.b.
- Olio extravergine di oliva
- Sale marino integrale

Preparazione

La sera prima di preparare la pietanza mettiamo i piselli in ammollo.[3]

In un tegame facciamo ammorbidire la cipolla a pezzetti insieme all'olio.

Aggiungiamo i piselli ammollati e lasciamo insaporire mescolando.

Versiamo il brodo e portiamo il tutto a cottura.

Aggiustiamo di sale e riduciamo in crema con un frullatore a immersione.

Una volta ottenuta una crema densa, aggiungiamo l'aceto di riso e un pizzico di wasabi in polvere, sciolto in un po' d'acqua.

N.B. Wasabi è il nome comune dell'*Eutrema japonicum*, conosciuta anche come ravanello giapponese. Da essa si ricava una pasta verde, piccante e saporita, che accompagna solitamente sushi, sashimi e tempura.

A questa brassicacea si riconoscono numerose proprietà; è ricca di vitamina A e vitamine del gruppo B (B_1, B_5, B_9), ferro, magnesio, sodio, potassio e zinco.

11

Conclusioni

Abbiamo scritto queste pagine con l'intento di aiutare chi le volesse leggere a mettersi in cammino, a rafforzare l'intenzione di procedere nella ricerca del senso della vita, dell'esistenza, con fiducia, sapendo che il cammino stesso è la meta. Ci vuole coraggio per chiederci cosa siamo venuti a fare sulla Terra, ci vuole fiducia per ricordarcelo: troppo facile accontentarci del pensiero materialista che la nostra esistenza è solo frutto del caso, e filosofeggiare che le domande che gli uomini si pongono fin dall'antichità hanno solamente un senso consolatorio. Siamo consapevoli che nel nostro umile insegnamento non c'è nulla di nuovo, salvo forse qualche scintilla con cui la scienza moderna riesce a gettare una timida luce sulla questione immensa della coscienza.

L'essenza del nostro umile tentativo di insegnamento, del nostro pudico invito a intraprendere il cammino era già contenuta nei più antichi documenti pervenutici dagli albori delle civiltà. Non necessariamente la più antica formulazione dell'invito a intraprendere il cammino, ma forse la più antica documentazione scritta, su tavolette d'argilla in caratteri cuneiformi: è il mito dell'epopea di Gilgamesh, che regnò in Mesopotamia 2500 anni prima dell'era cristiana. Questo re, despota potente, arrogante nella caccia e nel sesso, borioso, sicuro di sé, che uccise, con l'aiuto del suo amico Enkidu, altrettanto egoico e arrogante, il gigante Hubaba, e osò persino sfidare gli dei, "nel mezzo del cammino della sua vita" diventa consapevole della sua limitatezza, della sua natura mortale. Succede quando l'amico del cuore, il compagno (la guida) della sua vita materiale, si ammala e muore. Gilgamesh si interroga finalmente sul senso dell'esistenza. Abbandona il suo regno e vaga per la steppa, vestito solo di una pelle di leone, chiedendosi come sia possibile sfuggire alla morte. Dopo innumerevoli traversie, incontra una guida – sempre incontriamo una guida, se sappiamo riconoscerla – che lo conduce dal saggio Utanapištim, il quale, immortale lui stesso, si dice conosca il segreto dell'immortalità. Quando Gilgamesh incontra questo maestro rimane profondamente colpito dalla somiglianza che ha con lui, ma non coglie il senso di questa identità. Ancora abbagliato da quell'ego che vuole possedere – anche se non oggetti materiali, bensì l'immortalità – non riconosce nel saggio Utanapištim la sua vera natura d'essenza divina. La moglie di Utanapištim intercede affinché gli sia rivelato come raggiungere l'immortalità. Il saggio acconsente e indica a Gilgamesh dove potrà trovare, sepolto in acque profonde, un arbusto spinoso che gli donerà quanto chiede. Dopo nuove peripezie, nuove prove, impossessatosi finalmente del ramo, Gilgamesh, sempre accompagnato dalla sua guida, si avvia con il ramo in mano per tornare alla sua città, dove governerà per sempre. Avviene, però, che per poter bere a una fonte appoggia il magico ramo in terra e un serpente se ne impadronisce e lo divora. Pensando che tutto sia perduto, Gilgamesh guarda il serpente che, lasciando la sua vecchia pelle, sguscia via ringiovanito. È sconvolto, ma poi riconosce questo abbandono delle vecchie squame come un segno: le squame cadono anche dai suoi occhi e la vista ordinaria lascia spazio alla visione spirituale, al riconoscimento della sua vera regalità, quel Sé immortale che aveva scorto riconoscendosi nel saggio Utanapištim. Il viaggio continua e, giunti alla meta, il poema si conclude con le parole di Gilgamesh, che illustrano alla sua guida la bellezza della città che aveva lasciato per cercare l'immortalità, in realtà la sua natura divina. Jacqueline

Kelen[1] ipotizza che Gilgamesh tornerà a regnare sulla sua gente, questa volta con saggezza, benevolenza, sempre per il bene comune, consapevole che il suo compito è aiutare il suo popolo, ma consapevole, anche, che non esiste una via unica per tutti, che quello che può fare per i suoi sudditi è solo incoraggiarli a intraprendere il cammino.

Esperienze

Per me è stata una rinascita completa, non solo dal punto di vista fisico, ma anche emotivo, mentale ed energetico.

Fin da bambina sono sempre stata robusta, quella che si definisce una buona forchetta. Provengo da una famiglia originaria della zona fra la Bassa mantovana e la provincia modenese, con una forte tradizione culinaria a base di tortellini o agnoli, tortelli di zucca, salumi, formaggi e carne, soprattutto di maiale. Le mie nonne erano ottime cuoche e avendo provato la carestia della guerra – penso io – avevano sempre paura che mangiassi poco: «Dai, nani', magna!». Per di più, mia mamma preparava ottimi dolci, e io ne ero golosa. Nonostante avesse tre figlie e lavorasse, trovava il tempo per cucinare una torta quasi ogni giorno, una vera pacchia. Oggi che ho tre figlie come lei mi chiedo come facesse...

Ciò che sto cercando di trasmettere alle mie figlie sulla corretta alimentazione a me è chiaramente mancato. Quelle poche volte che sono arrabbiate o in castigo e vanno a letto senza cena, per me va benissimo! Nella mia famiglia, invece, sarebbe stata una cosa impensabile saltare un pasto.

Subito dopo il diploma mi sono sposata e ho avuto una bambina. Con la prima gravidanza, circa 26 anni fa, sono cresciuta di 20 kg.

In seguito mi sono resa conto che accumulavo o perdevo molto peso in poco tempo soprattutto quando avvenivano dei cambiamenti familiari ed emotivi. Quando mi sono separata da mio marito, per esempio, ho perso 10 kg. Ora comprendo che i cambiamenti di vita mi hanno scombussolata molto, così come i momenti di incertezza mi creavano grande ansia, probabilmente perché non avevo ancora un mio equilibrio personale. E il mio peso seguiva lo stato emotivo, come nel gioco dello yo-yo.

Quando mi sono risposata con un uomo molto più grande di

me, con il quale ho avuto altre due figlie, che oggi hanno 14 e 11 anni, e con cui condivido tuttora felicemente la mia vita, ho continuato a cavalcare alti e bassi.

Con l'arrivo delle altre figlie ho rinunciato al mio lavoro di impiegata, che mi portava lontano da casa per troppe ore, e di comune accordo con mio marito abbiamo deciso di ampliare la gestione della sua azienda agricola. L'agriturismo, in particolare, mi ha assorbito completamente: ho lavorato per quindici anni ogni giorno. Ero lavoratrice, imprenditrice, impiegata, moglie e madre, ma come donna non esistevo più. Guardandomi allo specchio mi chiedevo: «Ma chi sei?».

Non mi riconoscevo più.

Ogni minimo problema lavorativo diventava una tragedia, avevo paura di tutto. Uscivo poco volentieri, non avevo più voglia di stare in mezzo alla gente e, considerando il tipo di lavoro, ero in continuo conflitto con me stessa.

Di notte cominciai ad avere crisi di panico, non riuscivo più a stare coricata a pancia in su, sentivo un peso sull'addome, un nodo alla gola, i battiti del cuore accelerati, e facevo fatica a respirare. Ero in un costante stato di ansia, avevo la pressione alta. La glicemia si era pericolosamente avvicinata al valore limite. Mi rendevo conto che, proseguendo in quella direzione, sarei andata fuori di testa.

Ho provato diete di ogni tipo, avvalendomi anche dell'aiuto di professionisti. Quella che ricordo in modo particolare è la dieta iperproteica: avevo perso circa 15 kg e mi sentivo abbastanza bene. Seguivo un regime di alimentazione proteico, privo di tutti i carboidrati, e venivo inserita periodicamente in un macchinario simile a un sarcofago, che lasciava fuori solo la testa, e che scioglieva grasso e tossine e le faceva espellere dal corpo. Per lo meno questo era ciò che mi veniva raccontato. Dopo qualche mese, però, per motivi economici e fisici, non sono più riuscita a reggere questo tipo di alimentazione e quando l'ho interrotta ho recuperato tutti i chili persi, con gli interessi.

I sensi di colpa per i continui fallimenti nelle diete aumentavano ed entravo sempre più in un circolo vizioso che mi portava a mangiare continuamente per sopperire al costante senso di disagio e frustrazione. Il cibo era diventato la mia copertina di Linus. Per un'altezza di 161 cm sono arrivata a pesare 113 kg. Nessuno dei miei familiari lo sapeva, mi vergognavo troppo per confessarlo a chiunque di loro.

Mi dicevo: "Devo fare qualcosa per me. Così non posso andare avanti. Devo fare qualcosa perché sto male. Ma cosa posso fare?". Non sapevo neanche più che cosa mi facesse sentire davvero bene. Se avevo cinque minuti da dedicare a me stessa, non sapevo come utilizzarli. L'unica cosa di cui mi rendevo conto era che avevo bisogno di aiuto, così decisi ancora una volta di rivolgermi a dei professionisti: provai due psicologi diversi, ma senza ottenere i risultati sperati.

Non ho mai pensato a operazioni di riduzioni o bendaggi gastrici, perché non posso sopportare l'idea di essere addormentata e di non sapere cosa mi accade. Ma quando ho toccato il fondo, l'istinto di sopravvivenza mi ha salvato.

Un giorno ho visto per caso il dottor Berrino in tv nella trasmissione *Le Iene*. Raccontava che il problema della nostra alimentazione è rappresentato dallo zucchero, dalle farine raffinate, da un eccesso di latticini, uova e carne... un'informazione per me sconvolgente: l'eccesso di proteine fa ingrassare! Ma come, se tutti i dietologi a cui mi sono rivolta mi hanno sempre ridotto i carboidrati per farmi perdere peso! Mi sono detta: "Ne hai provate tante, prova anche questa, tanto non hai nulla da perdere né da spendere". Così, per un paio di settimane non ho mangiato carne, né farine raffinate, né zucchero. Nel frattempo ho iniziato a documentarmi su chi fosse questo "strano dottore" e a seguire su internet i suoi interventi in vari convegni. Il problema è che ormai in rete si trova di tutto e il contrario di tutto, per cui è veramente difficile orientarsi, se non si è esperti nel settore.

Ma già dopo una sola settimana mi sono detta: "Cavolo, sto meglio". Allora ho continuato.

Prima ero sempre stanchissima. Quando ho iniziato a sentirmi bene, mi sono piombate addosso grande voglia ed energia per andare avanti. Mi sono documentata sempre di più e mi sono iscritta alla newsletter dell'associazione La Grande Via, finché un giorno ho ricevuto la comunicazione di un seminario di cinque giorni a Melendugno.

Sono partita completamente sola, cosa che non avevo mai fatto prima. In Puglia ho avuto l'onore e il piacere di conoscere il dottor Berrino ed Enrica Bortolazzi e lì ho capito, grazie anche al loro bravissimo staff, come cucinare. Non sapendo nulla, avevo iniziato da sola questo percorso eliminando degli alimenti, ma se si inizia in modo più consapevole credo sia meglio farlo integrando con alimenti nuovi.

In Puglia abbiamo fatto passeggiate e yoga tutti insieme: è stato un bellissimo momento di condivisione, per la prima volta non mi sono sentita sola nel mio disagio. Al mio rientro a casa ho cercato un corso e ho iniziato a praticare yoga una volta a settimana.

Non sono più depressa. Certo, ho ancora qualche momento in cui mi sento un po' giù, come tutti del resto, ma prima ero costantemente a terra. Non avevo voglia di uscire, volevo solo stare chiusa in casa, facevo fatica anche ad andare a fare la spesa. Non avevo più voglia di vestirmi bene, di truccarmi e curarmi.

Non vivevo più. Vegetavo. Non sentivo più nulla, e anche il mio corpo era diventato insensibile.

Mantova è la patria del maiale, ho sempre mangiato tutti i tipi di carne (tranne quella di cavallo, perché da noi sono parte integrante della famiglia). Quando sono nate le bambine abbiamo iniziato ad allevare alcuni bovini e maiali in modo naturale, senza mangimi né antibiotici, e quasi tutti i giorni mangiavamo una fetta di salame.

Mi sono accorta che, mangiando sempre male, il corpo entra in uno stato di assuefazione e non è più possibile interpretare i segnali che manda. Si perde il contatto fra corpo e mente.

Non sono diventata una santa. Mi adatto, e ora che sono abbastanza stabile con il peso a volte mi concedo qualche sgarro, senza per questo essere assalita dai sensi di colpa. Adesso, però, se non mangio bene lo sento subito: mi brucia un po' lo stomaco, cosa che paradossalmente prima non accadeva, o mi esce un brufolo gigantesco. Allora dico al mio corpo: "Porta pazienza, domani farò meglio". Con il mio corpo ora ci parlo.

Il mio percorso non è terminato, ho ancora vari chili da perdere, ma non ne sono più ossessionata. Soprattutto, ho imparato ad accettarmi per quello che sono, con pregi e difetti, e a perdonarmi per gli errori commessi e per non essere perfetta.

Il mio cambiamento ha portato benefici a tutta la famiglia. Sto cercando di trasmettere ai miei cari un po' di quello che ho imparato. Mio marito è stato operato di tumore nel 1992: gli hanno asportato tutto lo stomaco e gli hanno collegato l'esofago all'intestino. Credo sia stato uno dei primi (e tuttora sopravvissuti) a subire questo intervento in Italia. Da quando abbiamo cambiato alimentazione ha iniziato a dormire di notte. Prima prendeva quotidianamente farmaci contro il reflusso esofageo, che non gli dava pace. Ora, quando raramente sente fastidio, mangia un po' di prugna umeboshi e si rimette subito.

Anche le mie figlie erano cicciottelle. Ora sono più magre e fanno canoa a livello agonistico.

Quando per strada incrocio persone obese, vorrei fermarle e dire loro: "Non disperare, ce la puoi fare! Se ce l'ho fatta io, puoi uscire da questo tunnel anche tu".

Bisogna essere disposti a mettersi in discussione. Provare almeno per qualche settimana. Sentire l'energia che cambia, sentire tornare la forza e, con essa, la voglia di vivere.

Non si tratta di seguire una dieta, ma di cambiare lo stile di vita e, una volta che se ne diventa consapevoli, il gioco è fatto: non si vuole più tornare indietro.

Finalmente ho ripreso una vecchia passione: fare escursioni a cavallo. Mi era diventato impossibile a causa del peso: non riuscivo più ad alzare le gambe. Ora ho ripreso quell'agilità che avevo completamente perso. Non riuscivo neanche più a fare un angolo retto con il ginocchio, ora lo porto fino all'addome e riesco a salire in sella da sola.

Dall'inizio del mio percorso ho perso 26 kg, molti dei quali nell'arco di un anno. Oggi ho 45 anni, e se ho un po' di tempo libero so come dedicarlo a me stessa.

Devo fare attenzione a come parlo con le persone, perché se esprimo tutto l'entusiasmo e la gioia che provo la gente pensa che io sia una pazza fanatica. Vorrei semplicemente condividere la mia felicità con chi soffre come soffrivo io prima e donargli la certezza che il cambiamento è possibile.

Io dico solo: provare per credere.

C. B.

Quando nella vita ci accadono situazioni molto dolorose, la parte di noi che non accetta ciò che è stato resiste. Nel mio caso la resistenza si esprimeva attraverso quella che oggi io chiamo "la domanda sbagliata". Nel profondo era sempre presente, assillante, come quando ti si incastra nella mente il ritornello di una canzone, che magari non ti piace neppure: "Perché è dovuto succedere a me?".

Solo dopo molti anni ho compreso che questa domanda mi inchiodava a una vita del passato ed era espressione di una zavorra che mi teneva ancorata al dolore. In realtà, è una domanda errata nella formulazione, in quanto non esiste un perché, esiste solo un come: "Come vado avanti? Come ritrovo la fiducia nella vita e negli uomini? Come torno a sorridere?".

Ho impiegato quasi trent'anni a capire che ci sono livelli di prospettiva profondamente diversi da cui approcciarsi a un avvenimento, ma il primo e più ovvio è quello di sentirsi trattati ingiustamente.

Avevo 10 o 11 anni quando, durante una festa – non ricordo precisamente se fosse il giorno del mio compleanno o di quello di mia madre – ho subito un abuso sessuale da parte di un amico di mio padre, di trentacinque anni più grande di me. Mi seguì in bagno e mi chiuse dentro impedendomi di uscire.

Ricordo il disgusto e ciò che mi ripeteva all'orecchio: «Non puoi urlare, non puoi rovinare la festa a tutti gli ospiti, i tuoi genitori si arrabbieranno e ti puniranno». E così rimasi in silenzio...

Non ho ricordi riguardo all'aver affrontato l'accaduto con i miei genitori, devo aver accennato qualcosa, ma credo che tutti e tre volessimo dimenticare l'accaduto il più velocemente possibile. L'abuso sessuale porta con sé una cappa di vergogna, la sensazione di sporco, di avere fatto qualcosa di male per cui ci si merita quel tipo di esperienza, quindi parlarne diventa veramente difficile. Ancora oggi, quando condivido la mia esperienza, devo inizialmente forzarmi per parlare, ricordando a me stessa che non ho fatto nulla di male, che non sono colpevole e non ho nulla di cui vergognarmi.

Dopo qualche mese dall'abuso venni ricoverata in ospedale per malnutrizione, ero alta 1 metro e 70 cm e pesavo 47 kg. Quarant'anni fa nessuno pensava che una manifestazione fisica del genere nascondesse un profondo disagio emozionale o un trauma, per cui in ospedale conclusero solo che avevo bisogno di assumere del latte.

Credo che il mio inconscio cercasse di proteggermi, facendomi scomparire: "Se non mi vedono, non possono farmi del male" o, forse, era un tentativo di lasciarsi morire, per non sentire quel dolore e quella umiliazione.

La situazione era così dolorosa che, pian piano, il mio cervello rimosse l'avvenimento e io iniziai a dimenticare. Insieme ai ricordi, però, anche la gioia e la fiducia se n'erano andate.

Un avvenimento rimosso e non elaborato porta con sé la coazione a ripetere. Tutte quelle emozioni e sensazioni non metabolizzate esigono un prezzo: rivivere un'esperienza simile per potere guarire, recuperare il ricordo iniziale per poterlo affrontare e andare avanti. Può sembrare crudeltà, ma dalla nuova prospettiva da cui ora esamino la situazione capisco che la coazione si innesca perché una parte di noi sa che possiamo farcela, che possiamo superare quel tipo di dolore.

A 14 anni vissi, come tutti, le esperienze delle prime cotte e dei primi baci. Un giorno un ragazzo di cinque anni più grande mi dimostrò le sue attenzioni. Mi sembrava di volare. Mi invitò fuori e mi portò in una casa isolata, dove subii violenza, questa volta in maniera integrale.

Se torno a quei momenti ricordo nitidamente odori, sensazioni, un dolore che mi attanaglia, la nausea e la rabbia per non avere avuto la forza sufficiente per ribellarmi a quella costrizione e a quell'abuso. Quel giorno il mio corpo e la mia anima si sono come fratturati, e in quella fessura si è inserita la rabbia. Una rabbia sorda che, anno dopo anno, si è trasformata in rancore profondo che ha nutrito le mie giornate ed è diventato parte di me. È stato come trovarmi immersa in un incubo che per me è durato molti, troppi, anni. Oggi so che quella rabbia è stata l'unica cosa che mi ha tenuto in vita e per questo le sono profondamente grata. Ma rabbia chiama rabbia e sopravvivere non significa vivere felici.

Di questa seconda violenza non parlai con nessuno per oltre dieci anni, la nascosi nel posto più profondo e buio che avevo dentro di me. Mi sentivo intimamente colpevole, ero stata un'ingenua, come avevo potuto fidarmi?! Il mio corpo, però, faceva il suo dovere e mostrava il disagio in modo eclatante: in qualche mese aumentò di 15 kg. Mia madre si preoccupò e mi portò dal dietologo, che mi consigliò un regime alimentare ipocalorico, ancora una volta senza indagare sull'accaduto.

Non riuscii a chiedere aiuto e continuai con la strategia che avevo portato avanti fino a quel momento: mi sforzai di dimenticare tutto, ma crebbi profondamente arrabbiata. Arrabbiata con me stessa, perché non ero riuscita a difendermi, arrabbiata con gli uomini, che mi volevano solo usare, arrabbiata con la mia famiglia, da cui non mi ero sentita protetta, arrabbiata con Dio, perché mi aveva punita così duramente. Assunsi modalità di comportamento molto maschili. Avevo un atteggiamento arrogante, mi sentivo costantemente minacciata e, quindi, in diritto di difendermi. Ero scontrosa e poco accomodante. Di lì a pochi anni, tutta la mia vita andò a rotoli: un matrimonio violento, un lavoro senza alcuna gratificazione e un tumore (per fortuna benigno).

Era il 1995 quando, per caso, un'amica mi parlò del libro di

Louise Hay, *Guarisci te stesso*, che in allegato aveva un'audiocassetta. Il primo grande aiuto che la vita mi ha donato è stato quel nastro. Louise raccontava la sua vita, una storia di violenza e abusi, e per un'ora e quarantacinque minuti, con voce amorevole, cercava di farmi comprendere che tutte le esperienze difficili sono insegnamenti e che la mia anima ha scelto un preciso piano di volo qui su questa Terra, per apprendere ed evolvere. Non ci credevo realmente, ma quelle informazioni mi facevano sentire meglio, alleviavano il mio dolore e la sensazione di fallimento e ingiustizia che provavo rispetto alla mia situazione.

Qualche mese dopo iniziai a praticare meditazione, o per lo meno ci provai.

Per la prima volta mi sentii amata e accettata per quello che ero. Quell'amore toccò il mio cuore e lo aprì, e permise al dolore che era racchiuso lì da anni di cominciare a sciogliersi. La rabbia iniziò a trasformarsi e io cominciai a pensare che ero una persona degna di vivere un'esistenza serena e felice, anche se ancora non trovavo la forza di prendere in mano la mia vita.

Il vero perdono è arrivato con Daniel Lumera e i suoi percorsi, quello dell'International School of Forgiveness (ISF) e del Filo d'Oro. Lo conobbi a Rimini a una serata di presentazione del seminario sul perdono. Erano anni che saltavo da un workshop all'altro, apprendendo qualunque tecnica, spinta da una sorta di bulimia spirituale che mi portava a investire tanto tempo ed energia, ma che mi lasciava alla fine con un senso di insoddisfazione profonda, che allora non sapevo riconoscere. Non rammento precisamente le parole che mi colpirono di quell'incontro, ma la sensazione di essere a casa e di avere trovato la strada la ricordo perfettamente.

Seguirono mesi intensi di lavoro con il perdono alla ISF e di osservazione su ciò che era stato e liberazione da ciò che mi appesantiva. A mano a mano che mi liberavo, riacquistavo energia, vitalità, coraggio e voglia di fare qualcosa di importante per me e per gli altri.

Imparai che qualunque avvenimento, emozione e situazione può essere trasformata e liberata con il perdono attraverso le numerose tecniche della ISF. Dopo avere lavorato approfonditamente sui genitori e sulle relazioni più importanti della mia vita, era venuto il momento di riprendere la tematica "violenze sessuali". Mi ero alleggerita di molta rabbia, avevo accettato quello che era accaduto e avevo intuito che c'era un disegno superiore che aveva delineato tutto l'accaduto, ma in realtà non avevo ancora perdonato davvero. Era arrivato il momento di farlo. Utilizzai un protocollo che durò circa quindici giorni, nei quali perdonai e liberai il mio abuso sessuale sui vari livelli dell'essere: fisico, emotivo, mentale e spirituale. Ogni giorno mi sentivo più leggera e serena rispetto all'accaduto. Il processo di perdono è completo quando provi gratitudine ripensando all'evento traumatico, quando tutto acquista un senso e vedi la meraviglia del piano e di ciò che è avvenuto. Oggi quel senso è parte profonda della mia consapevolezza e mi permette di essere di sostegno a chi ha sofferto o soffre esperienze simili.

Se guardi la vita con gli occhi della personalità ti accorgi che lo sguardo può essere deviato. Con quegli occhi puoi dare la colpa a Dio, alla sfortuna o agli uomini. Con quegli occhi ti puoi sentire vittima, discriminata dalla vita, impaurita e senza speranza.

Ma esiste un livello superiore da cui osservare gli stessi avvenimenti: il livello dell'anima. A quell'altezza è tutto perfetto: ogni esperienza ha un significato profondo e riguarda te e tutte le persone che con te sono coinvolte nello stesso avvenimento. L'esistenza tesse le sue coincidenze con una maestria assoluta, in modo che tutti i partecipanti possano apprendere contemporaneamente la loro lezione ed evolvere, l'unica vera motivazione per cui ci incarniamo.

Questo è solamente il mio punto di vista, quello che ha cambiato profondamente il mio approccio alla vita e agli accadimenti, anche dolorosi. Questa consapevolezza porta con sé il fatto che non esistono vittime e carnefici, ma grandi anime che, vicendevolmente, si prestano per favorire la comprensione, l'apprendimento e l'evoluzione di ognuno di noi in questo viaggio terreno.

Io sono stata fortunata e nel mio viaggio ne ho incontrate tante che mi hanno indicato, e ancora mi indicano, la via.

E. B.

Appendice

Storia di un modello culturale

> Che cos'è positivo, la pesantezza o la leggerezza? Parmenide rispose: il leggero è il positivo, il pesante è negativo. Aveva ragione oppure no? Questo è il problema. Una sola cosa era certa: l'opposizione pesante-leggero è la più misteriosa e la più ambigua tra tutte le opposizioni.
>
> MILAN KUNDERA

Buddha è spesso raffigurato grasso: nell'iconografia popolare è tramandato incontestabilmente obeso e con un ventre rotondo e prominente. Perché? La risposta più verosimile è che neanche Siddhārtha Gautama si è potuto sottrarre all'alternarsi dei modelli di rappresentazione del benessere e della ricchezza, fisica e interiore, che si sono susseguiti nei secoli. Ci sono statue in cui è snello e ben proporzionato, altre in cui è magrissimo (non potrebbe essere diversamente, dopo gli anni da asceta e i digiuni per pervenire al risveglio), ma la maggior parte dell'iconografia che lo ritrae lo definisce con tratti somatici brevilinei, massicci e adiposi. Poco importa che il "mistero" sul suo aspetto sia stato in realtà svelato dai testi sacri, che attribuiscono al principe Siddhārtha questa descrizione dell'aspetto fisico dopo sei anni di ritiro spirituale: "Il mio corpo si era ridotto in stato di estrema magrezza; gambe e braccia erano diventate canne vecchie e appassite". Il Buddha non poteva essere magro, né normopeso: in India, suo Paese d'origine, essere magri è da sempre sinonimo di bruttezza, inferiorità sociale e persino intellettuale, mentre in altri Paesi dell'Estremo Oriente adipe corporeo e pancia grande sono simbolo di gioia e realizzazione (per la tradizione cinese la pancia è la sede dell'anima: se è grande, il contenuto – l'anima appunto – è meglio custodito). Non a caso, l'iconografia del Buddha grasso origina proprio in Cina.

Il "doppio" Buddha può dunque assurgere a simbolo di questo procedere duale, nell'evoluzione della società e del costume, della rappresentazione del corpo, che si snoda nei secoli in un'alternanza fra i modelli grasso e magro, determinata soprattutto dalla cura dell'uomo per il proprio corpo. C'è chi, per esempio, avvicina l'Occidente contemporaneo all'antica Grecia per l'attenzione alla persona, diventata ad Atene culto della bellezza e oggi alimentata anche dagli interessi di un apparato industriale che deve vendere indifferentemente cosmesi e chirurgia plastica. A Sparta i giovani venivano periodicamente schierati ed esaminati nudi: a quelli in sovrappeso erano prescritti esercizi ginnici di recupero, l'esecuzione puntuale dei quali veniva severamente controllata.

Venere extralarge: l'icona della donna preistorica

Agli albori della storia, tuttavia, il culto del grasso doveva essere prevalente. La prima scultura nota di forma umana risale a più di 30.000 anni fa: si tratta di un monile di avorio, ritrovato in Germania, che riproduce una divinità femminile con seni e cosce enormi. Più recente, ma di "solo" 5000 anni, è la Venere di Willendorf, rinvenuta lungo il fiume Danubio, per molti studiosi l'icona della donna apprezzata in epoca preistorica: bassa, extralarge, con tratti sessuali pronunciati. È simile alla gran parte delle Veneri scolpite in pietra o in osso, dee simbolo della fertilità, della procreazione e del vigore fisico caratterizzate da valori forti nel Paleolitico, quando la capacità di generare era vitale e innalzata a rango sacrale.

I reperti archeologici confermano che anche nel Neolitico era diffuso il culto verso divinità e sacerdotesse dalle forme abbondanti, legate, in epoche successive (in particolare nel Mediterraneo), all'adorazione della Dea Madre e ai riti per donne/dio simboli della fertilità, naturalmente rappresentata da figure corpulente.

La realtà, però, era del tutto differente dalla mitologia. Sostiene l'endocrinologo americano Eric Colman:

> I casi di obesità erano piuttosto rari, le popolazioni dell'epoca per procurarsi cibo si dedicavano alla caccia e non conducevano certo vita sedentaria. Le prede erano scarse e magre. Inoltre, i predecessori dell'uomo moderno consumavano una dieta ipolipidica. Difficile pensare che potessero consumare eccessive quantità di cibo. Gli studi condotti dai paleonutrizionisti dimostrano, infatti, che nelle ere preistoriche l'iponutrizione rappresentava un problema diffuso.[1]

È forse proprio per questa ragione che si tendeva a mitizzare il grasso, proprio come oggi che l'obesità è un fenomeno in dilagante aumento e si tende a mitizzare modelli opposti, ai limiti dell'anoressia.

Nella tradizione celtica, germanica e, in generale, dell'Europa del Nord la tendenza ad ammirare forme pingui è stata, con rare eccezioni, una costante, dalla preistoria ai tempi moderni. L'essere voraci era una qualità positiva, che anche a tavola denotava supremazia. Non a caso, molti eroi dei poemi cavallereschi tedeschi sono di corporatura smisurata, ed eccellono nell'abilità dell'arme quanto nel mangiare e nel bere.

L'eleganza filiforme dell'antico Egitto

Canoni capovolti erano diffusi nell'Egitto dei faraoni che, con un paragone azzardato ma efficace, inquadra la civiltà che nei tempi antichi più si avvicina alla cosiddetta civiltà dei consumi, che ha segnato l'Occidente dopo la Seconda guerra mondiale. Gli indigenti erano sempre moltitudini, ma era enormemente cresciuto il numero di quelli che, secoli dopo, si sarebbero definiti benestanti. Anche l'alimentazione si era evoluta: più ricca e varia, come è dimostrato dalle malattie riscontrate negli esami necroscopici compiuti sulle mummie: cardiopatie, diabete, pressione alta, carie e obesità. In gran parte le stesse patologie che hanno colpito diffusamente l'Occidente nei tempi moderni: non è un caso.

In Egitto l'obesità era diffusa, ma il modello era l'armonia del corpo. Perciò le statue rappresentano i faraoni e i loro congiunti muscolosi ma ben proporzionati e snelli, in forma fisica perfetta, perché era questa la rappresentazione che doveva essere data del sovrano e della cerchia dei regnanti prossimi.

Le mummie ritrovate nei sarcofagi hanno invece rivelato tutt'altra realtà: corpi deformati dal grasso e dalle malattie derivate in particolare, carie dentali, inequivocabile conseguenza di cattiva alimentazione. La corte, tuttavia, doveva essere ben dotata di esperti di comunicazione: poco importava l'aspetto effettivo del faraone. Importante – proprio come nei tempi moderni – era l'immagine che ne doveva essere diffusa a uso e consumo certo non degli schiavi, ma dei nobili, dei sacerdoti e delle classi che costituivano la base produttiva di quella società a suo modo consumistica: i mercanti, i proprietari terrieri, forse anche gli artigiani, o almeno quelli che fabbricavano gli strumenti per la guerra e il lavoro. Un quasi dio doveva essere bello e gradevole. E i vicini sovrani pingui venivano sommersi di ridicolo: in un bassorilievo del 1490 a.C. circa, collocato nel tempio di Hatshepsut, a Deir el-Bahari, Itey, regina della Terra di Punt, viene raffigurata corpulenta e con enormi fianchi mentre incontra la regina Hatshepsut, di cui si voleva confermare l'autorità.

La bellezza "classica"

Greci e Romani successivamente teorizzarono e affinarono il linguaggio del corpo, nelle relazioni sociali e soprattutto nell'arte. Si deve a loro il canone di bellezza "classico" per definizione: proporzioni armoniose, fisico atletico negli uomini e leggiadria nelle donne. I Greci furono i primi a considerare l'obesità, se non una malattia vera e propria, quanto meno l'anticamera dello status di infermità. Fra le citazioni più note di Ippocrate (460-377 a.C.) spicca quella sulla corpulenza: "Chi per natura è molto grasso, più presto muore di quello che è gracile"[2].

Ad Atene fra i filosofi e i politici che si riunivano a discutere nell'agorà c'erano molte facce rubiconde e corpi ben pasciuti, simbolo – si era convinti – di benessere (anche interiore) e di animo sereno. Nell'età di Pericle si sviluppa il concetto di *simposio*, inteso come occasione per discutere di filosofia e politica mentre si degusta cibo e si beve. Un concetto che può essere considerato antesignano degli attuali simposi, nei quali focus e relazioni si alternano a pause gastronomiche. Ed è anche una delle prime tracce di rapporto "culturale" fra sapori e saperi, che negli anni Duemila è diventata tendenza costante e ha favorito lo sviluppo di attività alternative, anche in termini di business, alle catene di fast food.

Platone si spinge oltre e riserva parole durissime alla "gastrimargia" (follia del ventre) che annovera fra i crimini contro la *polis*, evidenziando l'antisocialità e l'egoismo della bulimia alimentare ed elaborando una nuova e diversa concezione del rapporto fra corpo e anima: l'anima – sostiene – è prigioniera del corpo, la cui fisicità costituisce ostacolo all'unione fra terreno e divino; lo spirito può prevalere sui limiti del fisico soltanto se riesce a liberarsi, o almeno a mantenere il controllo, dei sensi, anche riducendo il consumo di cibo o addirittura privandosene per periodi adeguati a consentire la purificazione.

Nell'antica Grecia teorie filosofiche e culti delle divinità hanno offerto rappresentazioni contrastanti della realtà e del mito. Le proiezioni dei singoli dei sono la risultante di forme, anche caricaturali, attinte dall'immaginario comune. Il dio della ricchezza, Pluto, era raffigurato obeso (a significare, appunto, abbondanza), bendato e cieco (elargitore imparziale di ricchezze, come la fortuna/dea bendata), zoppo: non propriamente un'icona di bellezza e leggiadria.

Fra gli Etruschi l'equazione adipe/benessere è documentata al di là di ogni dubbio dall'arte funeraria. Il reperto più noto è il sarcofago dell'Obeso, che risale alla prima metà del III sec. a.C. e rappresenta un anziano aristocratico che banchetta sdraiato mettendo in mostra la pancia pingue, simbolo di opulenza dei ceti abbienti, i quali attraverso l'esibizione di cibi e bevande nei banchetti ostentavano ricchezza e potere.

A Roma c'è un'evoluzione più complessa: dalla fondazione dell'Urbe alla fine dell'Impero trascorre un millennio, e i mutamenti sociali e comportamentali si susseguono al ritmo degli eventi, non sempre con continuità, anzi talvolta bruscamente accelerati da cambiamenti politici e militari traumatici. Austerità nei costumi e sobrietà nell'alimentazione vigono nei primi secoli, fino all'età della Repubblica.

Tuttavia, già qualche tempo prima dell'Impero la pratica alimentare non aveva più fine esclusivamente nutritivo, ma era associata a godimento fisico e voluttà. Caio Mario, tribuno della plebe e sette volte console, è descritto come obeso da Plutarco. Le donne e gli uomini grassi erano numerosi e i banchetti così diffusi che fu imposto con una legge un limite agli acquisti di cibo e al numero di persone che potevano parteciparvi. Il medico Aulo Cornelio Celso ammoniva: "I pingui per lo più sono spenti da mali acuti, e da ambascia, e muojono sovente all'improvvista; cosa che in corpo gracile quasi mai non addiviene"[3]. Ovvero: l'obesità favorisce l'insorgenza di malattie che portano alla morte.

Le rotondità nelle figure femminili delle classi agiate più che apprezzate erano doti richieste; non tanto nelle fanciulle (*puellae*) quanto nelle donne sposate (*matronae*), alle quali era affidata la gestione della *domus* e dei figli. Non si trattava di caratteristiche conseguenti alla fatica fisica, perché i lavori pesanti della casa erano riservati agli schiavi, era una questione di immagine, di portamento: accanto a un marito importante non poteva figurare una donna filiforme ed esile, considerata poco rappresentativa e inadeguata al ruolo.

La figura matronale ci è stata tramandata anche iconograficamente collegata a Giunone, dea della prosperità e del matrimonio: la sposa romana esemplare era appunto giunonica, prosperosa, con grande seno e forme morbide e armoniche, florida e ben nutrita, ma senza eccessi, nel corpo così come negli atteggiamenti, contenuta, sobria e saggia, a testimoniare la dignità della sua *gens*.

Fra gli uomini che rivestivano cariche pubbliche e avevano una posizione sociale, esibire una corporatura prestante e imponente era indice di prestigio e autorevolezza. Ma figure esageratamente appesantite, con grasso debordante, erano un fattore negativo anche per gli imperatori. Aulo Vitellio, formidabile divoratore e bevitore, è descritto con le guance rosse e traballanti e "ventre senza fondo"[4]. Amico e compagno di eccessi di Claudio, Caligola e Nerone, rapidamente sperperò 900 milioni di sesterzi, anche offrendo memorabili banchetti al popolo. Regnò per pochi mesi: adulato all'inizio, successivamente fu sconfitto dalle legioni di Vespasiano, trascinato per le strade di Roma, deriso, umiliato (la folla gli gridava: «Porco grasso»)[5] e infine linciato. Nelle descrizioni di smodati banchetti si dilungano Seneca, Orazio, Petronio (che racconta le cene di Trimalcione) e Plutarco, al quale si deve la mitizzazione delle riunioni conviviali di Lucullo, passato alla storia più per la ridondanza e i menu delle sue cene che per le doti di stratega e le battaglie vinte da condottiero.

Il (sovrap)peso del potere

La storia abbonda di sovrani sovrappeso: nel Regno Unito Enrico VIII, Giorgio IV e la regina Vittoria, in Russia Caterina la Grande e in Spagna Sancho "el gordo" (il grasso), che governò il piccolo regno di León poco prima dell'anno Mille: pesava 240 kg e per la sua mole non poté mai montare a cavallo né brandire un'arma; spodestato dal cugino, fu costretto dalla nonna Toda, regina di Navarra, ad affidarsi a un medico ebreo, che gli impose una dieta drastica e lo presentò al suo amico califfo di Cordoba; con l'aiuto dei musulmani Sancho poté riprendersi il trono e regnò trentun anni.

Dieci anni di più durò il regno di Tupou IV sull'arcipelago polinesiano delle isole Tonga. Suo, nel 1976, il primato di sovrano vivente più grasso della Terra: 204 kg. Non fu mai deriso per la sua mole, né lo furono i suoi successori di qualche decina di chili più... magri: George Tupou V e il fratello Tupou VI, incoronato nel 2015. Non a caso, le isole Tonga sono lo stato che in rapporto agli abitanti (poco più di 100.000) ha più obesi al mondo: oltre il 50% della popolazione maschile e quasi il 70% di quella femminile. Più del 35% degli abitanti è affetta da diabete di tipo 2. Un tempo i tongani avevano un fisico normolineo e asciutto, anche per la dieta tradizionale a base di cocco, tuberi e pesce. Ma dagli inizi del secolo scorso la "civilizzazione" è stata pagata a caro prezzo; Australia, Nuova Zelanda e Stati Uniti invasero il mercato alimentare con carne, spesso in scatola, di pessima qualità, di cui i nativi sono ghiotti. Prima di morire Tupou IV lanciò una campagna per una dieta collettiva, mettendo in guardia i sudditi sui pericoli per la salute. Con scarso successo. Lui comunque riuscì a calare fino a 140 kg.

La demonizzazione del grasso e l'elogio del magro

Non sempre, anche nell'antichità, avere una corporatura massiccia e apparire in carne produceva effetti positivi. Isaia colloca gli obesi fra i malvagi e si scaglia contro la voracità, "che va oltre il limite di ciò che è lecito"[6]. E il profeta Amos sette secoli prima di Cristo lancia un anatema: "Guai a voi, uomini pingui"[7]. Il grasso accumulato è collegato a negatività dell'animo: egoismo, egocentrismo, bulimia psicologica oltreché fisica. Insegnamenti al riguardo sono presenti anche nel *Libro del Siracide* 31,16-20:

> Mangia da uomo frugale ciò che ti è posto innanzi, non masticare con voracità per non renderti odioso. Sii il primo a smettere per educazione, non essere ingordo per non incorrere nel disprezzo. Se siedi tra molti invitati, non essere il primo a stendere la mano. Per un uomo educato il poco è sufficiente; quando si corica non respira con affanno. Il sonno è salubre se lo stomaco è regolato, al mattino ci si alza e si è padroni di sé.

Dalla Bibbia al Vangelo: la parabola del ricco Epulone, ingrassato dai bagordi nei banchetti, e di Lazzaro che si ciba degli avanzi che cadono dalla tavola di Epulone, è emblematica di quella che nei secoli a venire sarà la dottrina cristiana. Anche Giuda è indicato negli Atti come "sospetto" di obesità: "Precipitando" è scritto, "si squarciò e si sparsero tutte le sue viscere."[8] Per il buon cristiano l'uomo grasso sarà identificato come traditore. Papia di Gerapoli, vescovo e santo del II sec., fornisce una versione della morte di Giuda diversa da quella ufficiale: sopravvisse all'impiccagione e ingrassò a dismisura, "le carni gonfiarono talmente, che, per dove sarebbe facilmente passato un carro, non avrebbe potuto passare lui... E anche le palpebre dei suoi occhi s'ingrossarono tanto, che egli non poteva più vedere affatto la luce".[9]

Dalla demonizzazione del grasso all'elogio del magro: "Dio non dà la carne a peso né lo spirito in base a una misura", sostiene Tertulliano, scrittore e apologeta, convinto che "più facilmente entrerà attraverso la porta stretta della salvezza una carne più esile; resusciterà più velocemente una carne più leggera".[10] Elogio del magro spinto fino a raccomandare, in tempi nei quali i cristiani venivano perseguitati e dati in pasto ai leoni, di mettersi a dieta in quanto "un cristiano grasso sarà più necessario agli orsi e ai leoni, forse, piuttosto che a Dio, sicché dovrà diventare magro anche in vista di lottare contro le bestie".[11]

Lo sviluppo e la diffusione del cristianesimo e il suo sempre più accentuato insediamento nel cuore dell'Impero Romano, in quella Roma *caput mundi* sede del potere statale e del potere religioso, portò a un graduale, ma via via più deciso, capovolgimento degli stili di vita. L'equazione ricco/grasso si tramuta in ricco/grasso/peccatore e i modelli comportamentali imposti dalla Chiesa sono naturalmente divergenti e contrastanti con quelli di un potere statuale sempre più debole e corrotto. Con lo smembramento e il disfacimento dell'Impero si consolida un cristianesimo parallelo e autonomo rispetto alla Chiesa papale, ritenuta troppo contigua al potere temporale per non esserne attratta e contaminata.

È il cristianesimo dei semplici, dei monaci e degli asceti, che riafferma come preminenti i valori dello spirito e considera il corpo come un ricettacolo di entità negative, veicolo di corruzioni. Proprio il monaco asceta Evagrio Pontico, nel IV sec., compila l'elenco dei vizi capitali (inizialmente otto, poi ridotti a sette), fra i quali la gola, ovvero l'ingordigia, l'avidità.

In origine era un vizio di materia (denaro e beni), soprattutto rivolto agli eccessi alimentari e alle loro conseguenze; con il tempo fu biasimata anche l'incontinenza di pensieri, immaginazione, emozioni e passioni. Accumulare grasso corporeo era giudicato vizioso e sommamente immorale, sia per il modo tramite cui l'accumulo si materializzava (gozzoviglie, crapule) sia perché diventava sempre più forte il richiamo alle origini del cristianesimo, all'esaltazione della povertà contrapposta all'opulenza della ricchezza ostentata e senza freni, agli insegnamenti di Gesù e dei discepoli, improntati a continenza, moderazione, temperanza e frugalità, materiale e spirituale. La corporalità, dai primi secoli dopo Cristo fino a oltre il XV sec., diventa un disvalore: alla salvezza dell'anima si giunge soltanto attraverso la purificazione del corpo e l'espiazione dei suoi eccessi. Si afferma dunque una netta scissione fra la finalità nutrizionale dell'alimentazione e l'incarnazione del piacere, del godimento come delineati dai concetti greci e latini (*hedoné* e *voluptas*).

Rinascimento: ritorno all'età dell'oro

Questa separazione comincerà a venir meno dopo il XV sec., quando – forse per la prima volta nella storia – si ha un travaso di beni, anche di consumo – ridistribuzione della ricchezza, si direbbe oggi – fra classi sociali, a beneficio certo non dei poveri (che tali resteranno), ma funzionale alla formazione e al consolidamento di un nuovo ceto medio produttivo. Tale evoluzione avviene in Italia nel passaggio dal Medioevo al Rinascimento, e segna un sostanziale ritorno a modelli greci e romani – esaltando la fisicità del corpo, riaffermata anche nell'arte con la corrente neoclassica – e perciò a forme rotonde, che fanno riferimento a canoni di ricchezza, consumo largo e diffuso di alimenti, indice di potenza e prestigio. A questi canoni si uniforma senza problemi la Chiesa, nella quale spiritualità e poteri temporali – esercitati con metodi e forme per niente dissimili da quelli dei sovrani di quelle epoche – si confondono e si sovrappongono. Il papato è una corte come le altre d'Europa, con i suoi intrighi, le lotte fra famiglie nobili per il trono di Pietro, figli illegittimi, lusso sfrenato e corruzione. Tutto immortalato dagli artisti, che raffigurarono pontefici e cardinali obesi, con enormi pance, immersi nei piaceri di abbuffate e libagioni.

Rappresentazioni di corporature rubiconde e grasse sono molto frequenti nell'arte di quei secoli, non soltanto in opere di artisti celebrati, come Tiziano e Rubens, e in ritratti di personaggi celebri e regnanti: Enrico VIII di Inghilterra nel noto dipinto di Hans Holbein viene mostrato nel 1540 già vicino al suo massimo peso (180 kg), debordante rispetto alla pur notevole statura, 1 metro e 85, e tuttavia probabilmente "ritoccato" per preservare nell'ufficialità dell'immagine la figura di sovrano.

Rotondità e sembianze paffute erano segni distintivi in senso positivo anche di infanzia e adolescenza; lo si vede nelle figure di putti e amorini, e persino di angeli, che compaiono in innumerevoli tele e decorazioni dell'epoca, esaltando forme floride, sinuose, francamente adipose che si confondono con quelle di altre figure (Bacco, Cupido, satiri), fino a sfiorare l'esaltazione dell'obesità infantile. Quest'orientamento artistico può essere spiegato con l'alta mortalità infantile causata da malattie precoci e denutrizione endemica.

Nel Medioevo l'aspettativa di vita era fra i venti e i trent'anni. Scarsità di alimenti, ricorrenti carestie, epidemie, condizioni igieniche pessime generavano estese e incontrollabili devastazioni sociali. Il cibo era mezzo imprescindibile di sopravvivenza per i poveri, manifestazione di potere economico e status sociale per nobili e ricchi.

Nel Rinascimento le condizioni di vita erano migliorate,

la mortalità si era moderatamente attenuata, ma era sempre molto alta nell'infanzia e nell'adolescenza. Un corpo di bambino ben pasciuto e florido esternava una percezione di buona salute. A questa proiezione artistica non poteva essere sottratto neanche Gesù Bambino, paffuto e grassottello in centinaia di dipinti, fra le braccia di Madonne, anch'esse rubiconde, di autori anonimi ma anche di maestri di chiara fama, come Raffaello, Perugino, Andrea Verrocchio e Leonardo, del quale è nota la predilezione per forme ammiccatamente sinuose (massima espressione la *Gioconda*).

La scoperta dell'America portò sulle tavole patate, zucche gialle, ananas, vaniglia, pepe, cannella e una varietà di spezie subito utilizzate per rendere più gustosi i cibi. Ai potenti, indocili alla continenza alimentare, era difficile imporre regole: l'imperatore e re di Spagna Carlo V insisteva a essere "intemperante nel cibo"[12] anche quando era avanti con gli anni, nonostante soffrisse di molti mali "come catarro, gotta, moroidi, itterizia" e, ritiratosi in convento, non teneva fede al voto di rinuncia, piaceri della tavola compresi.

Luigi XIV, dopo sessant'anni di regno, seguitava a divorare quotidianamente cibi piccantissimi e salse sature di aceto e pepe; era in sovrappeso, al limite dell'obesità, ma rifiutava di sottoporsi a diete, anche leggere o soltanto riequilibratrici, e doveva essere assistito da una corte di medici e infermieri, che gli praticavano evacuazioni orali e clisteri.

In Italia la potente famiglia dei Medici era afflitta dai tormenti della gotta, ma non si risparmiò nulla nell'allestire, nell'anno 1600, il pantagruelico pranzo di nozze di Maria (piuttosto rubiconda già da nubile) con Enrico IV di Francia: ventisei piatti freddi, diciotto primi caldi, dieci secondi serviti caldi e una varietà mai vista di verdure, formaggi, frutta e dolci.

Federico da Montefeltro, duca d'Urbino, immobilizzato dalla gotta, doveva essere trasportato su un'enorme sedia con braccioli retta da dodici scudieri.

L'ascetismo, le penitenze, le privazioni fisiche, i digiuni e le pratiche autocoercitive fisiche e spirituali vengono fortemente ridimensionati dopo il Medioevo, e di rado trovano adepti fuori dagli eremi e dai conventi. Nel personaggio del gigante Pantagruel si concentra tutto l'ottimismo umanistico di Rabelais e l'avversione, spinta fino al sarcasmo, nei confronti di ascetismo, dogmi e censure della Chiesa. La riscoperta dei piaceri del corpo – pur limitata al recinto delle classi agiate – ridiventa una costante dell'evoluzione degli stili di vita, tuttavia temperata a partire dal XVIII sec. dalle prime influenze dell'Illuminismo e dallo studio più approfondito della medicina su cause ed effetti, che, attraverso l'osservazione di casistiche in ambiti familiari, consentiva di collegare predisposizione genetica e abitudini alimentari. Su grasso e modello d'obesità si comincia a riflettere. Jean Anthelme Brillat-Savarin, politico e gastronomo francese, sedicente obeso pentito, scrive che "l'obesità è sconosciuta in quei ceti sociali in cui si lavora per mangiare e si mangia unicamente per vivere";[13] e ancora: "Gli animali si nutrono, l'uomo mangia, e solo l'uomo intelligente sa mangiare".[14]

La rivoluzione della rivoluzione

Con la Rivoluzione francese la concezione di grasso indicatore di benessere e salute viene demolita. La parola obesità ricorre costantemente come reprimenda verso nobiltà e clero, indicati al popolo in rivolta come affamatori, avidi di ricchezze e cibo e derisi nei fogli satirici, con caricature in cui apparivano grassi e sporchi. Anche re Luigi XVI e suo fratello conte di Provenza furono bersagli di sarcasmo e dileggio per la loro pinguedine e la loro voracità. Fu proprio l'incontrollato appetito a tradire il sovrano mentre cercava di fuggire in Austria: il re pretendeva che la carrozza si fermasse spesso per consentirgli di mangiare, e durante una delle soste fu riconosciuto e arrestato. Al processo fu accusato anche delle spese esagerate per mantenere il servizio di tavola, al quale provvedevano 383 addetti e 103 aiutanti. La sua irresistibile attrazione per il cibo non venne scalfita né dalla ragion di Stato né dall'imminente decapitazione; mentre l'Assemblea decretava la fine della monarchia, lui – presente – addentava un pollo rosolato e, prigioniero nella Torre del Tempio, continuava a rimpinzarsi. Nel suo menu quotidiano: quattro *entrées*, tre *potages*, tre arrosti, quattro piatti di mezzo, marmellate e frutta, dolci, vini e champagne. La notte prima di essere ghigliottinato chiese e ottenne che gli fosse servito un pasto abbondante e vario.

La Rivoluzione francese portò anche la diffusione della buona cucina, riservata prima d'allora alle classi elevate che potevano permettersi di assoldare cuochi e camerieri. Fino alla Rivoluzione – se si escludono le lerce e malfamate taverne – erano pochissimi i locali pubblici dignitosi che servivano pasti. Dopo la Rivoluzione migliaia di cuochi al servizio presso le famiglie dei nobili si ritrovarono senza lavoro. Molti decisero di aprire locali di ritrovo e ristoro, offrendo alla nuova classe emergente, la borghesia, una grande varietà di piatti prelibati a prezzo contenuto.

Dopo la Rivoluzione, la Restaurazione e la continuità delle case regnanti d'Europa ripristinarono, sconfitto Napoleone Bonaparte, l'*ancien régime* e i suoi modelli di società; e, con essi, anche l'identificazione delle rotondità fisiche con il benessere, destinata a protrarsi continuativamente per più di centocinquant'anni, ben oltre la Seconda guerra mondiale, nonostante i progressi della medicina avessero ormai rimarcato le ricadute negative dell'obesità sulla salute.

L'Ottocento: un secolo di transizione

Sotto l'aspetto dei modelli sociali e comportamentali, l'Ottocento può essere considerato un secolo di passaggio. Lo sviluppo dell'agricoltura e, soprattutto, della produzione di grandi quantità di armi richiesta dal susseguirsi delle guerre, la diffusione, graduale ma sensibile, dell'istruzione, l'espansione degli scambi commerciali e dei trasporti, la riorganizzazione degli apparati statali con incremento degli addetti nel pubblico impiego, mutarono – in quel secolo – i connotati sociali delle comunità, senza tuttavia introdurre sostanziali novità nelle regole di convivenza, neanche sotto la spinta di istanze di emancipazione e di disegni politici finalizzati a scardinare l'assetto dell'Europa post-napoleonica. La funzione centrale degli eserciti e, in particolare, il ruolo importante della cavalleria, comportavano una cura professionale del corpo: robusto, prestante e vigoroso. Il modello era l'uomo militare.

Anche nell'esercito, tuttavia, erano tollerate le abbondanze nel fisico (per i grassi c'era posto nelle retrovie o nell'intendenza). Per quanto riguarda le donne nulla è mutato nelle loro incombenze: figli, casa, famiglia, lavoro dei campi. Chi è magra non ha attitudine fisica per reggere una vita di fatiche e privazioni.

Il problema del deficit alimentare venne affrontato dai governi con politiche che dalla seconda metà del secolo incoraggiavano la produzione agricola, in particolare di grano (e la macinazione nelle moderne strutture con mulini a cilindri, che potevano lavorare grandi quantità) e di zucchero. Farina e zucchero diventarono generi di largo consumo, disponibili a fasce sempre più ampie di popolazione. Ma nei processi di raffinazione vengono eliminati tutti i componenti "positivi" ed equilibranti: fibre, nutrienti, vitamine e minerali contenuti nei cereali integrali e nelle piante da cui sono estratti, componenti dei quali il corpo umano non poteva (e non può) fare a meno.

Ancora prima della rivoluzione industriale si realizza una rivoluzione alimentare, destinata a produrre i suoi effetti – benefici, con la progressiva riduzione della denutrizione; nocivi, con il propagarsi di obesità e di patologie a essa collegabili: diabete, cardiopatie, infarto, cancro – all'inizio lentamente, poi, nel Novecento, su scala sempre più ampia. Farina e zucchero sono la base del cosiddetto modello di alimentazione occidentale, il cui riscontro degli effetti negativi sulla salute è evidente nelle statistiche delle autorità sanitarie americane, che certificano una sostanziale stabilità delle patologie collegate all'obesità nei Paesi che non avevano adottato a fine Ottocento questo tipo di alimentazione e invece, nella seconda metà del secolo, un raddoppiamento della diffusione dei tumori nelle grandi città degli Stati Uniti (New York, Chicago, San Francisco, Philadelphia), a fronte di un consumo di zucchero quadruplicato.

La corsa inarrestabile della rivoluzione industriale

La rivoluzione industriale ha definitivamente segnato l'affermazione, già dal primo decennio del Novecento, del nuovo modello di economia e di società. Comincia la corsa a produrre sempre di più, acquisire materie prime, trasformarle, sviluppare i commerci. Il baricentro è l'Europa, ma nell'economia mondiale acquistano sempre più peso gli Stati Uniti d'America. Gran Bretagna e Francia hanno il controllo delle materie prime che attingono dalle colonie, territori immensi in Asia, America e soprattutto in Africa. Anche piccoli stati europei – Olanda, Belgio e Portogallo – ricevono dai loro domini d'oltremare una quantità enorme di risorse, che immettono surplus di beni nei loro sistemi produttivi. Nasce la classe operaia e non mancano gli imprenditori convinti che la denutrizione dei lavoratori e le condizioni di disagio sociale pongano un freno alla produttività e, in definitiva, contrastino i loro interessi. Ma la base dell'economia rimane l'agricoltura, per lo più esercitata con mezzi arcaici, inadeguata e insufficiente ad assicurare i livelli minimi di sussistenza. Nei programmi dei governi europei si trovano interventi contro fame, povertà, per l'assistenza alla maternità e all'infanzia e contro le malattie (anche quelle, come la pellagra, causate da mancanza di vitamine per carente e inappropriata alimentazione).

Il periodo bellico e postbellico

Durante la Prima guerra mondiale gli apparati produttivi sono messi interamente al servizio dell'industria bellica. Al fronte viene inviato cibo in scarsa quantità e di cattiva qualità. Non sono molto migliori le condizioni delle popolazioni civili, fra carestie e razionamenti di viveri. Dopo la guerra, lo stile di vita inizia, lentamente ma costantemente, a migliorare. L'indicatore di un maggior benessere è l'aumento del peso medio delle persone, che dalla metà degli anni Venti in Europa e negli Stati Uniti s'impenna rapidamente. Non si può ancora parlare di obesità diffusa, ma la tendenza a ingrassare che si manifesta fra le classi emergenti – particolarmente la borghesia produttiva e delle professioni e persino la piccola borghesia impiegatizia – non è sottovalutata dai governi, soprattutto da quelli che coltivano il culto dell'efficienza fisica.

Lo sforzo più vigoroso dei poteri pubblici, dal 1925, è finalizzato a garantire autonomia alimentare. È di quell'anno in Italia la battaglia del grano, uno dei primi grandi obiettivi del fascismo. Autonomia obbligata a metà del decennio successivo, quando all'Italia verranno comminate le sanzioni per l'aggressione all'Etiopia e Mussolini sarà costretto a soddisfare le necessità del Paese con le sole produzioni nazionali e a introdurre il razionamento, che prevedeva la distribuzione alle famiglie delle tessere annonarie, con le indicazioni sui tipi e le quantità di prodotti alimentari acquistabili. Già dal 1926 ci sono opinioni che fanno riferimento a una relazione più profonda fra corpo e anima. Sostiene lo scrittore Luigi Ugolini:

> L'obesità è la conferma pubblica d'un'intemperanza sfacciata, impenitente che offende il decoro, che offende chi si guadagna la vita col sudore... se una persona è grassa, lo è perché ha l'anima grassa.[15]

L'austerità del regime

L'autarchia è stata la prima grande operazione fascista di mobilitazione di massa. Gli italiani furono bersagliati di slogan per essere indotti a nuove abitudini, innanzitutto su cibo e abbigliamento. La battaglia del grano non aveva avuto il successo sperato, e Mussolini spronò la popolazione a consumare riso, di cui invece l'Italia aveva consistenti surplus. Anche la pasta scarseggiava, e la propaganda si accanì persino contro i maccheroni (con scarso successo). Chi poteva permettersela non si negava nei giorni di festa un piatto di pasta.

Per i vestiti, d'obbligo la fibra artificiale ryon e l'orbace, ruvida lana ricavata dalle pecore sarde con tradizionali lavorazioni.

Prodotti nazionali e lingua italiana. Bandite parole come *consommé*, *omelette* e *roast beef*, sostituite da "brodo ristretto", "frittata avvolta" e "lombo di bue". Tutto avvalorato da letterati di regime. Anche l'Italia vanta il suo impero e Filippo Tommaso Marinetti fa l'elogio della "cucina imperiale": ricette con cibi dell'altra sponda mediterranea,[16] minestre, legumi e frutta, "nutrienti ed economici". Pane, riso, pesce, olive, uva e surrogati, a cominciare dal caffè: d'orzo, fico, cicoria o ghianda.

Il Ministero della Cultura Popolare impartisce nel 1939 disposizioni tassative ai ristoranti: la "lista dei cibi" (la parola *menu* era stata, come tutti i francesismi, abolita) deve uniformarsi alla

> riforma voluta dal Duce sette anni fa! Per l'autarchia alimentare! Per una coscienza alimentare! Per una cultura Gastronomica Italiana! Per un'arte cucinaria Imperiale! Per la conservazione e procreazione della stirpe![17]

Accompagnate da slogan categorici: "Ne uccide più la gola che la spada", "Gli obesi sono infelici". Nei fogli e almanacchi compaiono disposizioni a cuochi e casalinghe:

> La cucina dovrà dimenticare di aver procurato per secoli il godimento della pancia, l'abulia del cervello, l'estasi del

tubo digerente e fornire cibi che lasciano il ventre piatto, l'intestino libero, la testa leggera.

Il duce, normotipo romagnolo, squadrato, massiccio, a periodi in sovrappeso, ma non obeso, si definiva salutista e rivendicava:

> Sono io, Benito Mussolini, che ho curato la dieta morale e fisica dell'Italia e sorveglio attentamente che nulla di dannoso al sistema del mio paese possa arrivare al suo stomaco e provocare malattie e disturbi.[18]

Gli imperativi del fascismo sull'alimentazione erano concentrati in opuscoli che periodicamente venivano diffusi nei luoghi di lavoro, nelle scuole, fra le famiglie. In uno di questi manualetti, *Sapersi nutrire*, sono contenute regole dell'alimentazione: una è ridurre drasticamente il consumo di carne. Gli italiani eseguono gli ordini del regime, ma sono tutt'altro che entusiasti. Erano già scattati i razionamenti, e l'opuscolo non può evitare di cogliere il malcontento: "Quante lamentele, quanti imbarazzi sarebbero eliminati se si conoscesse il valore dei cibi".[19] Le regole sono: "Massimo nutrimento con minima spesa, preferenza ai prodotti del suolo nazionale, eliminazione di ogni spreco".

Vengono anche distribuiti il *Ricettario autarchico, La massaia contro le sanzioni, Le ricette di Petronilla*. Le pietanze prescritte sono fondamentalmente a base di riso, pesce e pane (meglio se integrale, perché si poteva fare con minori quantitativi di grano).

Si celebra l'elogio alla sobrietà, che rapidamente diventa austerità; a sottolineare i tempi duri per gli obesi nella vulgata comune entra l'adagio "tirare la cinghia". Le tabelle del periodo riferite al costo della vita, agli indici di consumo di cibo e all'apporto calorico documentano la caduta del livello alimentare della popolazione italiana. L'italiano medio assumeva fra le 1500 e le 2000 calorie al giorno, al di sotto del limite di sufficiente nutrizione e pericolosamente vicino alla soglia che la medicina di allora riteneva non valicabile per non intaccare le difese immunitarie.

Nella dottrina fascista non c'era spazio per gli obesi. Il culto del corpo e dell'ordine fisico era imposto e praticato con osservanza, l'atletismo incoraggiato e premiato. Tuttavia nella realtà la pinguedine era tollerata, soprattutto nelle donne, per le quali si confermava la "missione" attribuita nell'Ottocento: figli e faccende domestiche, con qualche eccezione consentita per specifiche professioni (per esempio l'insegnamento) e la platonica gratificazione di copiose citazioni nei testi scolastici come "regina della casa" e "angelo del focolare". Non erano apprezzate le donne snelle e filiformi; anche le dive del cinema di regime e dei "telefoni bianchi" (Doris Duranti, Luisa Ferida, Elisa Cegani, Alida Valli) avevano guance rotonde e sagome pronunciate.

Fra i gerarchi non mancavano le taglie forti (Roberto Farinacci e Guido Buffarini Guidi, per esempio). Si attribuisce al segretario del PNF Achille Starace – che nel vademecum dello stile fascista aveva ingiunto di abolire il caffè – un'avversione per i gerarchi minori riluttanti a calare di peso e la perfida decisione di obbligare alcuni, grassi e goffi, a sottoporsi a esercizi ginnici e preparatori per i Littoriali (gare nazionali periodiche dedicate alle eccellenze giovanili) e ad affrontare prove d'ardimento, come lanciarsi in corsa attraverso cerchi di fuoco. Ma era soltanto coreografia. L'obesità era, nei fatti, accettata; la magrezza invece era interpretata come simbolo di inferiorità e ritenuta contrastante con il modello di vigoria ed efficienza fisica, e in quanto tale avversata e considerata come un handicap, specialmente dopo l'approvazione delle leggi razziali che esaltavano la "stirpe" italica.

Le privazioni della guerra

Poi venne la Seconda guerra mondiale, e i sacrifici imposti furono ancora più duri. Le razioni di cibo distribuite con le tessere annonarie erano appena sopra il livello di sopravvivenza; la popolazione, stremata dalla fame, dalle pessime notizie dai fronti di guerra e poi fiaccata dai bombardamenti, sopravvisse ricorrendo a espedienti alimentari di ogni tipo (minestre con decotti di erbe), molte famiglie facevano la fila alle mense collettive. Soltanto chi poteva permetterselo ricorreva alla borsa nera, il mercato clandestino e illegale degli alimenti.

Lontane e surreali le immagini di abbondanza e benessere con il duce che a torso nudo nell'aia partecipa alla raccolta del grano circondato da contadini in festa. Ma non è soltanto l'Italia, è l'intera Europa a dover subire stenti e privazioni, compresa la Gran Bretagna, che pure fu risparmiata dalla presenza di truppe belligeranti nel proprio territorio e quindi ebbe un calo contenuto della produzione agroalimentare. Nella Francia occupata, i tedeschi ricorsero alla massiccia e sistematica requisizione dei prodotti della terra, destinati al sostentamento delle truppe. Ai francesi, sempre più affamati, veniva sottratta un'ulteriore quota, spedita in Germania, le cui riserve alimentari, già scarse all'inizio della guerra, si ridussero ulteriormente quando cominciò la ritirata delle forze armate hitleriane con il venir meno delle risorse strappate a Polonia, Ungheria, Belgio e agli altri stati invasi.

In questo contesto, anche la tutela della salute scalò verso il basso nell'ordine delle priorità e fu sostituita da un istinto primario e imprescindibile: sopravvivere, e solo secondariamente – ove possibile e consentito – curare e curarsi. L'obesità, che secoli d'evoluzione della società e della medicina avevano stabilmente collocato a stato patologico propedeutico di malattie subdole e insidiose, ritornava a essere considerata un desiderabile privilegio, non foss'altro perché una riserva adiposa conferiva all'organismo – nelle convinzioni di popolazioni disperate – difese preziose per fronteggiare la denutrizione generalizzata.

La visione della salute pubblica in fascismo e nazismo

Finita la guerra, ci fu l'immediata liberatoria cancellazione di ideologie, miti e modelli inculcati dalle efficientissime macchine della propaganda dei regimi autoritari soccombenti. I nuovi equilibri geopolitici dell'Europa – a ovest democrazie, liberali e di matrice anglosassone, a est comunismo – avevano generato modelli economici e sociali divergenti e nettamente contrapposti, anche se comunque volti alla rimozione della visione di vita imposta da nazismo e fascismo.

Chi ha vissuto quei tempi può testimoniare con quanta intensità fu possibile assaporare dopo decenni di fame e rinunce, insieme con le libertà di pensiero e parola, gli appassionati confronti di idee, gli incroci e le contaminazioni fra culture, e anche le nuove frontiere dell'alimentazione. In seguito, con il giudizio della storia su fascismo e nazismo irreversibilmente acquisito, è stato possibile analizzare al netto di demonizzazioni, rivalutazioni o esaltazioni, il rapporto di personaggi potenti con stili di vita e modelli alimentari. Hitler, vegetariano, astemio, non fumatore, fece approvare leggi severe a tutela della salute. "Il nostro corpo appartiene alla Germania e al Führer, i cittadini hanno il dovere di essere sani" ha stralciato da un opuscolo della gioventù hitleriana Robert Proctor,[20] uno fra i massimi studiosi delle politiche sociali e della medicina nazista. "La salute come dovere" nel 1939 diventa un ordine categorico, e in Germania, come del resto in Italia, a sostegno delle campagne salutiste furono diffusi manuali sui luoghi di lavoro e nelle scuole. Del titolo *La salute attraverso una corretta alimentazione* furono stampate milioni di copie.

La prima imponente campagna antifumo al mondo risale al 1933:

> La Germania ha avuto il movimento antifumo più forte del mondo negli anni Trenta e primi anni Quaranta, includendo divieti di fumare negli spazi pubblici, divieti

> di pubblicità, restrizioni sulle razioni di tabacco per le donne e l'epidemiologia del tabacco più raffinata del mondo, collegando l'uso del tabacco alla già evidente epidemia di cancro ai polmoni. La campagna anti-tabacco deve essere compresa nella ricerca nazista di purezza razziale e corporea, che ha anche motivato molti altri sforzi di sanità pubblica dell'epoca.
>
> Dopo la sconfitta del Nazismo gli americani inondarono di tabacco la Germania occupata e il consumo pro capite triplicò in pochi anni.[21]

Il divieto di fumare nei luoghi pubblici fu introdotto in molti Paesi d'Occidente solo alle soglie degli anni Duemila.

Il cancro venne strettamente correlato al fumo e alla cattiva alimentazione e, perciò, fu dato ampio credito alle correnti di medicina che prescrivevano il consumo di cibi poveri di proteine e zuccheri, da sostituire con fibre e frutta. Fu proposta la soia in sostituzione della carne. Hitler era rimasto affascinato dalle teorie del maestro compositore Richard Wagner, secondo il quale la deprecabile miscela di razze umane era conseguenza di un eccessivo consumo di carne, non casualmente pasto preferito – così sosteneva la propaganda nazista – degli ebrei. La purezza della razza richiedeva purezza del corpo: una corretta alimentazione era considerata premessa per un fisico forte e vigoroso. Fra i più alti gerarchi nazisti, Rudolf Hess, intransigente sostenitore di erbe officinali e dottrina medica omeopatica, era persino più rigoroso di Hitler nel vegetarianesimo e rifiutava i cibi preparati dalla cuoca del Führer. A Hess, lui vivente, fu intitolato a Dresda un ospedale naturista nel quale si studiavano e si applicavano cure alternative: talassoterapia, aeroterapia, idroterapia e ai malati venivano somministrati soltanto cibi vegetariani.

Heinrich Himmler, capo delle SS, detestava gli obesi, costringeva i suoi sottoposti a diete umilianti, ma non osò mai criticare il potentissimo feldmaresciallo Hermann Goering, arrivato a pesare 160 kg per la vita dissoluta e le esagerate quantità di cibo e vini francesi. Himmler riteneva che i tedeschi dovessero osservare una dieta di tipo orientale, con abbondanza di verdure; convinto, come Hess, che molte malattie dovessero essere curate con la medicina naturale, aveva dato ordini di non arruolare nelle SS chi fosse in sovrappeso e di destinare porzioni di terreno nelle caserme e nei campi di concentramento a coltivazione d'ortaggi. Infatti a Dachau fu aperto un laboratorio per sperimentazioni di erbe medicinali prodotte in un campo speciale coltivato dai prigionieri.

Parallelamente, Hitler tentò di imporre divieti di consumare alcolici, vietandone la pubblicità e poi anche la vendita nelle osterie e promuovendo la creazione di fabbriche di tè e di sidro in sostituzione di quelle di birra (naturalmente con scarsissimi risultati). Né miglior esito ebbe il contrasto dei medici nazisti al consumo eccessivo di farmaci, dovuto alle prescrizioni – sosteneva la propaganda di regime – di sanitari "sensibili" alle influenze dell'industria farmaceutica.

Il modello comunista

A fronte degli abissi politici ed etici nei quali precipitò l'Europa, è incontestabile che il nazismo e, assai parzialmente, il fascismo siano stati antesignani di pratiche di governo di tutela della salute, e addirittura dell'ambiente, avanzate e, su certi temi e per quell'epoca, rivoluzionarie, destinate a essere cancellate nel dopoguerra dalla visione della vita liberale e liberista delle potenze occidentali alleate vincitrici (che collocavano all'apice lo sviluppo dell'economia e dei consumi) così come dalla concezione della società nei Paesi dell'Est comunista, fondata su centralità e onnipresenza dello Stato non dissimili da quelle nazista e fascista, ma carente di attenzione verso i temi della salute pubblica.

Dopo la Rivoluzione d'ottobre i bolscevichi smantellarono la società zarista, ma la povertà e la fame erano così estese che fu possibile costruire un modello di alimentazione alternativa soltanto parecchi anni dopo. Per avere cibo sicuro i giovani accorrevano in massa ad arruolarsi nell'Armata Rossa. Stalin, come Hitler e Mussolini, cercò di diffondere un modello di alimentazione sobrio ed essenziale, ma le condizioni climatiche, diversissime fra le regioni dell'immensa repubblica sovietica, non consentivano una produzione agricola costante e omogenea.

Soltanto nel 1939 si riuscì a condensare in un manuale, *Il libro del cibo sano e gustoso*, le regole di nutrizione, con prefazione dello stesso Stalin, che tuttavia si preoccupava soprattutto di dare un'immagine di benessere nettamente opposta alle condizioni di vita della popolazione. Quasi del tutto assente nell'Unione Sovietica il contrasto agli eccessivi consumi di carne, alcol e fumo; trascurata ogni attenzione per l'obesità, nonostante i riscontri statistici sugli allarmi per le malattie dell'apparato digerente e cardiovascolari, probabilmente perché la tradizione della cucina russa si è sempre mal associata con una sana alimentazione. C'è poi un fattore sociale non trascurabile, dopo la caduta del comunismo: l'ideale di benessere e prestigio è identificato dai russi non in un fisico robusto, sano e armonioso ma in disponibilità di denaro, automobili ed esibizione incontrollata di lusso, tratti caratteristici di società in transito da assetti economici statalisti al libero mercato. Può spiegarsi così l'impressionante consumo che le nuove classi abbienti fanno di cibo, fumo, alcol.

Sulle abitudini alimentari dei capi di Stato e di governo del Novecento singolare è la notazione su Stalin, sul presidente americano Franklin Delano Roosevelt e sul primo ministro inglese Winston Churchill, tutti amanti del cibo, forti bevitori e accaniti fumatori (Roosevelt di corporatura imponente, Churchill e Stalin obesi)[22] e il confronto con Hitler, Mussolini e il dittatore spagnolo Francisco Franco, sobri nel mangiare, astemi e rigorosamente non fumatori, eppure affetti da ben altre bulimie.

L'orizzonte americano: seme della globalizzazione del cibo

Franklin Delano Roosevelt, unico presidente americano eletto per più di due mandati (dal 1933 al 1945), realizzò dopo la spaventosa crisi economica e il crollo di Wall Street un programma di riforme economiche e sociali grazie al quale gli Stati Uniti conobbero negli anni Trenta del secolo scorso uno dei più lunghi periodi di prosperità e benessere della loro storia, con evidenti effetti sulla corporatura degli americani, in particolare delle giovani generazioni: crescita in altezza e di peso. In un rapporto della Società delle Nazioni del 1935 si rileva un mutamento quantitativo e qualitativo dell'alimentazione, con un'impennata nel consumo di latte, carne e zuccheri. Roosevelt aveva già impostato una politica di espansione di consumi e controllo dell'alimentazione su base internazionale[23] e ipotizzava un forte intervento in Europa per la ricostruzione e la ripresa della produzione, che si concretizzò con il Piano Marshall, dal 1947 al 1951.

L'America non aveva avuto sul territorio bombardamenti, distruzioni, combattimenti. L'industria bellica si era enormemente sviluppata, ma non a scapito della produzione di beni destinati alla popolazione, e il livello di benessere non aveva avuto flessioni significative. Negli anni Trenta origina il modello alimentare destinato a prendere piede negli Stati Uniti, partendo dalle grandi concentrazioni urbane, a espandersi nel mondo dopo la Seconda guerra mondiale e ad affermarsi come preminente nei decenni precedenti il Duemila, influenzando i comportamenti collettivi in Europa e penetrando nel profondo di Africa e Asia, intaccando stili di vita e tradizioni millenarie.

Ma è con la globalizzazione che si ha la massima espansione del modello di vita americano, dell'alimentazione "mordi e fuggi", che ha avuto nei fast food il simbolo diventato icona con la catena McDonald's, e sembra resistere anche quando negli Stati Uniti questo modello è stato messo in discussione e contrastato con numerose campagne governative, dopo che i report delle autorità sanitarie hanno documentato le preoccupanti ricadute sulla salute pubblica.

Le basi dell'obesità contemporanea

Le basi per l'evoluzione endemica dell'obesità furono poste verso la fine del 1950, quando in Occidente era ancora fresco il ricordo della fame e dei patimenti fisici della Seconda guerra mondiale e con la ricostruzione e la ripresa dell'economia il livello di vita cominciava a innalzarsi. La prima voglia collettiva a essere soddisfatta fu quella del cibo, poi quella del divertimento. L'emergenza alimentare non è ancora finita, ma si sogna e si comincia a toccare con mano l'abbondanza. Il distintivo del ritrovato benessere non poteva che essere un aspetto fisico florido, rotondo, abbondante. Se ne ha conferma anche dal concetto di bellezza sostanziato in molte attrici (fra le altre, Elizabeth Taylor, Anita Ekberg, Marilyn Monroe, Rita Hayworth, Natalie Wood) anche italiane di quegli anni: Gina Lollobrigida, Sophia Loren, Marisa Allasio, la stessa Claudia Cardinale. Altre addirittura prorompenti, che sono transitate lasciando scarse tracce nella storia del cinema, marchiate dalla felice definizione, coniata da Vittorio De Sica, di "maggiorate" (cui corrisponde negli attori la figura del "fusto", muscoloso, ben piantato, anche se non grasso). Anche fra gli uomini lo status di grasso non è più associato al brutto e allo sgradevole. In Italia il "commendatore", grasso e spesso rozzo ma danaroso, coincide nei film con la figura di chi è comunque avanzato nella scala sociale e può persino essere un "buon partito" per le "povere ma belle" in cerca di una sistemazione.

Gli anni Sessanta e i successivi sono quelli del boom dei consumi, agevolati dalla produzione massiva di generi alimentari (inscatolati, biscotti e poi merendine) senza problemi di deterioramento e conservazione, dopo che dagli Stati Uniti sono arrivati in Europa gli elettrodomestici, a uso fisico (in cucina frigo, freezer e forno, lavastoviglie, apparecchi per la preparazione di maionese, salse, frullati) e psicologico, con i comportamenti collettivi, una volta orientati dalla radio, fortemente condizionati dalla televisione.

L'impulso alla produzione ha imposto una diversa organizzazione del lavoro, orario continuativo e brevissime pause pranzo, impossibili da fare in casa e d'obbligo in mense o con consumazioni rapidissime in locali pubblici. È stato così incrementato il modello americano: pasti veloci nei fast food, hamburger, hot dog, patatine e bevande dall'altissimo contenuto calorico e zuccherino. Trionfo dell'obesità. La catena McDonald's ha punti ristoro in più di 160 Paesi; negli Stati Uniti il primo aprì nel 1955, in Italia a Milano nel 1981, in Russia nel 1990 (ora ce ne sono più di 700) e in Cina se ne inaugurano tre al giorno.

La combinazione fra domanda mondiale di elettrodomestici e boom della produzione di generi alimentari e dei fast food ha generato la spirale promozione/emulazione/pubblicità/consumi, che per un buon mezzo secolo è stata volano dell'economia e ha caratterizzato i mutamenti della società, fino a essere causa – quando mezzi così invasivi di governo della casa e di comunicazione di massa hanno fatto irruzione in comunità dall'impianto ancora arcaico – di catastrofi antropologiche, devianze e asocialità.

Studi e rapporti sanitari hanno individuato proprio in questi decenni le premesse che hanno poi scatenato il diffondersi dell'obesità su vastissima scala. La globalizzazione ne ha esteso e completato il corso ai Paesi un tempo sottosviluppati (India e Cina) in fase di tumultuosa crescita e ai Paesi produttori di materie prime detentori di ingenti ricchezze economiche, specialmente nel Vicino Oriente, non a caso ai primi posti nelle statistiche sulla diffusione dell'obesità. Nei Paesi arabi del Mediterraneo, negli Emirati del Golfo, in Arabia, da secoli corpulenza e adipe sono identificati con ricchezza e potenza; e il modello di bellezza femminile si è sempre ispirato a forme sinuose, morbide e curvilinee, che trovano espressione plastica nelle figurazioni della danza del ventre, dagli europei percepita di prevalente accezione erotico-sensuale, per i movimenti morbidi e languidi dell'addome e dei fianchi, ma in realtà di origini rituali, in quanto discendente da antichissimi culti della Dea Madre, che si ispiravano a prosperità, fertilità, amore e cercavano di riprodurre le movenze della natura: la luna, le onde del mare, l'incedere del cammello.

Gli anni successivi al Duemila hanno registrato un ulteriore sviluppo del modello di società del benessere e quindi una crescita dell'obesità, più marcata in Medio ed Estremo Oriente e più contenuta in Occidente, dove hanno trovato spazio stili di vita alternativi e più attenti alla tutela della salute, sospinti dalla preoccupazione per l'aumento delle malattie collegate all'obesità, che incide sempre più anche in termini di costi economici e sociali.

In molte scuole degli Stati Uniti i chili in più degli alunni hanno influenza sul voto di condotta (si valuta che un ragazzo sia grasso perché non ha sufficiente volontà per osservare una dieta), e le compagnie di assicurazione applicano un bonus ai clienti magri e aumentano il premio che devono pagare i clienti grassi.

Nel 2022, per la prima volta nella storia, il numero dei bambini e degli adolescenti (fascia d'età compresa fra i 5 e i 19 anni) in sovrappeso è destinato a superare quello dei sottopeso.[24]

I NUMERI DELL'OBESITÀ

I dati aiutano a valutare dimensioni e rilevanza sociale del problema dell'obesità. Nel 2017, secondo il quattordicesimo Rapporto sull'obesità, la percentuale degli obesi fra gli adulti degli Stati Uniti superava mediamente il 20% della popolazione, con punte di oltre il 37% in West Virginia, Alabama, Arkansas, Louisiana, Mississippi e medie di oltre il 30% in 25 stati. Nel 1985 nessuno stato andava oltre il 15%, nel 2000 nessuno stato superava il 25%. La progressione è evidente e pare, almeno per gli anni successivi, irreversibile; i costi di una società sempre più obesa sono stati stimati nella sola sanità in 150 miliardi di dollari l'anno, ai quali vanno sommati ulteriori ingenti perdite nel sistema dell'istruzione, le assenze dal lavoro e il calo di produttività.

L'OMS già nel 1997 riconosceva l'evoluzione epidemica dell'obesità e quantificava nel 2006 in 1,6 miliardi gli abitanti della Terra sovrappeso e in oltre 300 milioni gli adulti obesi; nel 2014 i sovrappeso erano 1,9 miliardi e gli obesi più di 600 milioni (il doppio rispetto al 1980), e nel 2017 sfioravano già i 700 milioni, uno su otto abitanti, ormai vicini agli 821 milioni di persone (uno su nove) che soffrono la fame. L'Africa è ai primi posti come tasso di crescita del peso fra i bambini (sono 40 milioni nel mondo, metà dei quali in Asia): dai 5,4 milioni nel 1990 ai 10,4 milioni nel 2014. L'OMS ha individuato nel 2018 le aree con più alto numero di persone sovrappeso.[25] Al primo posto ci sono le isole del Sud Pacifico, Nauru, Samoa e Cook, dove i sovrappeso sono più del 90% della popolazione; in un'isola delle Samoa, addirittura, su 185 mila abitanti soltanto 12 mila rientrano nel normale rapporto fra peso e massa corporea. È il risultato del brusco cambiamento di regime alimentare: fino a fine Ottocento gli abitanti degli arcipelaghi, pescatori e cacciatori, non avevano problemi di peso. La principale fonte calorica erano le noci di cocco. Poi dall'Occidente sono arrivati i colonizzatori e lo sfruttamento delle risorse minerarie ha portato "benessere", e ha stravolto lo stile di vita: i nativi hanno cominciato a mangiare sempre più cibi con proteine e zuccheri, hanno trascurato l'attività fisica e incrementato l'uso delle auto. Degli antichi modelli culturali è sopravvissuto soltanto un assioma: grasso = bello e di alto profilo nella società. È stato impossibile convincere i nativi a ritornare all'alimentazione tradizionale, anche dopo che le miniere si sono esaurite e il tenore di vita si è notevolmente abbassato.

Nel rapporto dell'OMS del 2018 alle isole del Sud Pacifico succedono le Kiribati (Oceania), "soltanto" al terzo posto gli Stati Uniti con il 66,7% degli abitanti sovrappeso, quindi la Germania e l'Egitto con il 66%; Bosnia, Croazia, Israele e Nuova Zelanda sono intorno al 62%. Al decimo posto la Gran Bretagna, con il 61% di sovrappeso e l'obesità oltre il 23% della popolazione. I cittadini del Regno Unito – segnale della progressiva consapevolezza dei costi sociali dell'obesità e della sempre più marcata tendenza a un'alimentazione corretta – sono anche fra i primi al mondo per spese in farmaci per dimagrire e in attrezzature per attività fisiche. Per quanto riguarda la prevalenza dell'obesità, nel 2017 l'OCSE attribuisce soltanto il 9,8% all'Italia, percentuale più bassa che negli altri Paesi europei e molto più bassa che negli Stati Uniti (38%). Il Paese con l'indice di obesità più basso al mondo è il Giappone, con solo il 3,7% di obesi. Particolarmente preoccupanti i dati sull'infanzia in Europa: i bambini obesi sono circa il 10% (ma negli Stati Uniti sono il 20%). Dal 1975 bambini e adolescenti obesi sono aumentati di dieci volte nel mondo (tre volte in Italia).

L'incidenza del sovrappeso in età pediatrica in Europa ha indotto l'OMS a elaborare strategie e programmi che puntano a incoraggiare l'allattamento materno in luogo di quello artificiale, a incrementare il consumo di alimenti salutari, l'attività fisica, la prevenzione prenatale, nella prima infanzia, in età scolare e a indurre le strutture sanitarie pubbliche a particolari attenzioni nel controllo e nella valutazione del peso. Fra i provvedimenti suggeriti agli Stati vi sono misure per ridurre la distribuzione di cibi e bevande ad alto contenuto calorico nelle scuole e l'adozione di interventi fiscali per disincentivare il consumo di bevande con additivi di zucchero e derivati. Le tasse sulle bevande zuccherate, con un aumento del prezzo nell'ordine del 10%, hanno dimostrato di essere efficaci per ridurne il consumo. L'industria delle bevande si sta attrezzando per salvare il mercato, investe sempre più nelle bevande "zero" o "verdi", dolcificate con aspartame, sucralosio e, più recentemente, stevia, e ha annunciato che nelle scuole distribuirà solo queste ultime. Più studi prospettici, tuttavia, hanno riscontrato che anche le bevande zero sono associate a un maggior rischio di sviluppare la sindrome metabolica[26] e il diabete[27]. Si può ipotizzare che anche le bevande senza zucchero causino il diabete, perché i dolcificanti utilizzati sono circa duecento volte più dolci dello zucchero e quando l'intestino, provvisto di recettori per il gusto, si accorge di un cibo così intensamente dolce, attiva meccanismi che facilitano l'assorbimento del glucosio.

Una leggerezza pesante

In un secolo segnato dalla dilagante esibizione delle rotondità femminili può sembrare una contraddizione la tendenza a far sfilare modelle alte, sottili, con fianchi stretti. Nel 1930 il peso ideale per una donna alta 1 metro e 55 centimetri era 55 kg, dieci anni dopo 47, nel 1950 era sceso a 43. Antesignano della moda "grissino" fu il designer francese Jean Patou nel 1924, anno in cui per la prima volta l'effetto a buccia d'arancia sulla pelle venne definito da due medici francesi "cellulite". Nel 1960 Mary Quant lanciò la minigonna portando in passerella l'esilissima adolescente Twiggy. «Non è il corpo che deve indossare l'abito, ma l'abito che deve indossare il corpo; non si è mai abbastanza ricchi e abbastanza magri» ripeteva Coco Chanel. Ma dopo più di un ventennio di indossatrici al limite dell'anoressia, di esaltazione della figura femminile androgina, magra, con seni contenuti, si è voltato pagina. In Francia dal 2015 è in vigore una legge che vieta a modelle e modelli eccessivamente magri di sfilare e punisce con condanne fino a sei mesi e multe le agenzie e le case di moda che non ottemperano al divieto. I due big del lusso internazionale – che controllano i marchi Dior, Yves Saint Laurent, Vuitton, Fendi e Gucci – hanno deciso di adottare un codice a tutela della salute di chi sfila e di non fare contratti alle modelle con taglia inferiore alla 38 e ai modelli alla 48, ai quali è ora richiesto un certificato medico che attesti l'idoneità al lavoro e viene offerta l'assistenza di psicologi. È il segnale che la tendenza, ancora una volta, muta direzione e forse farà ritorno alle sinuosità del corpo femminile. Il nuovo stile, definito *curvy* – formoso (portato sul set con Bridget Jones) – va oltre la moda, è soprattutto un modo di essere, che rifiuta di connotare negativamente le generosità del corpo e lo rivaluta per quello che è e per come è, cercando di non farsi sopraffare da paure, fobie e stress: del brutto e del troppo bello, del magro e del grasso, dell'affrontare la vita e la morte, della vecchiaia e del decadimento fisico e mentale.

Elevarsi oltre le convenzioni

Anoressia e bulimia, del corpo e della mente, sono gli estremi di opposte concezioni della vita. Il cibo e il pensiero misurati parallelamente in quantità e qualità, in peso e forza, hanno determinato le svolte più traumatiche della storia. Quante rivoluzioni sono nate da sommovimenti di popoli ridotti alla fame, quante altre dalle esuberanze mentali di filosofi e politici!

L'approccio dell'uomo al cibo è stato sempre complesso e ha generato, trasformato, distrutto e riesumato, a seconda delle tendenze, stili e modelli sociali. Medicina, letteratura, politica, musica, antropologia, arte li hanno studiati, assecondati, combattuti, interpretati e rappresentati, trasversalmente ai tempi. In Africa sopravvivono i riti d'ingrasso delle adolescenti, che vengono supernutrite a forza (fino a pesare a 12 anni anche 80 kg) perché il grasso è considerato dagli uomini che le acquisteranno al mercato delle spose garanzia di un matrimonio felice e opulento.

Franz Kafka (nel racconto *Un digiunatore*) ha raffigurato la parabola dell'autodistruzione e dell'annullamento del corpo di un "artista della fame"; Anton Cechov (nel racconto *Il grasso e il magro*) la melliflua condiscendenza e la deferenza del piccolo impiegato (magro) che rivede dopo anni un compagno di scuola (grasso e potente) pur amico, ma gerarchicamente superiore. Il gaudente, cinico grassone Buck Mulligan di James Joyce è l'antitesi del sensibile sognatore Stephen Dedalus. Prima di loro, fra le maschere dell'obesità, si distingue il grasso, borioso e tracotante shakespeariano sir John Falstaff. Charlie Chaplin fu il primo ad accorgersi che magro e grasso al cinema funzionavano come veicoli di comicità, poi vennero Stanlio e Ollio, Gianni e Pinotto a dare l'avvio alla stagione delle coppie di personaggi smilzi e obesi, paurosi e temerari, scaltri e sbruffoni, ma grossolani nella loro semplicità americana, a fronte dell'umorismo mediterraneo di Totò e Aldo Fabrizi e, più avanti, del mix spaghetti western di Bud Spencer e Terence Hill.

Negli anni della contestazione giovanile, dell'intellettualità socialmente *engagée* e della disillusione, la borghesia commerciale e professionale fu bersaglio, nel *Dialogo fra un impegnato e un non so*, di Giorgio Gaber: "Quand'ero piccolo, non stavo mica bene, ero anche magrolino..." è l'incipit di un motivo, il cui ritornello ripeteva: "I borghesi son tutti dei porci, più sono grassi più sono lerci, più son lerci e più c'hanno i milioni, i borghesi son tutti...".

Fabrizio De André nell'album *Tutti morimmo a stento* è ancora più caustico: "Banchieri, pizzicagnoli, notai, coi ventri obesi e le mani sudate, coi cuori a forma di salvadanai...".

E Rino Gaetano in un aforisma sfiora l'invettiva: "La sposa in bianco, il maschio forte, i ministri puliti, i buffoni di corte, ladri di polli, super pensioni, ladri di stato e stupratori, il grasso ventre dei commendatori, diete politicizzate, evasori legalizzati".

Comunque niente, o poco, di nuovo. Nel linguaggio corrente, da tempo immemorabile la politica è stata associata al cibo: dell'uomo di governo che trascura il bene comune e pensa a sé e ai suoi affari, si dice "che mangia" o che "è un forchettone". Ma nessuno si è mai spinto nei tempi moderni, e per giunta con la sempre più incidente presenza delle donne fra i leader politici, a innalzare il livello di conflitto politico fino ad apprezzamenti sul piano dell'aspetto fisico. Il prestigio di un uomo/una donna di governo non è cresciuto o calato, come invece spesso nell'antichità, in virtù della stazza o della marcata e antiestetica evidenza di certe rotondità – a Winston Churchill nessuno ha mai fatto carico della sua obesità – nonostante qualche rara eccezione (fra cui gli apprezzamenti grevi su Angela Merkel).

Ebraismo, cristianesimo e islam – le religioni monoteistiche di origine abramitica – indicano all'origine del Paradiso perduto una mela, metafora in senso esteso del cibo, di tutto il cibo, che avrebbe poi, in particolare per il cristianesimo, continuato a essere – se assunto in misura eccessiva e incontrollata – una trasgressione deplorevole, una colpa grave, mai attenuata (nella dottrina) dalla Chiesa. Non è casuale che dei sette vizi capitali, tre – gola, lussuria e accidia – siano connessi al nutrimento del corpo e dello spirito, che anche per la Chiesa sono entità complementari e sussidiarie. Gli abusi del corpo riverberano sullo spirito; le esorbitanze dello spirito e dell'intelletto ricadono sul corpo. È così per l'alimentazione senza controllo e, per esempio, per lo stress: non sono eredità di epoche lontane – Aristotele li aveva definiti "abiti del male" – né ossessioni del monaco asceta Evagrio Pontico (IV sec.) al quale sono attribuiti e che, a sottolinearne l'associazione corpo/anima e la preminenza dell'intelletto, lui chiamò "pensieri". Sono valorizzati nella teologia moderna, dalle posizioni di Benedetto XVI sul relativismo e anche, sia pure nell'ambito di una visione diversa e non manichea, da papa Francesco.

Ma i tre vizi capitali che afferiscono direttamente al nutrimento di corpo e anima sono vizi anche nella morale e nella cultura laica: non sono peccati contro Dio, ma pratiche contro l'uomo. I canoni estetici attuali condannano l'obesità, eppure questa rappresenta proprio il prodotto di una società consumistica succube di una vera e propria lussuria alimentare legata ai cibi spazzatura. Se da un lato l'obesità è rifiutata e condannata come simbolo di un rapporto snaturato con la propria realtà corporea, dall'altro è espressione di un disagio sociale legato al consumismo, alla cupidigia, alla fretta e all'assenza di ascolto reale di se stessi e delle proprie esigenze autentiche. Grasso, adiposo, corpulento, pingue, extralarge, obeso, così come magro, esile, gracile, macilento non sono mai stati, né sono, modelli virtuosi/positivi e sono ora universalmente riconosciuti come inevitabili effetti di cattiva alimentazione e causa, ormai scientificamente validata, di volontaria rinuncia alla buona salute. Grasso talvolta è stato simbolo – o più appropriatamente "incarnazione" – di prosperità, soddisfazione, ricchezza. Raramente di buona salute. Mai di virtù.

LA BILANCIA

Il termine latino *bilanx* significa "a due piatti". La bilancia nacque per la necessità di pesare metalli preziosi e diventò lo strumento fondamentale dei rapporti commerciali, per entrare, successivamente, nei laboratori scientifici come strumento di indagine della natura.

Nel XVIII sec. comparvero le prime bilance da farmacia. Nel XIX sec. nacquero le bilance pesalettere, impiegate in Francia e Inghilterra per stabilire le tasse postali a seconda del peso della busta.

Negli anni Cinquanta del secolo scorso, con il progredire della tecnologia, si passò alle prime bilance elettriche, fino ad arrivare alle moderne digitali.

Glossario della leggerezza

Il seguente glossario non intende fornire definizioni esaurienti dei concetti elencati, bensì delle suggestioni: evocare emozioni e idee che possano essere eventuali spunti di approfondimento personale o brevi intuizioni da lasciar riposare dentro di noi, come lievito madre che fermenta al tepore della fiamma del tempo dentro la madia della nostra coscienza.

Accettazione: la pace profonda non può venire dal combattimento: non possiamo vivere il momento presente se combattiamo la malattia che è presente. L'ospite è sacro, a prescindere da chi è: ciò che accade nella nostra vita, ciò che bussa alla nostra percezione, è comunque sacro, da accogliere.

Bellezza: la bellezza aiuta, perché toglie di mezzo la mente: va direttamente al cuore.

Buon pensiero:

> Fissa il tuo pensiero su ciò che ti è dato di concepire di più elevato...
> Allontana da te ogni pensiero di ciò che non desideri.
> (R. Assagioli, *Il decalogo della saggezza*)

Decrescita: diminuzione degli sprechi e della produzione di merci inutili.

Valorizzazione della produzione di beni che durano, riparabili, progettati in modo che sia possibile riutilizzarne i componenti.
Beni relazionali (le esperienze che danno senso alla vita non fanno crescere il PIL).

Disobbedienza civile: verso chi ci vuole consumatori passivi.
Recupero delle capacità manuali: l'uomo si differenzia dagli animali per la capacità di usare le mani (cucinare, fare il pane, rammendare è disobbedienza civile).

Felicità: la felicità non proviene dal realizzarsi di desideri, ma dalla realizzazione spirituale: la coscienza di chi siamo, coscienza superiore libera dal desiderio, coscienza del nostro compito, cosa siamo venuti a fare sulla Terra, il grande servizio. L'io può mettersi al servizio del Sé, riconoscere il "centro di gravità permanente", la scintilla divina interiore, la scintilla che genera amore.
Il tesoro è dentro.

Guarigione: ci sono molte risorse per guarire (oltre il pensiero lineare di una causa – un effetto, una malattia –, un farmaco).
Se ci pensiamo malati, il corpo ci crede: i geni obbediscono alle nostre convinzioni.
I messaggi subliminali veicolati da parole come "maligno", "infiltrante", "aggressivo" sono pericolosi, sono profezie che si avverano.
Le emozioni sono (eventi fisici) ponti fra mente e corpo.
Non ricordiamo i primi due anni di vita perché l'ippocampo non è ancora formato, ma le tracce delle emozioni, delle esperienze, dei traumi subiti nei primi due anni rimangono nelle nostre memorie inconscie, così come l'effetto (epigenetico) delle emozioni materne.
Tu vuoi guarire?

La tua fede ti ha salvato. (Marco 10,52)

Guarisce chi ha il potere di farlo (chi vuole guarire),
chi accetta di morire,
chi muore a se stesso,
chi non nega la malattia,
chi ha fede,
chi ha il potere di entrare in contatto con l'anima,
chi arriva a conoscere un vuoto,
ad andare al di là di quel che è abituato a essere.

Medicina: restituire saggezza alla cura dell'essere umano. Una persona malata è sempre più ridotta a un pacchetto di dati, sempre più raccolti automaticamente da sensori tecnologici. I pazienti sono diventati clienti, o consumatori di servizi, di medicina personalizzata sempre più gestita da intelligenze artificiali con minimo intervento umano.[1]

> È più importante conoscere la persona che ha la malattia che la malattia che ha la persona. Il medico cura, ma è la natura che guarisce. Se vuoi la salute chiediti se sei disposto a rinunciare a ciò che ha causato la malattia. (Ippocrate)

Le antiche saggezze sono sepolte nei monasteri: le opere di Galeno, che hanno guidato la medicina fino al Rinascimento, il canone di Avicenna, con la medicina islamica, greca, ayurvedica, di Trotula (*De passionibus mulierum*), della scuola salernitana, di Maimonide, il medico ebreo di Cordoba e il Cairo, di Ildegarda di Bingen, con la sua *subtilitas*, il campo energetico di minerali, piante, animali, e la dottrina della Segnatura, il segno che il Creatore ha messo su ogni pianta, il segno che ricorda le parti del corpo umano per trovare il rimedio per analogia (l'equiseto per la colonna vertebrale, il melograno per i denti...) e i principi di *reverentia* (rispetto della dignità), *stabilitas* (equilibrio), *sufficientia* (sobrietà), *verus cultus dei* (fiducia), *caeleste gaudium* (gioia).

Meditazione:

Le manifestazioni dei *klesha* vengono distrutte con la meditazione. (Patanjali 2,11)

La meditazione è il più grande segreto per migliorare la nostra consapevolezza e cogliere il lato sottile delle esperienze; essa ci mette in contatto con il nostro Sé interiore, che è l'Assoluto in noi. La meditazione ha come meta soltanto l'esperienza del nostro Sé, della nostra natura trascendentale.

Morte:

Noi non sappiamo vivere e per questo non sappiamo morire. Finché avremo paura della vita, avremo paura della morte. (Sri Aurobindo)

Conoscete la ragione della vita e conoscerete la ragione della morte. (Confucio)

Colui che sa che l'anima è saggezza, senza vecchiaia, eternamente giovane, non teme la morte, poiché sarà libero dai propri desideri; immortale perché saprà di essere l'unica cosa esistente. (Atharva Veda, 10, 8, 43-44)

Ciò che il bruco chiama fine del mondo il resto del mondo chiama farfalla. (Tributo a Lao-Tsu)

Ci sia concessa l'avventura di vivere la nostra morte, senza camici bianchi, senza rianimatori, senza ladri della morte.
La morte non deve far paura.
In molte culture la morte è solo illusione.
Per i dervishi la morte è il nostro matrimonio con l'eterno.
(Jalal ad-Din Rumi)[2]

La polvere ritorna alla terra, da dove è venuta, ma lo spirito tornerà a Dio, che lo ha dato. (Qoelet, 12,7)

Il corpo è semplicemente ciò che l'anima materialmente possiede. È il suo involucro. L'anima prosegue la sua vita. (Concezioni dell'anima tra gli indiani del Nord America, Åke Hultkrantz)

Chi è amato non conosce morte,
perché l'amore è immortalità,

o meglio è sostanza divina.
Chi ama non conosce morte,
perché l'amore fa rinascere la vita nella divinità.
(Emily Dickinson)

Paura: tempo ("bisogna fare in fretta") e paura sono antagonisti del potere.
Viviamo la paura, sentiamola.
Ci sono tecniche per combattere la credenza di non potere: documentiamoci e proviamo a farne esperienza.

Saggezza: saggezza è l'insegnamento del Buddha: i tre veleni buddhisti (ignoranza, arroganza e avidità) comprendono al loro interno i sette peccati capitali della tradizione cristiana e i cinque *klesha* (afflizioni) della tradizione indovedica: *avidya* (ignoranza della nostra vera natura), che comprende superbia e accidia, *asmita* (egoismo), che comprende avarizia e invidia, *raga* (attaccamento), che comprende gola e lussuria e corrisponde, con l'avarizia, all'avidità del buddhismo, *dvesha* (odio), che comprende l'ira e corrisponde, con la superbia, all'arroganza del buddhismo, e *abhinivesha* (paura della morte), figlia dell'ignoranza e degli altri *klesha*.

Come i fiumi che scorrono si dissolvono nell'oceano perdendo la loro individualità, così il saggio, liberato dall'individualità (l'ego, o *ahankara*), si immerge nel divino spirito universale, più alto della cosa più alta. Colui che conosce questo supremo Brahman, diventa Brahman. Supera il dolore, il male, e, libero dai legami, diviene immortale.
(*Mundaka Upanishad*, 3,2,7-9.)

L'inizio della saggezza è il silenzio.
Uomo che ami parlare molto, ascolta e diventerai simile al saggio. (Pitagora)

Il saggio solitario, imperturbabile sia nel biasimo che nella lode. Impassibile come un leone di fronte ai rumori. Imprendibile come il vento nella rete. Asciutto come un loto nell'acqua. Guida gli altri, e non è guidato dagli altri: gli illuminati lo chiamano saggio. (Canone pāli)

Saggezza è sapere di non sapere. (Socrate)

Prendere benevolmente in giro il nostro piccolo io personale così pieno di sé, che si dà tanta importanza, che si prende tanto sul serio, che è così suscettibile. (R. Assagioli)

Saggezza è consapevolezza di chi siamo.

Noi diventiamo ciò che siamo solo col radicale rifiuto di ciò che gli altri hanno fatto di noi. (Sartre)

Salute:

Se vuoi vivere sano le gravi pene caccia e l'adirarti credi insano.
Parco bevi, cena scarso, né ti sembri vano alzarti dopo il pasto: fuggi il sonno meridiano. (Dal *Fiore della Medicina* della Scuola salernitana)

Trascendenza: nel corso dei millenni l'uomo è sempre stato attratto, affascinato, talvolta ossessionato, da due forze che i mistici chiamano trascendenza e immanenza e i filosofi spirito e materia.

L'umanità intera, fin dalle sue origini, era convinta che esistesse un'anima sostanziale. Solo a metà dell'800 si venne costituendo una psicologia senz'anima. [...] Gli scienziati di punta giunsero a concepire lo spirito come del tutto dipendente dalla materia [...] filosofi e scienziati intelligenti cercarono di opporsi, ma la loro opposizione si rivelò impotente di fronte all'illogico dilagare della diffusa preferenza sentimentale per la realtà fisica. (C.G. Jung)

Le neuroscienze oggi suggeriscono che ci siano radici biologiche delle credenze religiose e soprannaturali, circuiti del cervello coinvolti nel sacro e nelle leggi morali, forse incisi nella nostra natura dalla selezione naturale, esperienze importanti nell'evoluzione della nostra specie, perché danno un senso alla vita, guidano la condotta di una persona nella società, difendono il clan. (Guido Brunetti)

Ma nessuno sa cos'è la coscienza, "il problema difficile" dei neuroscienziati, mentre il "problema semplice" è il funzionamento del cervello (è il cosiddetto zombi filosofico, che si comporta come una persona reale, ma senza coscienza). La discussione sul problema difficile riflette la discussione sul vitalismo: Francis Crick (da *La fine del vitalismo* a *L'ipotesi stupefacente: alla ricerca scientifica dell'anima*) aveva ipotizzato che la neurobiologia avesse gli strumenti e la conoscenza necessari per risolvere l'antichissima questione di sapere perché e come siamo coscienti. Si sbagliava.

Veg(etari)anesimo:

Nella Genesi Dio ordinò agli animali umani e non umani di consumare solo cibo vegetale. (Genesi 1, 29-31)
Diverse profezie (fra cui Isaia 11,6-9) prevedono il ritorno al mondo vegetariano, nel quale "le volpi, gli agnelli, i leoni, le mucche, gli orsi, i serpenti e i bambini possono coesistere in pace".
È importante notare che nella Genesi non è stabilito nessun obbligo di mangiare carne; anzi, il nutrirsi di carne è accompagnato da una maledizione: gli animali avrebbero cessato di essere gli amici degli uomini.

> Il timore e il terrore di voi sia in tutti gli animali della terra e in tutti gli uccelli del cielo. (Genesi 9,2)

Sebbene non proibito, nutrirsi di carne rappresenta una rottura dell'ideale divino nel quale gli animali, umani e non, vivono insieme in armonia come nel Giardino di Eden raccontato dai profeti.
Gli Apostoli erano anch'essi veg[etari]ani. L'apostolo Paolo, e fu l'unico, stabilì, secondo alcune traduzioni, che il vegetarianesimo fosse facoltativo. Paolo non conobbe mai Gesù di persona, per cui quest'ultimo non ebbe modo di insegnare direttamente i propri valori etici all'apostolo onnivoro.
È bene, a questo proposito, ricordare che Gesù apparteneva alla comunità degli Esseni, che erano vegetariani.

Note e referenze

1. *Le disarmonie dell'anima*

[1] Mattson M. in "Ageing Res. Rev.", 2015.

[2] Cit. in Capellani G., *Crescere nell'era digitale*, Edilibri, Milano 2018.

[3] https://www.wcrf.org/dietandcancer/exposures/body-fatness.

[4] Ludwig M.D. et al., *Relation between consumption of sugar-sweetened drinks and childhood obesity: a prospective, observational analysis*, 2001, 357, 9257, pp. 505-08.

[5] Pischon T. et al., *General and abdominal adiposity and risk of death in Europe* in "N. Engl. J. Med.", 13 novembre 2008, 359(20), pp. 2105-20.

[6] Mendonça R.D. et al., *Ultraprocessed food consumption and risk of overweight and obesity: the University of Navarra Follow-Up (SUN) cohort study* in "J. Clin. Nutr.", novembre 2016, 104(5), pp. 1433-40; Fiolet T. et al., *Consumption of ultra-processed foods and cancer risk: results from NutriNet-Santé prospective cohort* in "BMJ", febbraio 2018, p. 14.

[7] Baudry J. et al., *Association of Frequency of Organic Food Consumption With Cancer Risk: Findings From the NutriNet-Santé Prospective Cohort Study* in "JAMA Intern. Med.", dicembre 2018, 1; 178(12), pp. 1597-60.

[8] Pollan M., *In difesa del cibo*, traduzione di Giovanni Luciani, Adelphi, Milano 2009.

2. *I codici del grasso corporeo*

[1] Figlio di Enrico VI di Hohenstaufen e di Costanza d'Altavilla, ereditò dal padre la carica di re di Germania e, in seguito, quella di imperatore, e dalla famiglia della madre quella di re di Sicilia.

[2] Basile B., *Letterature, stile, società: VI-XV secolo*, Zanichelli, Milano 1983.

3. *La leggerezza come forma di intelligenza*

[1] Lumera D., *L'arte di far succedere le cose*, Roi Edizioni, Macerata 2017.

[2] Bantam Books, New York, attualmente non disponibile in italiano.

[3] *Ibidem.*

[4] Fra questi: Mayer, Salovey e Caruso (1998) Emotional Intelligence Test;

MSCEIT; Mayer et al. (2000); Emotional Quotient inventory, EQ-i (Bar-On, 1997); Emotional competence inventory, ECI, di Goleman e Boyatzis.

[5] https://www.cs.princeton.edu/news/biased-bots-artificial-intelligence-systems-echo-human-prejudices; https://www.cs.princeton.edu/news/bias-machine-internet-algorithms-reinforce-harmful-stereotypes; https://www.bath.ac.uk/announcements/biased-bots-human-prejudices-sneak-into-ai-systems/

[6] Termine coniato negli anni Ottanta da Mark Weiser in T*he computer for the 21st century* in "Scientific American", settembre 1991, 265, 3, cit. in Capellani G., *Crescere nell'era digitale*, Edilibri, Milano 2018, p. 17.

[7] *Ibidem.*

[8] Fonte: Internet Statistics & Facts - HostingsFacts.com, in Capellani G., *op. cit.*

[9] Capellani G., *op. cit.*

[10] Dal 1985 al 2014 ha ricoperto ruoli professionali e direttivi nell'ambito delle tecnologie informatiche per multinazionali di settore, in contesti anche internazionali. Da alcuni anni insegna materie scientifiche nelle scuole Steiner-Waldorf e collabora alla formazione per insegnanti; per approfondire il tema della pervasività digitale e delle sue conseguenze è possibile consultare Capellani G., *op. cit.*, pp. 17-27 *passim*, da cui sono tratti i brani qui di seguito riportati.

[11] Il presente testo è a opera di G. Capellani (cfr. anche Id., *Crescere…*, cit., pp. 25-29).

[12] Lombardi A., *Digital in 2018 Report: gli utenti Internet nel mondo superano i 4 miliardi. In Italia sono più di 43 milioni*, 30 gennaio 2018 in "We Are Social" in Capellani G., *op. cit.*

[13] https://www.statista.com/statistics/267202/global-data-volume-of-consumer-ip-traffic/, https://www.cisco.com/c/en/us/solutions/collateral/service-provider/visual-networking-index-vni/vni-hyperconnectivity-wp.html, in Capellani G., *op. cit.*

[14] Biagio S., *Ci sono più Sim che esseri umani: ecco i nuovi numeri del mercato mobile mondiale* in "Il Sole 24 Ore / Tecnologia", 8 settembre 2017, in *ibidem.*

[15] https://www.theguardian.com/us-news/2017/jun/26/jobs-future-automation-robots-skills-creative-health, in *ibidem.*

[16] Spitzer M., *Demenza digitale*, Il Corbaccio, Milano 2013; http://www.censis.it/7?shadow-_communicato_stampa=121148, entrambi in Capellani G., *op. cit.*

[17] Spitzer M., *op. cit.*, in *ibidem.*

[18] https://newzoo.com/insights/articles/global-games-market-reaches-137-9-billion-in-2018-mobile-games-take-half, in *ibidem.*

[19] Ringraziamo l'ingegner Giorgio Capellani per la redazione del presente paragrafo e di quello successivo (cfr. anche Id., *Crescere…*, cit., pp. 27-31).

[20] Woollett K., Maguire E.A., *Acquiring "the knowledge" of London's layout drivers structural brain changes current biology* in "Current biology", 20 dicembre 2011, 21, pp. 2109-14, in *ibidem.*

[21] Held R., Hein A., *Movement-produced stimulation in the development of visually guided behavior* in "Journal of Comparative and Physiological Psychology", 1963, 56, 5, pp. 872-76.

[22] Marcus M. et al., *A prospective study of computer users: II. Postural risk factors for musculoskeletal symptoms and disorders* in "American Journal of Indu-

strial Medicine", aprile 2002, 41, 4, pp. 236-49, in Capellani G., *op. cit.*

[23] Kyung W.K. et al., in "Journal of Physical Therapy Science", gennaio 2016, 28, 1, pp. 186-89, in *ibidem*.

[24] Coureau G. et al., *Mobile phone use and brain tumours in the CERENAT case-control study* in "Occupational Environ. Medicine", 2014, 71, 7, pp. 514-22, in *ibidem*.

[25] Corcella R., *Cellulari, una ricerca italiana rilancia l'ipotesi della loro pericolosità* in "Corriere della Sera / Salute", 27 gennaio 2017, in *ibidem*.

[26] Miller A.B. et al., *Cancer epidemiology update, following the 2011 IARC evaluation of radiofrequency electromagnetic fields* in "Environ. Res.", 2018, 167, p. 673.

[27] *Effect of cell phone usage in semen analysis in men attending infertility clinic: an observational study* in "Fertility and Sterility", gennaio 2008, 89, 1, pp. 124-28, in Capellani G., *op. cit.*

[28] Ringraziamo l'ingegner Giorgio Capellani per la redazione del presente testo (cfr. anche Id., *Crescere...*, cit., pp. 53-55).

[29] Per approfondire: www.adolescienza.it http://www.adolescienza.it/osservatorio/adolescenti-iperconnessi-like-addiction-vamping-e-challenge-sono-le-nuove-patologie; *Nuove tecnologie, nuove dipendenze: Internet Gaming Disorder* in "State of Mind", 25 novembre 2016, in Capellani G., *op. cit.*

[30] Di Vico D., *In centomila chiusi nelle loro stanze. Ragazzi che si ritirano dalla società* in "Corriere della Sera", 6 novembre 2016, in *ibidem*.

[31] Per approfondire la costituzione dell'uomo in chiave antroposofica, vedi R. Steiner, *Antropologia scientifico-spirituale*, Editrice antroposofica, Milano 2009.

[32] Turkle S., *Insieme ma soli. Perché ci aspettiamo sempre più dalla tecnologia e sempre meno dagli altri*, Codice Edizioni, Torino 2012, in Capellani G., *op. cit.*

[33] Zohar D., *Rewiring the Corporate Brain*, Berrett-Koehler Publishers, 1997, attualmente non disponibile in italiano.

[34] White F., *The Overview Effect - Space Exploration and Human Evolution, American Institute of Aeronautics*, terza edizione nel 2014.

[35] Lumera D., *La cura del perdono*, Mondadori, Milano 2016.

[36] Questo ultimo suggerimento è presente in Capellani G., *op. cit.*

4. Catarsi

[1] Noto come H.M. o Henry M., nato a Brooklyn, New York, il 26 febbraio 1926 e morto a Hartford, negli Stati Uniti, il 2 dicembre 2008.

[2] Gräff J. et al., Rea*ctivation of recall-induced neurons contributes to remote fear memory attenuation* in "Science", 2018, 360, 6394, pp. 1239-42.

[3] Kitamura A.et al., *Engrams and Circuits Crucial for Systems Consolidation of a Memory* in "Science", doi: 10.1126/science.aam6808.

[4] Redondo R.L. et al., Tonegawa S., *Bidirectional switch of the valence associated with a hippocampal contextual memory engram* in "Nature", 2014, 513, pp. 426-30.

[5] Breines J.G. et al., *Self-compassion as a predictor of Interleukine-6 response to acute psychosocial stress* in "Brain Behav. Immun.", 2014, 37, p. 109.

[6] Fredrickson B.L. et al. in "Proc. Natl. Acad. Sci.", 110, p. 13684.

5. Grham mokṣa: la leggerezza dello spazio

[1] Thích Nhát Hanh, *Trasformare la sofferenza - L'arte di generare la felicità*, Terra Nuova Edizioni, Firenze 2016.

[2] Bobbio N., *De senectute*, Einaudi, Milano 2006.

[3] Jung C.G et al. (1967), *Man and His Symbols*, Aldus Books Limited, London, traduzione italiana *L'uomo e i suoi simboli*, Raffaello Cortina Editore, Milano 2009.

[4] Pesare M., *Le radici psicodinamiche dell'abitare*, Dialegesthai, 2008.

[5] Si ringraziano Silvia Ruffilli ed Elisa Santi di Studio ArchiBenessere per la loro testimonianza, fondamentale per la redazione del presente paragrafo.

[6] Il presente paragrafo e i successivi del capitolo, ove non diversamente specificato, sono dovuti al contributo di Lorenzo Durand, autore che per anni ha sviscerato gli aspetti psicologici dell'accumulo "quotidiano" e le migliori strategie risolutive sul suo sito www.declutteringefficace.com, probabilmente il più noto in Italia sull'argomento.

[7] Definizione dell'Associazione di Psicologia Cognitiva: http://www.apc.it/disturbi/adulto/accumulo-disturbi-psicologici/disturbo-da-accumulo-definizione/

[8] *Ibidem*.

[9] Fra cui Gail Steketee, Randy O. Frost, Daniel George-Denn.

[10] La dottoressa Gail Steketee, una delle più note studiose accademiche sull'argomento, coautrice con Randy O. Frost, del volume *Tengo tutto* (Erickson, Milano 2012), risponde: "Non sappiamo quasi nulla sul fatto se l'accumulo e l'obesità siano imparentati, se l'accumulo sia collegato a problemi di salute più in generale, o se le due cose siano connesse da una terza variabile che ancora non comprendiamo"; fonte: https://scarysymptoms.com/2014/10/are-hoarding-and-obesity-linked-can/

[11] Per approfondire: www.declutteringefficace.com/inizia-qui/

[12] Timpano K.R. et al., *Consideration of the BDNF Gene in Relation to Two Phenotypes: Hoarding and Obesity* in "J. of Abnormal Psychology", 2011, 120, 3, pp. 700-07; https://www.jwatch.org/jp201107110000005/2011/07/11/thrifty-gene-link-between-hoarding-and-obesity

[13] Raines A.M. et al., *Hoarding and eating pathology: The mediating role of emotion regulation* in "Comprehensive Psychiatry", 2015, 57, pp. 29-35.

[14] Tipico è il caso di Spencer Harris, nel 2011: in "The Mercury News" dell'8 luglio 2011 si legge: "'Sapevo che se il padrone di casa o le autorità fossero entrate sarebbe stata la fine di Spencer, perché ne era terrorizzato', dice la sua vicina e amica Lynn Huidekoper. 'Per molto tempo è stato terrorizzato all'idea che qualcuno vedesse l'appartamento'. Le paure di Harris si sono realizzate in maggio quando la polizia è entrata nel suo appartamento mentre lui era fuori città. Ha ricevuto un avviso di sfratto entro 24 ore, ed è stato obbligato a fare una cernita degli oggetti accumulati nell'arco di più di trent'anni – oggetti che chiamava 'la mia identità'. Meno di una settimana dopo Harris, 74 anni, muore per suicidio."

[15] Landau D. et al., *Stressful life events and material deprivation in hoarding disorder* in "J. of Anxiety Disorders", 2011, 25, 2, pp. 192-202.

[16] "La disposofobia si configura oggi nel nuovo *Manuale diagnostico e statistico dei disturbi mentali* (DSM-V) come disturbo a sé stante uscendo dalla semplice espressione di sintomo del Disturbo Ossessivo Compulsivo (DOC) o criterio per la diagnosi di Disturbo Ossessivo Compulsivo di Personalità (DOCP)": http://www.disposofobia.org/la-disposofobia-puo-essere-conseguenza-di-un-trauma/

[17] http://www.declutteringefficace.com/il-decluttering-e-come-la-meditazione/

[18] Gilovich T. et al., *A wonderful life: experiential consumption and the pursuit*

of happiness in "J. of Consumer Psychology", 2015, 25, 1, pp. 152-65.

[19] Il presente paragrafo è dovuto al contributo del Centro di Obesità e Nutrizione Clinica Villa Igea di Forlì e di Studio ArchiBenessere. In particolare, si ringraziano gli psicoterapeuti Gian Luca Cesa e Debora Battani, la professional organizer Silvia Ruffilli e l'architetto Elisa Santi, di Studio ArchiBenessere.

[20] Thomas L., *Pulire!? Come passare da una gravosa necessità a una dichiarazione d'amore verso il presente*, Aedel Edizioni, Torino 2013.

[21] Morris T. et al., *How do moving and other major life events impact mental health? A longitudinal analysis of UK children* in "Health and Place", 2017, 46, pp. 257-66.

6. Il giorno perfetto

[1] Le Saux H., *L'altra riva*, Servitium, Milano 2018.

[2] Feyerabend P., *Contro il metodo*, Feltrinelli, Milano 1979.

[3] Wilde S.A. et al., *Evidence from detrital zircons for the existence of continental crust and oceans on the Earth 4.4 Gyr ago* in "Nature", 2001, 409, pp. 175-78; Orgel L.E., *L'origine della vita sulla Terra* in "Le Scienze", 1994, 316, pp. 55-62; Orgel L.E, *Self-Organizing Biochemical Cycles* in "PNAS", 2000, 97(23), pp. 12503-07.

[4] Hoekstra A., Ertug E.A., *Water Footprint Scenarios for 2050: A Global Analysis* in "Environment International", 64, pp. 71-82.

7. Mettere le ali all'anima

[1] IRF inoltre attiva la proteina p53, è oncosoppressore, promuove l'apoptosi e stimola il sistema immunitario.

[2] Sono esperimenti in cui le persone partecipanti sono suddivise casualmente (sorteggiate) in un gruppo che riceve il trattamento da studiare e un gruppo che non lo riceve o riceve trattamenti neutri.

[3] Bower J.E., Irwin M.R. in "Brain Behav. Immun.", 2016, 51, pp. 1-11.

[4] Sono molecole proteiche che vari tipi di cellule (nel caso delle citochine infiammatorie i macrofagi e altri globuli bianchi), se stimolate, secernono nel mezzo circostante e sono in grado di modificare il comportamento di altre cellule, stimolandone la proliferazione, la differenziazione o la morte.

[5] Anche uno studio sperimentale sugli effetti antinfiammatori dell'esercizio fisico ha riscontrato che occorre tempo per osservarne gli effetti sulla PCR, visibili dopo un anno ma non dopo soli sei mesi: Nicklas B.J. et al. in "J. Am Geriatr Soc", 2008, 56, p. 2045.

[6] Falkenberg R.I. et al. in "J. Behav. Med.", 2018, 41, p. 467.

[7] Creswell J.D. et al. in "Brain Behav. Immun.", 2012, 26, p. 1095; Irwin M.R. et al. in "JNCI Monographs", 2014, p. 295.

[8] Un'analisi statistica che somma e media i risultati di tutti gli studi.

[9] Bai Z. et al. in "J. Hum. Hypertens.", 2015, 29, p. 653.

[10] Molecole estremamente complesse componenti la parete cellulare esterna dei batteri Gram-, che interagiscono con specifici recettori dei monociti innescando la risposta immunitaria.

[11] Kiecolt-Glaser J.K. et al. in "J. Clin. Oncol.", 2014, 32, p. 1040.

[12] Cooper M.J., Aygen M.M. in "J. Human Stress", 1979, 5, p. 24; Yadav R.K. et al. in "Acta Cardiol.", 2014, 69, p. 543; Vyas R. in "Indian J. Physiol. Pharmacol.", 2008, 52, p. 420.

[13] Chaiopanont S. in "J. Med. Assoc. Thai.", 2008, pp. 91-93; Bijlani R.L. et al. in "J. Altern Complement Med", 2005, 11, p. 267.

[14] Shashank Shekhar Sinha et al. in "Int. J. Yoga", 2018, 11, p. 122.

[15] Young J.D., Taylor E. in "News Physiol. Sci. Jun.", 1998, 13, p. 149; Sudsuang R. et al. in "Physiol. Behav.", settembre 1991, 50, p. 543.

[16] Olex S. et al. in "Int. J. Cardiol.", 2013, 168, p. 1805.

[17] Nidich S.I. in "J. Hypertension", 2009, 22, p. 1326; Anikonda J.P. in "J. Hum. Hypertens.", 2008, 22, p. 138.

[18] Lehrer P. et al. in "Psychosom Med", 61, 1999, p. 812; Peng CK et al. in "Int J Cardiol", 70, 1999, p. 101.

[19] Tsuji H. et al. in "Circulation", 1996, 94, p. 2850; Nolan J. in "Circulation", 1998, 98, p. 1510.

[20] Paul-Labrador M. et al. in "Arch. int. med.", 2006, 166, p. 1218.

[21] Empana J.P. et al. in "Circulation", 2005, 111, p. 2299.

[22] Sloan R.P. in "Mol. Med.", 2007, 13, p. 178.

[23] Sloan R.P. in "J. Appl. Physiol.", 2007, 103, p. 1007.

[24] Schneider R.H. in "J. Cardiol", 2005, 95, p. 1060.

[25] Schneider R.H. et al. in "Circ. Cardiovasc. Qual. Outcomes", 2012, 5, p. 750.

[26] Alexander C.N. et al. in "J. Pers. Soc. Psychol.", 1989, 57, p. 950.

[27] I cromosomi sono costituiti da lunghe catene di DNA che durante il processo riproduttivo della cellula si compattano arrotolandosi con proteine in matasse visibili al microscopio.

[28] Ornish D. in "Lancet Oncology", 2013.

[29] Schutte N.S. in "Psychoneuroendocrinology", 2014, pp. 42-45.

[30] Berrino F., *Il cibo dell'uomo*, Franco Angeli, Milano 2015; Berrino F., *Medicina da mangiare*, Franco Angeli, Milano 2018; Berrino F., Fontana L., *La Grande Via*, Mondadori, Milano 2017.

[31] Carlson L.E. et al., *Mind-body therapy in cancer* in "Curr. Oncol.", 2017, Rep. 19, p. 67.

[32] Duong N. in "Crit. Rev. Oncol. Hematol.", 2017, 120, p. 210.

[33] Spiegel D., *Minding the body: psychotherapy and cancer survival* in "Br J. Health Psychol.", settembre 2014; 19(3), pp. 465-85.

[34] Rubia K., *The neurobiology of meditation* in "Biol. Psychol.", 2009, 82, p. 1.

[35] Amitaba è un Buddha, e tutti coloro che lo invocano potranno rinascere nella Pura Terra, dove potranno studiare il dharma (la legge) sotto la sua guida e reincarnarsi come *bodhisattva*, colui che percorre la via per diventare un Buddha (un risvegliato).

[36] Gao J. et al. in "Front. Psychol.", 2017, 7, pp. 1-12.

[37] Farb NAS et al. in "Emotion", 2010, 10, p. 25; Miller R. et al., *Neural Correlates of Personalized Spiritual experience* in "Cerebral Cortex", 2018.

[38] Desai R. et al. in "Compl. Ther. Clin. Practice", 2015, 21, p. 112.

[39] Hariprasad V.R. in "Indian J. Psychiatry", 2013, 55, S394.

[40] Luders E. in "Hum. Brain Mapp.", 2013, 34, p. 3369.

[41] Cahn B. et al., *Yoga, meditation and mind-body health: increased BDNF, cortisol awakening response, and altered inflammatory markers expression after a 3-month yoga and meditation retreat* in "Front Hum. Neurosci.", 2017, 11, article 315.

[42] Luders E. in "Neuroimage", 2012, 61, p. 181.

[43] Chaix R. et al. in "Psychoneuroendocrinology", 2017, 85, p. 2010.

[44] Bernardi I. et al. in "BMJ", 2001, 323, p. 1446.

[45] Il baroriflesso è il meccanismo di controllo della pressione arteriosa: nella carotide e nell'arco aortico ci sono sensori della pressione arteriosa che attraverso il sistema nervoso autonomo regolano la frequenza, la gittata cardiaca e la resistenza vascolare periferica per riportare la pressione alla normalità. L'efficienza del baroriflesso riduce l'azione del chemoriflesso, che attiva il simpatico quando scende la concentrazione di ossigeno o aumenta quella dell'anidride carbonica nel sangue.

[46] Hermon N., *On becoming a child: reverie in the psychotherapy of children* in "Int. J. Psychoanal.", 2016, 97, p. 1591.

[47] Voldben A., *La magica potenza della preghiera*, Edizioni Mediterranee, Roma 1995.

[48] Ippocrate, *Giuramento, aforismi e presagi*, trad. it. con note di Luigi Martinati, Padova 1839.

[49] "È venuto il tempo in cui né su questo monte né in Gerusalemme adorerete il Padre", Vangelo di Giovanni, Colloquio di Gesù con la samaritana.

[50] Li S. et al. in "JAMA Int Med", 2016, 176, p. 777.

[51] Ferraro K.F., Kim S. in "Soc. Sci. Med.", 2014, 120, p. 92; Holt-Lunstad J. in "J .Behav. Med.", 2011, 34, p. 477.

8. La cura del bosco

[1] Kondo M.C. et al., *Urban green space and its impact on human health* in "Int. J. Environ. Res Public Health", 2018, 15, E445.

[2] Hansen M.M. et al., *Shinrin-Yoku (Forest Bathing) and Nature Therapy: A state-of-the-art Review* in "Int. J. Environ. Res Public Health", 2017, 14, E851.

[3] Questo paragrafo e i successivi sono frutto del dialogo fra Daniel Lumera e Andrea Pellegrini, Guida Ambientale Escursionistica (AIGAE) Coop Oros Toscana, intercorso durante una passeggiata nel bosco secolare che circonda La Verna, avvenuta in settembre 2018.

Per approfondire il tema affascinante della relazione con il mondo vegetale è possibile vedere Pellegrini A., *I sentieri più belli del Catria e Nerone* oppure *Il Monte Catria*, entrambi per Grapho 5, rispettivamente 2016 e 2017.

[4] Viola A., Mancuso S., *Verde brillante. Sensibilità e intelligenza del mondo vegetale*, Giunti, Milano 2013.

[5] Nguyen Anh-Huong, Thích Nhát Hanh, *La pratica della meditazione camminata*, Il Punto d'Incontro, Vicenza 2016.

[6] Samararatne G., *La via gentile della meditazione buddhista*, Lulu editore, 2014.

9. Il processo del nutrimento

[1] Si ringrazia Stefano Erzegovesi, medico, psichiatra, nutrizionista, quasi-cuoco, per la redazione del presente paragrafo e dei due successivi; per approfondire il tema si consigliano: Erzegovesi S., *Il digiuno per tutti*, Vallardi, Milano 2019; Erzegovesi S. et al., *Fake news alimentari. 10 buone abitudini per orientarsi al meglio su cibo e alimentazione armonizzando corpo e mente*, Franco Angeli, Milano 2018.

[2] Cochrane G., *Role for a sense of self-worth in weight-loss treatments: helping patients develop self-efficacy* in "Can. Fam. Physician", 2008, 54, 4, pp. 543-47; LeBlanc E.L. et al., *Behavioral and Pharmacotherapy Weight Loss Interventions*

to Prevent Obesity-Related Morbidity and Mortality in Adults: An Updated Systematic Review for the U.S. Preventive Services Task Force in "Evidence Synthesis", 168, AHRQ Publication, 18-05239-EF-1, Rockville, MD: Agency for Healthcare Research and Quality, 2018; Perna S. et al., *A path model analysis on predictors of dropout (at 6 and 12 months) during the weight loss interventions in endocrinology outpatient division* in "Endocrine", 61, 2018, pp. 1-15.

[3] Townshend T., Lake A., *Obesogenic environments: current evidence of the built and food environments* in "Perspect. Public Health", gennaio 2017, 137, 1, pp. 38-44.

[4] Sessa Vitali V. (testo), Pareti R. (Musica), *Il topo con gli occhiali*, Il Piccolo Coro dell'Antoniano, Bologna 2001.

[5] Pollan M., *In difesa del cibo*, traduzione di Giovanni Luciani, Adelphi, Milano 2009.

[6] Sessa Vitali V. *op. cit.*

[7] Baudry J. et al. in "JAMA Int. Med.", 2018, 178, p. 1597, in *op. cit.*

[8] Per dosaggi dettagliati e procedimento specifico dell'autoproduzione del gomasio è possibile consultare il libro di Berrino F., *Medicina da mangiare*, Franco Angeli, Milano 2018, oppure il video digitando "Berrino e gomasio" su un motore di ricerca.

[9] Serafini M. in "Brit J. Nutr.", 2002, 88, p. 615.

[10] Brusselaers N. in "J. Obstet Gynecol.", 11 dicembre 2018; Goedert J.J. et al. in "J. Natl. Cancer Inst.", 2015, 107, p. 147.

[11] Ticinesi A. et al. in "Clin. Interv. Aging", 2018, 13, p. 1497.

[12] Winter G. et al. in "Rev. Neurosci.", 2018, 29, p. 629.

[13] Per plasticità cerebrale si intende la capacità di stabilire nuove connessioni fra le cellule nervose in risposta a cambiamenti delle condizioni ambientali e sociali e anche la generazione di nuove cellule nervose.

[14] Leung K., Thutet S. in "Healthcare", 2015, 3, p. 898.

[15] Reperibile in Shiva V., Berrino F., *Cibo e salute*, Terra Nuova edizioni 2018.

[16] www.navdanya.org/attachments/Health%20Per%20Acre.pdf, in *ibidem*.

[17] Shu-Chun Chuang et al. in "J. Clin. Nutr.", 2012, 96, pp. 164-74.

[18] Park Y. et al. in "Arch. Int. Med.", 2011, 171, pp. 1061-68; Huang T. et al. in "BMC Med.", 2015, 13, p. 59.

[19] Jakubowicz D. in "Clinical Science", 2013, 125, pp. 423-32.

[20] L'argomento è trattato più estesamente dal prof. Luigi Fontana in Berrino F., Fontana L., *La Grande Via*, Mondadori, Milano 2017.

[21] Miquel-Kergoat S. et al., *Effect of chewing on appetite, food intake and gut hormones* in "Physiol. Behav.", 2015, 151, pp. 88-96.

[22] Berrino F. et al., *Reducing bioavailable sex hormones through a comprehensive change in diet: the diet and androgens (DIANA) randomized trial* in "Cancer Epidemiol. Biomarkers Prev.", gennaio 2001, 10(1), p. 25.

[23] Studio EPIC (European Prospective Investigation into Cancer and Nutrition), studio che ha coinvolto oltre 521.000 partecipanti in dieci nazioni europee, seguiti per almeno quindici anni. I risultati sono stati confrontati e raccolti press lo IARC nel 2014.

[24] Vergnaud A.C. et al., *Macronutrient composition of the diet and prospective weight change in participants of the EPIC-PANACEA study* in "PLoS One", 2013, 8, e57300.

[25] Lao Tzu, *Tao Te Ching*, in A. Sabbadini, *Tao. I racconti della via*, Boroli,

Milano 2004.

[26] Appellativo del creato nel *Tao Te Ching*.

[27] Wang J. in "Ann. NY Acad. Sci.", 2017, 1398, p. 83.

[28] Molendijk M. et al., *Diet quality and depression risk* in "J. Affect Disord.", 2018, 226, p. 346; Opie R.S. et al., *Dietary recommendations for the prevention of depression* in "Nutr. Neurosci.", 2017, 20, p. 161; Parletta N. et al., *A mediterranean-style dietary intervention supplemented with fish oil improves diet quality and mental health in people with depression: a randomised controlled trial (HELFIMED)* in "Nutr. Neurosci.", 7 dicembre 2017.

[29] Retter E., *Billionaire tech mogul Bill Gates reveals he banned his children from mobile phones until they turned 14* in "The Mirror", 21 aprile 2017, in Capellani G., *Crescere nell'era digitale*, Edilibri, Milano 2018.

10. Le ricette della leggerezza

[1] Per approfondire le tecniche di cottura di base è possibile consultare Berrino F., *Medicina da mangiare*, Franco Angeli, Milano 2018.

[2] *Ibidem*.

[3] *Ibidem*.

11. Conclusioni

[1] Kelen J., *L'esprit de solitude*, Albin Michel Edizioni, 2005.

Appendice. Storia di un modello culturale

[1] Colman E., *Obesity in the Paleolithic era? The Venus of Willendorf* in "Endocr. Pract.", 1998 (vicedirettore U.S. Food and Drug Administration, Rockville, Maryland).

[2] Ippocrate, *Giuramento, aforismi e presagi*, trad. it. con note di Luigi Martinati, Padova 1839.

[3] Aulo Cornelio Celso, *Della Medicina, Volgarizzamento di G.A. Del Chiappa*, Tipografia di Giuseppe Antonelli, Venezia 1838.

[4] Caio Svetonio Tranquillo, *Vita dei Cesari*, trad. it. di Edoardo Noseta, Garzanti, Milano 1977.

[5] Caio Svetonio Tranquillo, *op. cit.*, Libro VII; altre traduzioni rendono con "ghiottone" o "porco ingordo".

[6] Isaia 3, 4-6; 16-24, da Marino Niola, *Umiliati e obesi*, Archivio antropologico mediterraneo [Online], Anno XXI, n. 20.

[7] Amos, 4, 1-3.

[8] *Atti* 1,18.

[9] Papia di Gerapoli, *Spiegazione dei detti del Signore, III Frammento in Frammento di Apollinare di Laodicea*, 2.

[10] Q.S.F. Tertulliano, *Il digiuno contro gli psichici*, in *Il digiuno nella chiesa antica*, a cura di I. De Francesco, C. Noce e M.B. Artioli, Paoline, Milano 2011.

[11] *Ibidem*.

[12] *Relazione degli ambasciatori veneziani intorno la Germania e l'Austria, nel secolo XVI, pubblicate da Giuseppe Fiedler*, vol. XXX in "Archivio storico italiano", tomo XIV, anno 1871.

[13] J.-A. Brillat-Savarin, *La fisiologia del gusto*, Slow Food, Bra 2014 (prima edizione 1825).

[14] *Ibidem.*

[15] Ugolini L., *Corpo ed anima nell'obesità* in "La scena illustrata", 1926.

[16] L'altra sponda o "la Quarta Sponda" era un'espressione utilizzata da Mussolini per identificare le coste dell'Africa mediterranea (soprattutto la Libia, colonia italiana), poi richiamata dalla propaganda fascista anche relativamente ai cibi provenienti dalla stessa Libia e, in genere, dalle altre colonie italiane d'Africa.

[17] *La cucina fascista - Indicazioni del Min Cul Pop per come preparare nei ristoranti i "Menù ovvero la nuova lista dei cibi"* in "Il Giornale dell'Associazione Cuochi", 1939.

[18] B. Mussolini in un'intervista al "London Daily Express", citato in Ottaviani G., *La cattura del consenso*, Lalli, 2008.

[19] *Sapersi nutrire*, p. 3, seconda metà degli anni Trenta.

[20] Proctor Robert N., *La guerra di Hitler al cancro*, Cortina Raffaello, 2000.

[21]. Proctor Robert N, *La campagna anti-tabacco dei nazisti: un piccolo aspetto della salute pubblica in Germania, 1933-45* in "BMJ: British Medical Journal", 313, 7070, 7 dicembre 1996, pp. 1450-53.

[22] Da un articolo del quotidiano britannico "Independent" del 13 settembre 2016; Clark V., Scott M., *Dictators' dinners: a bad taste guide to entertaining tyrants*, Gilgamesh Publishing 2018.

[23] Conferenza di Hot Springs, in Virginia, nel 1943, a guerra in corso.

[24] Studio in collaborazione fra Imperial College (autore Maijd Ezzati) e OMS in "The Lancet", 2017: https://www.thelancet.com/journals/lancet/article/PIIS0140-6736(17)32129-3/fulltext.

[25] Come sovrappeso vengono catalogate le persone non ancora obese, ma che, avendo già accumulato chili oltre i livelli ritenuti di normalità, si avviano a diventarlo; nelle statistiche, tuttavia, per sovrappeso si intende generalmente la somma di chi è in sovrappeso e di chi è obeso.

[26] Narain A.et al., in "Int. J. Clin. Pract.", 10 gennaio 2017.

[27] Fagherazzi G. 3013 in "J. Clin. Nutr.", 97, p. 517.

Glossario della leggerezza

[1] Saracci R., E*pidemiology in wonderland: Big Data and precision medicine* in "European J. Epidemiol.", 2018, 33, p. 245.

[2] Jalal ad-Din Rumi, *L'essenza del reale. C'è quel che c'è*, Psiche, Torino 1995.

Ringraziamenti

Grazie a Enrica Bortolazzi, per il seme fiorito in queste pagine.

Grazie ad Antonella Malaguti, per la gratitudine.

Grazie a Simonetta Barcella, per la dedizione e la solarità.

Grazie ad Alberto Pinna, per la sua guida, presenza, consiglio e amore.

Grazie per la generosità e la buona volontà nella condivisione della consapevolezza ai seguenti professionisti:

Giorgio Capellani, per il contributo da p. 60 a p. 67;

Silvia Ruffilli ed Elisa Santi, per il contributo a p. 99;

Lorenzo Durand, per il contributo da p. 100 a p. 116;

Stefano Erzegovesi, per il contributo da p. 201 a p. 208;

Andrea Pellegrini, per il contributo da p. 190 a p. 200;

Centro di Obesità e Nutrizione Clinica Villa Igea di Forlì e a Studio ArchiBenessere, per il contributo da p. 117 a p. 120.

Grazie a Cinzia Bergamini e a Elena Bianchi, che hanno attraversato la pesantezza per raggiungere la leggerezza.

Biografie degli autori

Franco Berrino si è laureato in medicina (*magna cum laude*) nel 1969 e si è specializzato in Anatomia patologica; dopo un breve periodo di pratica clinica e patologica, si è dedicato all'epidemiologia dei tumori, prima con l'Agenzia Internazionale per la Ricerca sul Cancro in Africa, poi, dal 1975 al 2014, all'Istituto Nazionale dei Tumori di Milano, dove ha diretto il Dipartimento di Medicina Preventiva e Predittiva.

È autore o co-autore di oltre 400 pubblicazioni scientifiche. Ha promosso lo sviluppo dei registri tumori in Italia e coordinato i registri tumori europei per lo studio della sopravvivenza dei malati neoplastici nei differenti Paesi e delle ragioni delle differenze di sopravvivenza (Progetto EUROCARE). Ha realizzato studi con la collaborazione di decine di migliaia di persone che hanno fornito informazioni sul loro stile di vita e donato campioni di sangue, tuttora seguite per capire le cause delle malattie sviluppate (Progetti ORDET ed EPIC). I risultati gli hanno consentito di promuovere sperimentazioni per modificare lo stile di vita allo scopo di prevenire i tumori e le altre malattie degenerative frequenti nel mondo occidentale, nonché le recidive in chi si è ammalato di cancro (progetti DIANA). Attualmente è responsabile del progetto MeMeMe, una sperimentazione clinica finanziata dallo European Research Council per prevenire l'incidenza delle malattie croniche associate all'età attraverso la dieta mediterranea e il trattamento con metformina nelle persone ad alto rischio perché affette da sindrome metabolica.

Nel 2015 ha fondato con Enrica Bortolazzi l'Associazione La Grande Via per promuovere la prevenzione e la longevità in salute attraverso il cibo sano ("il cibo dell'uomo"), il movimento (l'esercizio fisico e il cambiamento delle abitudini) e la vita spirituale (la meditazione e la preghiera). È membro del Comitato Scientifico della Fondazione Allineare Sanità e Salute ed è direttore responsabile delle riviste "Pillole di buona pratica clinica" e "Pillole di educazione sanitaria", di cui è direttore editoriale il dottor Alberto Donzelli. Ha pubblicato i volumi divulgativi *Il cibo dell'uomo* (Franco Angeli, 2015), con Luigi Fontana, *La Grande Via* (Mondadori, 2017), *Medicina da Mangiare* (Franco Angeli, 2018) e con Daniel Lumera e David Mariani *Ventuno giorni per rinascere* (Mondadori, 2018).

Daniel Lumera è il direttore della Fondazione My Life Design e della International School of Forgiveness (I.S.F.). Docente e scrittore, è considerato un esperto nell'ambito delle scienze del benessere e della qualità della vita.

È guida e riferimento internazionale nella pratica della meditazione, che ha studiato e approfondito con Anthony Elenjimittan, discepolo diretto di Gandhi, attraverso il quale matura la visione di un'educazione fondata sulla consapevolezza, sull'interculturalità, sulla cooperazione e sulla pace.

È ideatore del metodo My Life Design®, il disegno consapevole della propria vita professionale, sociale e personale; un percorso formativo diventato sistematico grazie alla collaborazione con università, enti di ricerca del Sistema Sanitario Nazionale e la G.U.N.I. UNESCO, e applicato a livello internazionale in aziende pubbliche e private, al sistema scolastico, penitenziario e sanitario.

Attraverso la Fondazione My Life Design Daniel Lumera dirige e sostiene differenti progetti sociali, in particolare quelli educativi nelle carceri, nelle scuole e negli ospedali (sulle principali tematiche relative a bullismo, gestione del conflitto, sex offender e vittime, recupero da tossicodipendenze, giustizia riparativa, homeless, elaborazione lutto, dolore e sofferenza).

Sito ufficiale: www.danielumera.com

LA GRANDE VIA PER IL BENE COMUNE

La Grande Via è l'associazione fondata dal dottor Franco Berrino e dalla giornalista Enrica Bortolazzi nel 2015 con lo scopo di divulgare un corretto stile di vita che possa condurre alla longevità e in salute il maggior numero possibile di persone.

Sentirsi responsabili della propria vita e della propria salute, credere nel rispetto del nostro corpo, degli altri e del pianeta, promuovere la bellezza e la gentilezza delle abitudini sono gli intenti de La Grande Via, che oggi raccoglie centinaia di persone di buona volontà che basano la loro vita su questi valori.

I soci sono l'essenza dell'associazione, intorno a loro si concentra il senso e la cura di tutte le attività organizzate da La Grande Via: corsi e conferenze, seminari, viaggi in Italia e all'estero e dal 2019 anche un master.

Ai soci de La Grande Via sono riservate convenzioni con strutture e servizi altamente selezionati; alcuni eventi esclusivi; una newsletter mensile dedicata con informazioni, ricette e consigli sulla gestione dei tre pilastri della longevità felice: un corretto stile alimentare, movimento e attività fisica, ricerca interiore e meditazione.

Chi crede in questi valori può associarsi iscrivendosi al seguente indirizzo: https://lagrandevia.it/associati/

www.lagrandevia.it

LA FONDAZIONE MY LIFE DESIGN
IL DISEGNO CONSAPEVOLE DELLA PROPRIA VITA

La nostra missione è la diffusione di una educazione alla consapevolezza attraverso i valori di realizzazione, cooperazione, pace, perdono e amore, per migliorare la qualità della vita e permettere lo sviluppo di un senso profondo e cosciente dell'esistenza.

La My Life Design Foundation (MLDF), diretta da Daniel Lumera, è un'organizzazione no profit internazionale, costituita in Spagna nel 2008. È composta da un'équipe multidisciplinare e un comitato tecnico scientifico di professionisti altamente qualificati che condividono uno sviluppo basato su innovazione ed eccellenza, applicato a quattro aree sociali: educazione, salute, giustizia ed economia etica. Da questa esperienza nel 2018 nasce in Italia l'associazione di volontari My Life Design (MLD).

Tra i nostri interventi sociali ricordiamo il progetto di giustizia riconciliativa "Liberi dentro", applicato ai detenuti delle carceri italiane; "Kids for Free" per l'integrazione di bambini e adolescenti in condizioni di disagio, dove l'educazione alla consapevolezza viene celebrata attraverso il gioco, la leggerezza e il divertimento; la Giornata Internazionale del Perdono che nell'edizione 2017 e 2018 riceve la Medaglia del Presidente della Repubblica italiana.

Se desiderate conoscere eventi, attività, progetti e iniziative di My Life Design, visitate il sito www.mylifedesignfoundation.org e scrivete a socialprojects@mylifedesignfoundation.org

Mondadori Libri S.p.A.

Questo volume è stato stampato
presso ELCOGRAF S.p.A.
Stabilimento - Cles (TN)

Stampato in Italia - Printed in Italy